ERHARD BRÜCHERT

„FREIHEIT" ODER LIBERTY

Die USA, Europa und Deutschland
zwischen Ignoranz und Zuneigung,
Historische Essays über eine
500-jährige Beziehung

novum pro

Bibliografische Information
der Deutschen Nationalbibliothek:

Die Deutsche Nationalbibliothek
verzeichnet diese Publikation in
der Deutschen Nationalbibliografie.
Detaillierte bibliografische Daten
sind im Internet über
http://www.d-nb.de abrufbar.

Alle Rechte der Verbreitung,
auch durch Film, Funk und Fernsehen,
fotomechanische Wiedergabe,
Tonträger, elektronische Datenträger
und auszugsweisen Nachdruck,
sind vorbehalten.

Gedruckt in der Europäischen Union
auf umweltfreundlichem, chlor- und
säurefrei gebleichtem Papier.

© 2025 novum publishing gmbh
Rathausgasse 73, A-7311 Neckenmarkt
office@novumverlag.com

ISBN 978-3-7116-0073-8
Lektorat: Laura Oberdorfer
Umschlagfoto: Delstudio | Dreamstime.com
Umschlaggestaltung, Layout & Satz:
novum Verlag
Innenabbildungen: siehe Bildunterschriften
Autorenfoto: Erhard Brüchert

Die vom Autor zur Verfügung gestellten
Abbildungen wurden in der bestmöglichen
Qualität gedruckt.

Trotz aller Bemühungen ist es dem Autor
nicht gelungen, alle Rechteinhaber der
Bilder ausfindig zu machen. Setzen Sie sich
daher bitte mit dem Verlag in Verbindung,
falls Vergütungen anliegen.

www.novumverlag.com

Vorwort

Die USA und Deutschland haben ihre Einigkeit gegen Putin mit ihren gemeinsamen Waffenlieferungen für die Ukraine schon längst bewiesen. Innerhalb der EU und der NATO sind beide Staaten enge Verbündete gegenüber einem neoimperialistischen Russland und für die Verteidigung der westlichen Werte. Aber trotzdem gibt es auf beiden Seiten des Atlantiks immer noch – jeweils – anti-amerikanische Stimmen („Anti-Americanism") oder anti-europäische Gefühle („Anti-Europeanism").

Die Ursachen für diesen „Streit unter Verwandten" gehen bis zum Beginn der Neuzeit zurück (Kolumbus). In Deutschland hat es fast 400 Jahre gedauert bis erst gegen Ende des 1. Weltkrieges die schon über hundert Jahre alten „Vereinigten Staaten von Amerika" als eine ernstzunehmende, republikanische „Nation" mit einer demokratischen „Liberty" – die damals schon Millionen Auswanderer aus Europa anzog – wahrgenommen und geachtet worden ist. Die Deutschen haben als „verspätete Nation" mittels oft benutzten Irr- und „Sonderwegen" erst die europäische Aufklärung, dann die Gründung der USA und die Französische Revolution im 18. Jhd. „verpasst". Anschließend haben sie gegen Napoleon und die „eigene Verfassung der Paulskirche" nur sehr mühsam die ersehnte „nationale Einheit" im Bismarck-Staat geschafft. Dann wurde dieser Erfolg aber in zwei Weltkriegen gleich wieder verspielt: und zwar mit Wilhelminismus, Kolonialismus, Imperialismus und schließlich – fast bis zum Untergang – durch den Hitlerismus.

Erst danach haben wir 1949 mit unserem Grundgesetz eine parlamentarische Demokratie mit den großen Wertvorstellungen der Aufklärung (Gewaltenteilung/Verfassung/Rechtsstaat/Republik/Gleichberechtigung/Würde des Menschen) erhalten – und das auch mit Hilfe der westlichen Siegermächte und besonders auch nach dem Vorbild der „Liberty" in der US-Verfassung. Wenigstens konnten wir bei unserem „Grundgesetz" (im gleichwertigen Range einer Verfassung) auch wichtige und humanitäre Werte und Erfahrungen unserer „Paulskirche" von 1848/49 und der „Weimarer Republik" (1918–1933) mit einfließen lassen.

Nach dem 2. Weltkrieg, der Teilung Deutschlands (und Berlins) in West und Ost und der Entstehung des Kalten Krieges (innerhalb einer permanenten Drohung eines 3. Weltkrieges mit globalem Atomtod) zwischen den beiden demokratischen und den sowjetischen Siegern über Hitler war lange Zeit kein sicheres Friedenslebensgefühl der Menschheit, nicht nur der deutschen, mehr möglich. Nur zwischen 1990 und 2000 entstand ein trügerisches Jahrzehnt mit der Illusion vom „Ende der Geschichte" durch einen „ewigen Sieg" der Demokratie. Den „Weg nach Westen" (Prof. H. A. Winkler), den Westdeutschland erst ab 1949 fest eingeschlagen hatte, konnten gerade noch (nach 1990/91) die ost-mitteleuropäischen Staaten Polen, Estland, Lettland, Litauen, Tschechien, Slowakei, Ungarn, Rumänien und Teile des Balkans auch für sich wählen – in freiwilliger, eigener und demokratischer Entscheidung.

Heute hat Putin diesen freiwilligen Weg in die Wertegemeinschaft der westeuropäischen Aufklärung vorerst erheblich erschwert. Finnland und Schweden sind ihn trotzdem schon mutig weiter vorangeschritten. Und die Ukraine kann es ihnen hoffentlich bald nachmachen.

Erhard Brüchert

Zum 300. Geburtstag von:
Immanuel Kant – geb. in Königsberg 1724

*Und für meine
früheren Schülerinnen und Schüler
sowie meine heutigen Enkelkinder:
Marie (17), Tom (16), Tammo (14)*

Das Umschlagfoto:

Kopf der „Statue of Liberty" – Neoklassizistische Kolossalstatue auf „Liberty Island" vor dem New Yorker Hafen. Eingeweiht im Oktober 1886. Geschenk Frankreichs an die USA. Entworfen von Frédéric-Auguste Bartholdi, gebaut von Gustave Eiffel – Schöpfer des Eiffelturms in Paris.

Inhaltsverzeichnis

1. Die „Entdeckung Amerikas" (1492) –
   Blitz und Schock 11
2. Die drei Todsünden der frühen
   Neuzeit (16/17. Jhd.) 22
3. Flucht in die Kolonien vor Krieg
   und Absolutismus in Europa 34
4. Die Morgenröte der Aufklärung 41
5. Der amerikanische
   Unabhängigkeitskampf (ab 1776/1787) 60
6. Die große Französische Revolution
   und ihre Folgen (1789 ff.) 74
7. Revolution und Reaktion in
   Europa: 1815–1848 78
8. Deutschlands Scheitern an
   „seiner Paulskirche" 1848/49 91
9. Alexander v. Humboldt: „Kosmos"
   und Weltbürgertum im 19. Jhd. 112
10. Der Sezessionskrieg (USA) und der
    Imperialismus Europas 129
11. USA: Von der Monroe-Doktrin zum
    „Big Stick" (19. Jhd.) 141
12. USA/Europa: Am Beginn des
    1. Weltkrieges 152
13. Das stufenweise Aufgeben der
    US-Neutralität (1914-1918) 163
14. Entkolonisierung/Faschismus:
    Zwischenkriegszeit 1918–45 207
15. USA: Verspätete Weltmacht vor
    und im 2. Weltkrieg 228
16. Kalter Krieg im Atomzeitalter:
    West gegen Ost (1945–1990) 239

17. Revolutionärer Ausklang des
    blutigen 20. Jahrhunderts 266
18. „Ende der Geschichte?"
    Mit Terror, Migration und
    Klimakatastrophe (20./21. Jhd.)? 275
19. Der deutsche Weg nach Westen
    (Grundgesetz, Wiedervereinigung, EU) 285
20. „Germany" im Rahmen der EU nach 1990
    und im 21. Jahrhundert 305
21. Freiheitskrieg der Ukraine – Zugkraft der
    westlichen Werte? 314
22. USA – EU: Nähe oder Distanzierung
    im 21. Jahrhundert ? 319

Literaturverzeichnis 336

1. Die „Entdeckung Amerikas" (1492) – Blitz und Schock

Die wagemutigen, aber leider schreibfaulen oder sogar analphabetischen **Wikinger** haben den nordamerikanischen Kontinent bekanntlich schon um das Jahr 1000 entdeckt und von Europa aus zum ersten Mal betreten. Aber sie haben es versäumt, das europäische, damalige „Abendland" davon in Kenntnis zu setzen. Sie hatten eben keine Lust oder Zeit, sich bei ihren zahlreichen Raubzügen und Segeltörns über Flüsse und Meere in Europa die lateinische Sprache als große „Lingua franca" anzueignen. Schon nach ein- oder zweihundert Jahren haben sie dann außerdem jegliches Interesse an ihren Siedlungen in Neufundland und an der Hudson-Bucht verloren – möglicherweise auch wegen massiven Veränderungen des Klimas, wie wir sie ja heute im dritten Jahrtausend n. Chr. wieder beobachten. Aber damals ging es zur Kälte hin, was uns heute allerdings fehlt. Jedenfalls gaben die Wikinger es wieder auf, das spätere „Amerika" mit ihren kleinen, aber hochseetüchtigen und schnellen Drachenbooten anzusteuern.

Erst fünfhundert Jahre später im Jahre 1492 gelang es dem italienischen Kapitän in kastilisch-spanischen Diensten **Christoph Kolumbus (1451–1506)** von Genua aus, also gegen Ende des Mittelalters, die Insel San Salvador zu erreichen. Er kam also zunächst nur bis Cuba und die Karibik und erst später bei weiteren Fahrten an die richtige amerikanische Küste.

Germanisches Nationalmuseum Nürnberg

Christoph Kolumbus (1451–1506)

Darüber war Kolumbus überhaupt nicht glücklich, weil es ja sein eigentliches Ziel war, Indien auf der anderen Seite des gerade erst enttarnten Erdglobus zu erreichen. Bei dieser Enttarnung der Erde als realistischer, runder Ball und nicht als flache Scheibe waren vor und nach Kolumbus viele weitere, mutige Seefahrer beteiligt. Meistens segelten sie dabei von Europa aus nach Westen über den noch unbekannten Atlantik. Oder nach Süden an der schon bekannten afrikanischen Küste entlang.

Aber es waren nicht nur die Segler. Auch die Nürnberger Handwerkergilde und der Nürnberger Seefahrer und Handelskaufmann **Martin Behaim (1459–1507)** spielten dabei fast zur gleichen Zeit eine große Rolle. Behaim und Kolumbus hatten fast parallele Lebenszeiten. Sie kannten sich aber wohl kaum direkt, doch sie hatten ähnliche Lebensziele in dieser großen Umbruchzeit vom Spätmittelalter zur Neuzeit. Behaim war es nämlich auch, der die kunstfertigen und einfallsreichen Handwerker seiner fränkischen Heimatstadt damit beauftragt hatte, dass sie einen **„Erdapfel"** gestalten sollten und dass sie diesen ersten, echten Globus auf der Welt zusammenleimten, bemalten und beschrifteten nach seinen Angaben und Wünschen. Damit wird ganz deutlich, dass um das Jahr 1492 – also um die Zeit der „Entdeckung von Amerika" – nicht nur Kolumbus schon an eine „runde Welt" glaubte. Sondern die damals noch nicht bewiesene Tatsache, dass die Erde ein Globus und kein Suppenteller ist (der sich am Rande gefährlich – Horizont – nach unten hinneigte), war bei Seefahrern schon mehr oder weniger Allgemeinwissen. Auch Martin Behaim hatte als Tuchhändler im Dienste des portugiesischen Königs schon solche Fahrten mitgemacht – oft mit klopfendem Herzen bis an den Rand des Horizontes auf hoher See. Das Hauptziel war auch dabei, „nach Indien" und den dortigen Gewürzinseln zu kommen.

Sein von ihm selbst so bezeichneter „Erdapfel" zeigt aber noch nichts von „Amerika", sondern beschränkt sich auf die damals bekannten Erdteile Europa, Afrika und Asien. Diese waren ja schon in der Antike bei Griechen und Römern auf der alten Scheibe der Erde bekannt. Der Erdapfel von Behaim ist also der erste Beweis einer neuartigen, naturwissenschaftlichen Darstellung und Vermessung des Globus. Eine korrekte Kartographie konnte er noch nicht aufweisen. Die Erfahrungen und sorgfältig gezeichneten Karten vieler, mutiger Seefahrer und Kapitäne der kommenden Jahrhunderte fehlten ja noch alle.

Eine Hälfte des „Erdapfels" von Martin Behaim. 1493/94 in Nürnberg entstanden; Germanisches Nationalmuseum Nürnberg

Und wiederum dauerte es nun Jahrzehnte, um bei späteren Entdeckungsreisen über den Atlantischen Ozean dem neu entdeckten „Amerika" den heute etablierten Namen und seine Existenz als eigener Kontinent zu verschaffen. Das hat dann erst ein weiterer, mutiger Kapitän, nämlich der **Italiener Amerigo Vespucci** (1451–1512) erreicht – und zwar mit dem Umweg über Südamerika und dessen nördlicher Küste.

Ausgerechnet ein **deutscher Kartograf, Martin Waldseemüller,** hat auch erst im Jahre 1507 (also im Todesjahr von Behaim) auf seinen damals sensationellen und „wahren" Weltkarten den **Namen „America"** für den neuen Doppelkontinent eingesetzt. Dieser pauschale und klanghafte Name mit jeweils vier knappen Silben und den drei Vokalen „a-e-i-a" setzte sich dann in den folgenden Jahrhunderten verständlicherweise durch. Kein Wunder, der neue Name für die Neue Welt musste ja auch in Dutzenden von europäischen Sprachen gut verstanden werden und schnell auszusprechen sein. Das hat der erste Entdecker Kolumbus aber nicht mehr erleben müssen, er hätte sich wohl darüber geärgert. Er starb ein Jahr zuvor schon 1506, übrigens im festen, falschen Glauben, dass er die Westküste von Indien entdeckt hätte. Allerdings hätte er sich wohl noch mehr darüber geärgert, wenn er am Ende seines Lebens hätte zugeben müssen, dass er sich geographisch gründlich getäuscht hatte.

Man kann also sagen, dass sich „Amerika" zunächst hartnäckig geweigert hat, in das Bewusstsein von uns Europäern als eine „Neue Welt" zu gelangen – oder lag das nicht eher daran, dass viele Europäer, einschließlich der Deutschen, damals wie heute, sich im festen, falschen Glauben wähnten, sie lebten ja in der alten und sowieso stets „ersten Welt"? Dies also war schon mal die erste der vielen Diskriminierungen, die sich „die Amerikaner" von uns eingebildeten Europäern später noch gefallen lassen mussten.

Die Besiedlung bzw. die Eroberung von Nordamerika dauerte dann anschließend noch rund 300 Jahre durch die englischen, niederländischen, spanischen und französischen Kolonialmächte. In dieser langen Zeit setzten sich dort die protestantischen Religions-, Kultur- und Gesellschafts-Vorstellungen – beeinflusst von der Reformation Martin Luthers, Zwinglis, Calvins und der englischen Freikirchen – immer mehr durch.

Darüber weiter unten noch mehr. Die Deutschen, besonders die Katholiken im Süden bis zu den Alpen, haben sich da meist herausgehalten. Oder haben sie damals schon die Entwicklung in der Welt verschlafen? Vielleicht waren sie ja bis zur deutschen Klassik und Romantik um 1800 selbst noch so verliebt in ihre eigene, vielfach griechisch-lateinische Kultur, Sprache und Philosophie – kurz: in ihr inneres Seelenleben und die alte Macht der römisch-christlichen Kirche –, dass sie die ersten bösen Anzeichen von Absolutismus (im 17. Jhd.), Kolonialismus und Imperialismus (im 18./19. Jhd.) glatt übersehen haben?

Der Südteil der „Neuen Welt" auf der westlichen Seite des Atlantiks blieb den portugiesischen und spanischen Kolonisatoren („Konquistadoren", auch spanisch-katholisch) zur Eroberung vorbehalten. Das hat sich der ja noch relativ friedliche Seemann Kolumbus wohl auch nicht so gedacht. Und die Ureinwohner der fälschlich so identifizierten „Indigene" im Norden und der „Indios" im Süden sind dazu nie befragt worden. Sie sind im 16. und 17. Jahrhundert dann millionenfach ausgerottet worden – in angeblich „christlichen" Missionskriegen und durch eingeschleppte Krankheiten.

Am Beginn der Neuzeit steht also global gesehen die Entdeckung Amerikas – wie der Vorgang populär in Deutschland bis heute genannt wird – und der Beginn einer systematischen, zeitweilig auch verbrecherischen Kolonisierung mit Zerstörung der Azteken-, Inka- und Maya-Reiche und ihrer alten Kultur im 16. Jahrhundert.

Das vollzog sich jahrhundertelang auf den drei großen Erdteilen **Amerika** (mit den Ureinwohnern der Indios, besonders im spanischen Teil), dann in **Afrika** (mit dem holländischen und englischen Sklavenhandel rüber nach Amerika im 17/18. Jhd.) und etwas später auch noch in **Australien/Neuseeland** (mit der Diskriminierung der Maoris). Politisch ausgelöst wurde das alles durch eine große Landkarte, auf welcher der damalige Globus – soweit er in seiner Ausdehnung überhaupt schon bekannt war – von den zwei führenden Seemächten zur Zeit von Kolumbus, nämlich **Spanien und Portugal**, scheinbar friedlich – allerdings mit verheerenden Folgen – aufgeteilt wurde.

Das geschah nämlich schon **im Vertrag von Tordesillas im Jahre 1494**, also nur zwei Jahre nach der ersten Entdeckungsreise von Kolumbus. Die beiden **Seemächte Spanien und Portugal** teilten sich ihre jeweiligen Herrschaftsbereiche im Atlantik vom Nordpol bis zum Südpol auf einem Längengrad so auf, dass fast ganz Südamerika und ein Teil von Mittelamerika nach Westen hin den **Spaniern** zugesprochen wurde, wogegen Afrika, Indien und Fernasien den **portugiesischen Interessen** bzw. ihren Seefahrern „gehören" sollten. Das geschah sogar mit dem Segen der römisch-katholischen Weltkirche und ihres damaligen Papstes.

Nur zwei Jahrzehnte später musste sich diese verkrustete, mittelalterliche Kirche allerdings schon mit den Folgen des **Protestantismus** eines Deutschen herumschlagen, nämlich **Martin Luther**. Das dauerte dann bis zum berüchtigten „**Dreißigjährigen Krieg**" (1618–1648) in deutschen Landen und noch darüber hinaus. Vielleicht haben sich die Päpste dann auch (bis zu Papst Franziskus aus Argentinien im 21. Jhd.) überhaupt nicht mehr wirklich für die Gräueltaten der angeblich „christlichen" Konquistadoren in Mexiko oder Peru interessiert.

Allerdings war der größte Teil von Nordamerika – die späteren USA und Kanada – vom Vertrag von Tordesillas gar nicht betroffen. Diese Gebiete galten im 15. und 16. Jhd. noch weitgehend als „terra incognita". Kein Mensch konnte ja zu dieser Zeit schon ahnen, welche weltpolitische Bedeutung sie noch erhalten sollten.

Erst mit der „**Glorious Revolution**" in England und dem Sieg der Engländer über die Spanische See-Armada 1588 begann ja der Aufstieg von **England** als weltbeherrschender Seemacht und damit auch der Anfang eines umfassenden Kolonialreiches, welches am Ende (allerdings nur kurz vor der endgültigen Auflösung nach dem 2. Weltkrieg) als „geläutertes Commonwealth" von Kanada und Australien bis nach Indien reichen sollte. Deshalb ließ sich die Queen Victoria im 19. Jhd. sogar noch – kurz vor Toresschluss im Kolonialismus – zur „Kaiserin von Indien" krönen. Und damit herrschte sie – nur rein nominell, niemals faktisch – über ein imperialistisches Weltreich, das weit größer war als alle „Reiche" in der Weltgeschichte, zum Beispiel die von Alexander dem Großen, den Römern, den Spaniern und Portugiesen oder sogar den Mongolen, den Zaren oder den Schweden und Franzosen. Mal ganz abgesehen von den eingebildeten, faschistischen „Scheinimperien" eines Mussolinis und eines Hitlers im 20. Jahrhundert.

***

Schon vor den großen Entdeckungsreisen der europäischen Seefahrer um und nach 1500 stand allerdings die Erkenntnis von klugen Forschern, Gelehrten, Geografen und auch Kapitänen und Naturbeobachtern, dass die Erde keine Scheibe bildet, sondern so rund wie ein Ball ist. Die Ahnung davon gab es als ketzerische Behauptung schon lange vor der mutigen Seereise von Kolumbus. Eine Weile konnten sich der Papst und die einfältige, katholische Kirchenlehre noch dagegen wehren – sogar mit grausamen Ketzer-Verbrennungen –, aber dann setzte sich die naturwissenschaftliche Wahrheit der „**kopernikanischen**" **Revolution** eines katholischen Domherrn, Astronomen und Mathematiker doch durch:

Nikolaus Kopernikus (1473–1543) aus Thorn in Ermland/Preußen. Dieser erkannte und schrieb um **1543 sein Hauptwerk** zuende mit dem lateinischen Titel „**De revolutionibus orbium coelestium**", frei übersetzt: die „Himmels-Revolution". Darin bestimmte Kopernikus ein neues, naturwissenschaftlich, astronomisch und mathematisch „wahres" **heliozentrisches Weltbild** mit der fest stehenden Sonne und seinen Planeten in ihren Rundbahnen. Dem großen, italienischen Gelehrten und Mathematiker **Galileo Galilei** (1564–1642) gelang es dann im

Jahre 1611 in seiner Schrift **„Sidereus Nuncius"** mit astronomisch exakteren Beobachtungen (mittels neuartiger Ferngläser) und Berechnungen die fast schon hundert Jahre alte Theorien von Kopernikus zu verifizieren.

***

Und damit begann eigentlich erst die wirkliche **„Neuzeit"** um 1600 – und nicht schon durch Kolumbus 1492 oder Luther 1517, wie man im deutschen Geschichtsunterricht manchmal noch gerne erzählt. Diese „kopernikalische" Erkenntnis war frech, ketzerisch und ungeheuerlich für fast alle damaligen Menschen, die täglich und nächtlich nach oben in den Himmel auf Sonne, Mond und Sterne blickten und seit Jahrhunderten alles das, was sie in der Natur sahen, für die „Wahrheit" Gottes und ihrer eigenen, irdisch menschlichen Augen ansahen. Die „Evangelikalen" und blinden Anhänger von Trump tun das ja bis heute in Amerika. Auch der berühmteste Protestant Martin Luther verlangte bis an sein Lebensende, dass sogar Papst und Kaiser alle Schriften des katholischen Domherrn aus Thorn verbrennen sollten. Also ein wirklicher „Aufklärer" war der Protestant und Bibelübersetzer Luther noch längst nicht. Wahrscheinlich hat es Luther aber nur geärgert, dass der deutsche Kopernikus Katholik geblieben ist und sich geweigert hat, sich dem Protestantismus und seiner (Luthers) Kritik an der römisch-päpstlichen Kirche anzuschließen.

Und doch fast parallel zum Leben von Kopernikus und dessen **„kopernikanischer Revolution"** begann damals ja eine weitere, gewaltige Umwälzung, und zwar auch hier durch einen ehemaligen, deutschen Mönch, eben diesen Martin Luther aus Wittenberg in Sachsen. Neben Luther traten noch viele weitere und bekannte Protestanten auf, wie Melanchton, Zwingli, Calvin, Menno Simons. Eine große Veränderung im geistlich religiösen Leben lag also längst in der Luft.

Diese Veränderung steht heute in allen Geschichtsbüchern unter dem Namen **„Protestantismus"**. Und sie wird dort also nicht direkt „Revolution" genannt, obwohl es das natürlich am Beginn der Neuzeit eine solche auch war. Eine der beiden Revolutionen war also nicht astronomisch-mathematisch und naturwissenschaftlich, wie diejenige von Kopernikus, sondern sie war zutiefst religiös, geistlich und damit im eigentlichen Sinne auch noch mittelalterlich. Sie hatte aber schon bald große gesellschaftliche und politische Folgen – also mehr oder zumindest schneller als die von Kopernikus – durch Schwächung des Papsttums, Anglikanismus in England, evangelische Landesherrschaften in Norddeutschland und Skandinavien, durch die deutsche „Lutherbibel" und damit die Begründung einer hochdeutschen Standardsprache. Diese setzte sich dann auch immer mehr durch und löste das Latein als Schriftsprache und die zahlreichen Dialekte als Standardsprache in Deutschland ab. Diese „sprachliche Revolution" dauerte aber noch Jahrhunderte in Deutschland und ist noch längst nicht abgeschlossen.

Welche von den beiden „Revolutionen" war nun wichtiger und entscheidender für die Neuzeit? Da fällt die Entscheidung nicht leicht: Der Begriff „kopernikanische Revolution" setzte sich ja eigentlich erst langsam im 17. Jahrhundert durch. Es gab über 200 Jahre lang erbitterte Widerstände von Seiten des Papsttums – zum Beispiel gegen Galileo Galilei – oder auch aus der Richtung der evangelischen, deutschen und skandinavischen Landeskirchen sowie von der anglikanischen Kirche in England.

Die Abkehr von der „Scheibenerde" hin zur Bezeichnung „Globus" war noch längst nicht Allgemeinwissen. Offiziell (im Vatikan und bei den meisten Universitäten) galt noch immer das „Sphärenmodell" von Apianus aus dem Jahre 1524.

Mehr als die Hälfte der am Ende des Mittelalters lebenden, christlichen Menschen blieben ja auch katholisch. Diese Leute, mehr im Süden Europas, hielten Luther also weiter für einen „Ketzer", den es zu verachten und zu bekämpfen galt. Der Norden Deutschlands und die Niederlande, Dänemark, Skandinavien und auch England und Schottland wandten sich allerdings meist dem Protestantismus zu. Viele dieser Lutherischen, Reformierten, Calvinisten, Zwinglianer, Mennoniten, Presbyterianer oder Baptisten und andere protestantischen „Freikirchen" wanderten dann im 17./18. Jahrhundert **„nach Amerika"** aus, weil sie besonders im Süden Europas oft tödlich bedroht wurden von den mittelalterlichen Konservativen und Papsttreuen. Und diese „modernen" Menschen wurden dann in den folgenden Jahrhunderten oft besonders erfolgreich und einflussreich in Nordamerika. Bis heute gibt es für diese meist englischsprachigen Aus- bzw. Einwanderer in den USA und Kanada eine knappe Abkürzung, die teils bewundernd, teils kritisch gebraucht wird: WASP = White/Anglo/Saxon/Protestant.

Aber warum denn kritisch? Das muss in den weiteren Kapiteln noch genauer betrachtet werden. Inzwischen wird WASP im 21. Jhd. durch eine neue Abkürzung ergänzt: WEIRD = Western/Educated/Industrialized/Rich/Democratic. Man kann sie nicht mehr nur auf die USA beziehen, sondern sie zielt auf die globale, westliche Anziehungskraft der Neuen Welt. Dabei klammert sie aber heute aus:

a) die Problematik und gegenseitigen Nachteile der Migration aus den nicht westlichen Ländern und Kontinenten in die alten, westlichen und

b) die fade Erinnerung an frühere, längst überholt geglaubte und koloniale Abhängigkeiten und Verfehlungen sowie

c) den Aufstieg der asiatischen und pazifischen Großmächte China, Indien und Japan.

Man sollte vielleicht das 16. und das 17. Jahrhundert am Beginn der Neuzeit nach der Entdeckung der beiden Amerikas mit zwei Wörtern kennzeichnen:

Auf den **Blitz** der schlagartigen Erkenntnis von einer riesigen „Neuen Welt" auf einem tatsächlich kugelrunden Erdball erfolgte bald der **Schock** wie ein lange anhaltender Donner auf die Andersartigkeit und Fremdheit der dortigen Menschen und ihrer Lebensweise. Und es setzte dann eine goldgierige und blutige, ja schockartige **Reaktion** von Europa aus ein. Das geschah mit den zwei Haupteinsichten in vielen europäischen Köpfen damals, wonach die alte, mittelalterliche und christliche Welt nicht mehr die Krone der Schöpfung sein konnte, dass aber gleichzeitig in der „Neuen Welt" noch viel Macht, Gold und Geld leicht zu erringen, bzw. zusammenzuraffen, war – wenn man skrupellos und egoistisch handelte!

2. Die drei Todsünden der frühen Neuzeit (16/17. Jhd.)

Die katholische Kirche kennt seit fast zweitausend Jahren die **„sieben Todsünden"**. Teilweise wurden sie von antiken Philosophen übernommen und dann im mittelalterlichen Christentum noch verschäft:

1. Superbia (Hochmut, Stolz, Übermut)
2. Avariatia (Geiz, Habgier)
3. Luxuria (Wollust, Genusssucht, Unkeuschheit)
4. Ira (Zorn, Wut, Rachsucht)
5. Gula (Völlerei, Maßlosigkeit, Selbstsucht)
6. Invidia (Neid, Eifersucht, Missgunst)
7. Acedia (Faulheit, Ignoranz, Überdruss)

Zu unterscheiden und hier davon abzugrenzen sind die sogenannten „Erbsünden", die einen mehr theologisch-alttestamentarischen als einen gesellschaftlichen und sozialen Hintergrund haben.

Für die frühe Neuzeit, besonders in den ersten beiden Jahrhunderten, möchte ich einige der Todsünden bei folgenden, globalen und historischen Ereignissen untersuchen:

a. Die Entdeckungsreisen
b. Die Glaubensspaltung
c. Das Heliozentrische Weltbild.

Zu a) Die Entdeckungsreisen: War es denn überhaupt notwendig, Ende des 15. Jahrhunderts plötzlich einen schnellen „Seeweg nach Indien" zu suchen (mit **„Neid" und „Habgier"**)? Wenn die Wikinger fünfhundert Jahre zuvor schon einen klugen Historiker/in hervorgebracht hätten, der/die auch lateinisch schreiben hätte können (haben sie aber nicht ...), dann hätten die späteren Kapitäne der Entdeckerschiffe (vom italienischen Kolumbus bis zum englischen Francis Drake) wohl gründlicher nachgedacht und sie hätten möglicherweise weniger „Neid" und „Habsucht" entwickelt. Sie hätten dann nach diesen (fiktiven) Lebenserinnerungen alter Wikinger-Kapitäne sicherlich mehr Respekt vor den Risiken und auch der Nutzlosigkeit von neuen Erdteilen (in der damaligen Zeit ohne Missions- und Kolonisierungswahn) gehabt und ihre kostspieligen, risikoreichen Fahrten nicht gemacht. Das wären dann schon mal zwei Todsünden der Neuzeit weniger gewesen.

In Nordeuropa, der Ostsee und Nordsee bestand ja auch schon seit 200 Jahren ein tüchtiger, weitgehend friedlicher (abgesehen von der Seeräubergefahr mit Störtebeker) Hanse-Wirtschaftsbund, der auf den Grundlagen nationaler, friedlicher und ökonomisch liberaler und gleichberechtigter (wenig kriegerischer) Beziehungen ausgerichtet worden war. Hätte man das nicht noch weiter ausbauen können/müssen, statt Pfeffer und Myrthen aus Indien und das Gold der Mayas zu rauben?

Aber nein, die Entdeckungsreisen gen Westen über den Atlantik waren ja auch noch römisch-christlich motiviert und nicht nur ökonomisch und infrastrukturell. Und die Päpste standen immer noch unter dem Eindruck der gescheiterten sieben Kreuzzüge im Hochmittelalter und sie wollten weiterhin die gesamte, „flache" Welt zum Christentum missionieren. Und gerade diese weiteren Todsünden der Päpste und auch der christlichen Könige und Kaiser („**Stolz**", „**Neid**" auf den Islam) haben dann nach 1492 in der frühen Neuzeit durch hemmungslose Kolonisation, Goldgier und Absolutismus in den unterworfenen Kolonien rund um Amerika und Afrika Millionen von Menschen das Leben gekostet und alte Kulturen vernichtet.

Natürlich haben wohl die Entdeckungsreisen die neuzeitliche Technik befördert. Auf der Grundlage wurden der Schiffsbau verbessert, neue Techniken, und Fortbewegungsmittel entwickelt. Diese wurden dann aber leider auch wieder für die Bereiche der Kriegsführung und der Rüstung, vor allem durch Aufrüstung mit Schwarzpulver und Kanonen missbraucht. Dadurch ging die Ritterzeit mit ihren bunten und einfachen Rüstungen zu Ende. Der spanische Nationaldichter **Cervantes** konnte im Jahre 1605 mit seinem Scherzroman „Don Quijote de la Mancha" das neue 17. Jahrhundert begrüßen und damit einen Riesenerfolg feiern. Das Ablegen der schweren, verzierten Metallrüstungen der Ritter und ihrer Pferde leitete aber nicht nur den Niedergang des mittelalterlichen, feudalen Ritteradels ein, sondern es brachte von da an in allen Kriegen unzähligen Soldaten und Männern den grausamen, mechanisierten und später sogar industriellen und massenhaften Tod. Hat sich nicht immer erst in den Nachkriegzeiten in den folgenden Friedenszeiten wirklich „der Fortschritt" entwickeln und einstellen können?

Zu den Todsünden aus der Zeit der Entdeckungsreisen gehört auch die Verbindung von Rassismus und Sklaverei (Grundlagen auch hier: **„Neid", „Habsucht", „Völlerei"**). Es gab zwar leider schon immer Dünkel und Überlegenheitsgefühle von einigen Menschen über andere. Aber das waren am Anfang des Homo sapiens eher regionale Sippenkämpfe oder später die Klassenkämpfe schon in Antike und Mittelalter, wie sie dann ja auch Karl Marx – manchmal durchaus treffend – beschrieben hat. Zum Beispiel hat der sogenannte „moderne und kluge" Mensch (nach den Affen) wahrscheinlich schon vor rund zwanzig- bis dreißigtausend Jahren nach der letzten großen Eiszeit in Mitteleuropa die eher friedlichen, aber „technisch" und handwerklich noch ungeschickten Neandertaler in Mitteleuropa ausgerottet.

Und wie der schwedische Nobelpreisträger Svante Pääbo erst kürzlich bei seinen Forschungen über die Gene der heutigen Menschen im Vergleich mit den Genen der Neandertaler aus dem berühmten Tal bei Düsseldorf festgestellt hat, haben wir Menschen heute sogar noch Reste von Genen der Neandertaler in unseren heutigen Knochen und Schädeln. Das können also heute sowohl die Wissenschaft der Archäologie als auch die der Medizin nachweisen. Also musste es vor dreißigtausend Jahren auch schon „Romeos und Julias" aus den beiden feindlichen Lagern der alten (noch dummen) und der neuen (schon schlauen) Menschen gegeben haben. Übrigens: Die Letzteren kamen sogar aus Afrika über Mittelmeer und Vorderasien nach Europa! Aber dass dann schließlich in der Neuzeit die Vermischung der Menschen in allen fünf Weltteilen zu einer gewaltigen Verschleppung und Versklavung meist der Menschen aus Afrika und meistens rüber nach Nordamerika geführt hat, das ist leider eine ungeheuerliche Schande und eine weitere Todsünde der sogenannten „weißen Rasse". Diese weiße, fast nur aus Europa nach Amerika übergesiedelte „Rasse" hat sich selbst so als die überlegene, ja, die von Gott „auserwählte Rasse" eingestuft (**„Superbia", „Gula"**). Und sie hat das Machtgefühl, das sie sich damit selbst zugewiesen und eingeredet hat, brutal und gegen jedes Natur- und Menschenrecht ausgenutzt.

Der Weltteil Europa hat dabei dann im 19. Jhd. am Beginn des Kolonialismus auch im Nachbarn-Weltteil Afrika eine unrühmliche Rolle gespielt. Einige „Forscher und Gelehrte" mit eher fragwürdigen Grundlagen und Gedanken versuchten schon früh, ihre weißen Überlegenheitsgefühle „naturwissenschaftlich" und entwicklungsgeschichtlich zu begründen. Die Schrift von **Carl Gustav Carus (1789–1869)** von 1849 mit dem arroganten Titel „Die ungleiche Befähigung der verschiedenen Menschenstämme für höhere geistige Entwicklung" hat dabei eine verhängnisvolle Rolle gespielt. Eine solche These hat sich weder medizinisch noch historisch beweisen lassen. Carus war sogar selbst Arzt, Gynäkologe, Anatom und Pathologe, auch romantischer Maler und Psychologe in Sachsen. Seine Schrift hat er sogar zum 100. Geburtstag des Weimarer Klassikers Goethe veröffentlicht, der aber leider schon tot war, um darauf noch angemessen mit Betonung der Aufklärung und den Menschenrechten zu antworten (siehe: Kap. 4: „Die Morgenröte).

Die neue Evolutionslehre von Charles Darwin hat Carus dabei offensichtlich auch falsch verstanden und somit dem Kolonialismus und Imperialismus (s. Kap. 10) Vorschub geleistet. Aber im Grunde genommen kann man den deutschen Pseudowissenschaftler Carus sogar noch aus dem 19. Jahrhundert den Todsünden der Weißen seit dem Mittelalter und der frühen Neuzeit zuordnen: vor allem **Stolz und Habsucht**.

Carus spricht nämlich von „Tag- und Nachtvölkern": Die weißen Europäer gehören nach seiner Meinung zu den ersteren, die dunkelhäutigen Menschen aus Afrika zu den zweiten: *„**Was nun die afrikanischen Neger betrifft (...) nie hat zu irgend einer Zeit eine nur einigermaßen höhere Staatsverfassung unter ihnen selbst geschaffen werden können, nie haben sie eine Literatur oder einen Begriff höhere Kunstanschauungen und Kunstleistungen erhalten (...)"* (siehe: Literaturverzeichnis, a. a. O. Richard Nate, „Strange Visions of Outlandisch Things", S. 143–47)

Carus stellt eine Analogiebeziehung zwischen Hautfarbe und Tageszeiten her. Hat er das vielleicht sogar – sehr unwissenschaftlich – von den deutschen Umgangswörtern „Abendland" und „Morgenland" übernommen? Die Römer bezeichneten mit „occident" ursprünglich den westlichen Teil von Europa, also die lateinsprachigen, römischen Provinzen. Das Wort „Abendland" taucht in Deutschland erst 1529 auf. Der christlich-romantische Dichter **Novalis (1772–1801)** benutzt es programmatisch in seiner Schrift „Die Christenheit oder Europa". Ebenso tun das die beiden Brüder und deutschen Romantiker August Wilhelm und Friedrich Schlegel. Auch sie benutzen es zur Abgrenzung und Aufwertung des lichterfüllten, „alten" Kontinents Europa.

Der hier so deutlich ausgegrenzte und „schwarze" Kontinent Afrika wurde ja erst „richtig" im 19. Jahrhundert „entdeckt" von eben den europäischen Imperialisten und Kolonialisten. Aber auch die Amerikaner, hauptsächlich die Plantagenbesitzer in den Südstaaten, haben ja Afrika in dieser Zeit als fast kostenloses Rekrutierungsreservoire für ihre Sklaven gerne benutzt. Jedenfalls zumindest bis zum Ende des Sezessionskrieges.

Richard Nate spricht in seinem neuen Buch (siehe oben) von einer interessanten Übereinstimmung der „frühneuzeitlichen Kosmologie mit einer jüdisch-christlich inspirierten Lichtmetaphorik" (Nate, a. a. O., S. 147). Danach fände man die „Tagvölker" weit im Osten bei Indien, China und Japan, genauer gesagt: Als „Dämmerungsvölker", welche den Sonnengang für den Tag als Erste genießen. Darauf folgten der Orient und Nahe Osten als „Morgenland" und schließlich Europa mit dem Mittelmeer als „Okzident oder Abendland" wie schon in mittelalterlichen Schriften. Für Afrika bleiben dann – geografisch nicht ganz korrekt – nur noch die schwarzen „Nachtvölker" übrig. Für Amerika ist in dieser Einteilung noch gar kein Platz vorgesehen, wie es ja noch dem flachen, scheibenartigen und kindlichen Weltbild der Europäer bis zum Jahre 1492 entspricht, als die Sonne sich ja noch angeblich bewegen sollte und im Osten aufgehen und im Westen untergehen musste. Ob sie wollte oder nicht. Aber die Menschen (homo „sapiens") wollten es so mit ihren irdischen, steinzeitlichen Gehirnen. Die von Kopernikus aufgeklärten und geschockten Westeuropäer (heliozentrisches Weltbild, s. Kap. 1) hätten es ja eigentlich schon viel besser wissen müssen. Aber sie wollten es eben nicht glauben, selbst unser „Reformator" Luther nicht.

Und tatsächlich hätten die Menschen nach Kolumbus und Kopernikus noch eine „achte" Todsünde einführen können – nämlich die **Todsünde des Irrtums.** Diese hätte natürlich nur für Kolumbus und seine Entdecker-Nachahmer gegolten, nicht für den strengen Astronomen Kopernikus selbst und seine naturwissenschaftlichen Schüler.

Klarerweise spricht Carus im 19. Jahrhundert, also weit nach der „Morgenröte der europäischen Aufklärung", einen europäischen Herrschaftsanspruch über alle anderen Völker dieser Erde aus. Wobei er aber die schon längst entdeckten Erdregionen Nord- und Südamerika geflissentlich übersieht oder nicht als vergleichbar mit den Europäern und Deutschen im echten, alten „Abendland" ansieht (**Todsünden: „Stolz, Neid, Trägheit des Geistes, Irrtum"**).

Bemerkenswerterweise haben große und nicht christliche Länder in Asien – Indien, China und Japan – solchen kolonialistischen Versuchungen im 19. Jahrhundert anfangs noch widerstanden. Dann aber, erst im berüchtigten 20. Jahrhundert, haben sie ebenfalls imperialistische, nationalistische und rassistische Verbrechen begangen, wie sie hier von Carus – vielleicht nicht ausdrücklich, aber doch indirekt – vorbereitet wurden. Nate spricht sogar davon, dass dieses Werk von Carus ein Standardmodell im 19. Jhd. war, nicht nur in Deutschland. Dazu weist er hin auf das Buch des Engländers Edward Burnett Taylor: „Primitive Culture" von 1871, in welchem die Menschheit in „civilized" und „barbarians" oder sogar „savages" (Wilde) unterteilt wird (s. Nate, a. a. O., S. 146).

Zu b) Die Glaubensspaltung: Im Jahre 1517 begann mit Luthers Thesenanschlag an der Schlosskirche in Wittenberg die Glaubensspaltung der inzwischen schon mehr als tausend Jahre alten Weltkirche des Christentums. Diese hatte sich ja sehr mächtig und durchaus unerwartet und eindrucksvoll aus dem Imperium der Römer (Republik plus Kaisertum) erhoben und im mittelalterlichen Papsttum hochgearbeitet. Auch die Päpste hatten schon immer starke, eher weltlich gesinnte Gegner, die als deutsche Kaiser, Kurfürsten, Landadel oder sogar in vereinzelten Bauernrevolutionen (Stedinger Aufstand 1234, Bauernkriege 1524/25) Oppositionen aus dem einfachen Volk gebildet haben. Im Verlaufe von Jahrhunderten ist daraus eine Art Urform der Gewaltenteilung entstanden, die bis heute in westlichen Demokratien das Prinzip weltlicher Staat und Volk gegen geistliche Kirche und Papsttum bildet. Bis zur Glaubensspaltung am Beginn der Neuzeit hatte die römische Kirche Europa weitgehend im Griff und sie war damit neben dem Judentum und dem Islam im Nahen Osten bis nach Indien und China hin die dritte weltumfassende Mono-Theologie der Welt mit dem Glauben an jeweils nur einen Gott: Jahwe, Jesus/Gott oder Allah;

Im Jahre 1618, fast genau hundert Jahre nach Luthers erster Protestaktion – mit der er ja ursprünglich die Papstkirche nur reinigen oder „reformieren" wollte, beginnt im Zentrum von Europa der Dreißigjährige Krieg (1618–48). Mit **„Stolz"**, **„Habsucht" und „Neid"** und zwar auf allen Seiten. Es entwickelte sich ein großer Glaubenskrieg zwischen den protestantischen, neuzeitlichen und den altkatholischen, noch mittelalterlichen Mächten in Europa. Dieser entstand nach einem hektischen, schwierigen, ja, chaotischen 16. Jahrhundert, in dem die Menschen noch in der Masse nicht kapiert hatten, dass „ihr Mittelalter", welches für sie natürlich die Gegenwart war, schon längst abgedankt hatte, aber „ihre Neuzeit" immer noch an Geburtswehen krankte. Die Folgen waren: <u>Reformation und Gegenreformation</u>, Uneinigkeit der Protestanten: Lutheraner gegen Wiedertäufer, Mennoniten, Calvinisten, Zwinglianer und weitere „Freikirchen", Gründung der kämpferischen Jesuiten durch Ignatius von Loyola (als kath. Gegenentwurf zu Luther), lutherische Landeskirchen mit erstaunlicher Einheit von fürstlichen Thronen mit evangelischen Kanzeln („Cuius regio, eius religio"), schmalkaldische Kriege gegen katholische Restländer, Hugenottenkriege in Frankreich, spanisch-niederländischer Krieg, Erstarken von katholischen Monarchien unter Kaiser Karl V., Philipp der II. in Spanien, Gründung einer englischen, anglikanischen Kirche unter dem Schutz eines erstarkenden, englischen, im Prinzip protestantischen Königtums, Goldrausch und Machtgier der Spanier und Portugiesen in deren ersten Kolonien in Mittel- und Südamerika.

Um die Jahrhundertwende der Jahre 1599/1600 kippten diese bürgerkriegsähnlichen Kriege im erbitterten Kampf um die christliche Glaubenshoheit allmählich und im Grunde genommen historisch logisch in einen gewaltigen, europäischen Krieg um, nämlich den Dreißigjährigen, der dann 1618 durch ein geradezu lächerliches Ereignis, dem Prager Fenstersturz auf der Prager Burg, ausgelöst und dann weitgehend auf deutschem Territorium geführt wurde – unter der Beteiligung sämtlicher europäischer Großmächte mit wechselnder Intensität.

Davon hatte Martin Luther überhaupt nichts geahnt. Er hat es auch nie so gewollt. Sein politisch-historisches Verständnis reichte ja eigentlich gar nicht über seine Lieblingsthemen hinaus, nämlich die hochdeutsche Bibelübersetzung, dabei die theologische Erforschung seines eigenen „Gewissens" und höchstens dann noch die Schaffung einer großartigen, deutschen Standard-

und Einheitssprache. Damit hat er dann auch mehr oder weniger wider Willen eine ungeheure Volkserhebung und Massenbildung durch den neuen Buchdruck (Johannes Gutenberg) ausgelöst.

Aber zunächst herrschte noch die große und überhaupt nicht christliche Kriegsfurie in Europa (**„Superbia" und „Avariatia"**). Sie wurde angeführt von der damals schwedischen Großmacht unter ihrem König Gustav Adolf mit der Unterstützung von mehreren norddeutschen, protestantischen Fürstentümern und von dem Söldnerführer Albrecht Wallenstein, der vom katholischen, deutschen Kaiser Ferdinand angeworben und bezahlt worden war. Der frühe Tod des Protestanten Gustav Adolf in der Schlacht bei Lützen 1632 und dann die folgende, ausufernde **Macht- und Geldgier** (Todsünden) von Feldherr Wallenstein sowie die Schwäche des katholischen Kaisers führten dann zu den sprichwörtlich gewordenen Grausamkeiten und Verheerungen in Deutschland. Mit dem „Westfälischen Frieden" in Osnabrück und Münster endete dann schließlich der große Krieg mehr oder weniger unentschieden. Insgesamt waren die deutschen, regionalen Fürstentümer am schlimmsten geschädigt worden. Frankreich konnte seinen Aufstieg unter König Ludwig XIV, dem „Sonnenkönig", fortsetzen und ausbauen. Schweden musste fortan mühsam um seinen Anspruch ringen, eine europäische Großmacht zu bleiben – auch in Rivalität zu Russland und dem neuen Zaren Peter dem Großen. Die nordeuropäischen Schwerpunkte Niederlande und England, beide als Seemächte, verlagerten ihr Interesse von Europa immer mehr auf die Gewinnung von Kolonialgebieten in der neu entdeckten Welt, also nach „Übersee".

Die Glaubensspaltung in der Neuzeit hatte nach rund 250 Jahren zwischen 1500 und 1750 also keinen eindeutigen Sieger. Eher hatten die europäischen Staaten nach langem Ringen überall Federn lassen müssen. Alle genannten „Todsünden" – mitgeschleppt aus dem Hochmittelalter – hatten negative Wirkungen verursacht. Auch die Entdeckerländer seit 1492, nämlich Spanien, Portugal, die Niederlande, England und Frankreich, mussten ihre Ansprüche und Hoffnungen auf die Ausbreitung in den neuen Erdteilen verlangsamen, konnten sie aber bald wieder aufnehmen. Auch da gab es aber wichtige Weichenstellungen: Frankreich schied Ende des 18. Jahrhunderts nach der Französischen Revolution weitgehend in Nordamerika aus. Spanien und Portugal wurden nach Mittel- und Südamerika abgedrängt – auch von den jungen und erstarkten USA – oder sogar ins ferne Asien (Goa). Auch die Niederlande gaben schließlich ihre Ansprüche mehr oder weniger kampflos ab. Als ihre Gründung „New Amsterdam" an der Ostküste von Nordamerika schon im Jahre 1664 von den Engländern in „New York" umbenannt wurde, war klar, dass von den alten Entdeckerländern am Ende des 17. Jahrhunderts nur noch England als strahlender Sieger übriggeblieben war, nachdem es ja schon vorher Spanien abgedrängt hatte.

Dieser Sieg wurde aber auch sehr bald durch die Fluchtbewegung der englischen Kolonialisten in Nordamerika und damit ihrem Unabhängigkeitsstreben von der britischen Krone und ihrem Heimatstaat relativiert. Siehe weiter unten (s. Kap. 5).

Zu c) Das Heliozentrische Weltbild: Die Erkenntnis, dass unsere Erde ein kugelförmiger Planet um die feststehende Sonne ist, hat viele Menschen damals weniger begeistert als zunächst verstört und empört. Deshalb konnte die katholische Kirche ja auch über ein Jahrhundert lang (bis Galilei und Kepler) im 17. Jhd. an dem Postulat „flache Scheibe" festhalten. Und es gibt ja einige „Querdenker", die das heute im 21. Jhd. immer noch glauben (Todsünden **„Zorn und Stolz"** und natürlich **„Irrtum"**, welche heute sogar bei allen Klimaleugnern verbreitet sind, auch bei Trump und seinen verblendeten Anhängern). Und so wie Kolumbus sich zeitlebens gegen störrische Päpste (Todsünde „Trägheit") wehren musste, so sieht der Weltumsegler Boris Herrmann aus Oldenburg noch heute die weltretterische Notwendigkeit, auf sein riesiges Großsegel seiner Rennyacht zu schreiben: „Unite behind the Sciences". Also: „Vereint Euch endlich hinter den Wahrheiten der Naturwissenschaften!" Die naturwissenschaftliche Astronomie, Geografie, Medizin, Technik oder Seenavigation per Satelliten dürfen auf keinen Fall heute damit aufhören, sich gegen die Dummheit und die Macht von Politikern vom Schlage eines Trumps oder Bolzonaro durchzusetzen, die immer noch ihre Lügen und ihr Leugnen über den sichtbaren Klimawechsel und die Naturzerstörung per „Twitter" oder „Tiktok" und auf anderen Formaten als „Fakes" (und keineswegs „Facts") verbreiten.

Zum Glück setzte sich das heliozentrische Weltbild nach ca. 200-300 Jahren doch durch. Aber dass es so lange dauerte (Todsünde: **„Trägheit"**), lag auch schon damals nicht nur an dem Widerstand von Kirche und den Mächtigen, sondern auch an der Langsamkeit und Schwerfälligkeit der einfachen Menschen (moderne Todsünde bis heute: „Irrtum"!). Manche Menschen wollten und wollen einfach nicht an die naturwissenschaftlichen Beweise glauben oder sie verstehen diese gar nicht. Um 1500 war es eben auch eine schwierige, psychologische Notwendigkeit, ein Weltbild und damit zugleich auch das Menschenbild von dem einmaligen, von einem Gott geschaffenen („... macht euch die Erde untertan ...") Menschen auf eine neue, demütige Erkenntnis von der Kleinheit des Menschen gegenüber der großen Natur auf unserem Globus zu übertragen. Obwohl das Christentum, besonders im Neuen Testament, diese Einsicht ja durchaus an mehreren Stellen verbreitet (Gleichheit aller Menschen, Demut gegen alle Lebewesen, das Friedensgebot der Bergpredigt von Jesus).

Jedem Menschen – und nicht nur den Päpsten und Königen – musste erst bewusstwerden, dass er/sie nicht die Krönung der Schöpfung war, sondern nur ein kleines Rädchen im Kreislauf der Natur und Evolution (Charles Darwin/Alexander von Humboldt: siehe Kap. 9).

Das war eine entlarvende Erkenntnis mit Schockwirkung für die Zeitgenossen im 16. Jahrhundert. Liegt darin nicht auch eine seelische Ursache für die Wirren dieser Zeit? Wie sollten die Menschen das damals so schnell verkraften? Wir heutigen Menschen hatten fünfhundert Jahre Zeit, um uns daran zu gewöhnen. Und einige haben das immer noch nicht geschafft.

Und stehen wir heutigen Menschen nicht sogar wieder vor so einer Schwelle, bezogen auf die Weltraumforschung, das Universum oder auch nur die lächerlichen Raketenreisen zum felsigen Mond (zwei Wochen) oder hin zum staubigen und eisigen Mars (zwei Jahre) oder aus „unserer Milchstraße" ganz hinaus (nur in Millionen von Lichtjahren zu machen!)?

Die Kapitäne der Entdeckerschiffe und ihre Mannschaften, ebenso wie die in ihre eigene geistliche Gewissheit und ihr „Gewissen" vernarrten Protestanten um Luther und seine Anhänger konnten immerhin von einer großen Zukunft träumen. Nur wer das nicht tun wollte, der musste sich schwer damit tun, um nicht die Abwertung seiner eigenen, menschlichen Existenz zu betreiben. So wie es ein Großteil des neuen Ordens der Jesuiten in der Gegenreformation betrieb, vor allem auch gerade im spanischen und portugiesischen Südamerika.

Die Weigerung, das heliozentrische Weltbild anzunehmen, kann man also von allen Todsünden aus dem Mittelalter als die verständlichste, ja, menschlichste, bezeichnen. Daraus darf man allerdings kein „Menschenrecht auf naturwissenschaftlichen Irrtum" ableiten, wie das heutzutage ja bei einigen Querdenkern gegen die Impfpflicht oder beim Leugnen der Klimakipppunkte der Fall zu sein scheint.

***

3. Flucht in die Kolonien vor Krieg und Absolutismus in Europa

Da wir uns ja hier auf die deutsche Sicht und Perspektive auf Nordamerika und Kanada konzentrieren wollen, müssen wir die mittel- und südamerikanische Kolonialgeschichte mit Spanien und Portugal jetzt ein bisschen vernachlässigen. Denn sogar schon am Beginn des 30-jährigen Krieges (s. oben) im 17. Jhd. machte England an der Küste nördlich vom heutigen Boston und Massachusetts einen kleinen, aber gesamthistorisch riesigen Schritt nach vorne bei der Eroberung seiner nordamerikanischen Kolonien. Und im Unterschied zu den Wikingern (s. oben) blieben sie dort in den nächsten 250 Jahren anwesend und erweiterten Stück für Stück ihre kolonialen Erwerbungen bzw. Eroberungen – allerdings auf Kosten der „indianischen" (heute: „indigenen") Ureinwohner.

Der Zweimaster „Mayflower" startete am 6. September 1620 von Plymouth aus, so wie Sir Francis Drake schon 40 Jahre vorher bei seiner ersten kompletten Weltumsegelung, in die Neue Welt und landete nach zehn harten Segelwochen am 21. November kurz vor dem Wintereinbruch in der Nähe des heutigen Örtchens Provincetown am Cape Cod, nördlich von Boston. An Bord waren 102 Passagiere: Männer, Frauen und Kinder von einer protestantischen, in England verfolgten Sekte der „Pilgrims", die ihre Freiheit des Glaubens und der Person in Amerika suchten. Diese englischen, protestantischen Flüchtlinge – oder genauer: durch die anglikanische Staatskirche Vertriebenen – gingen in die amerikanische Gründungsgeschichte als die „Pilgerväter" ein. Sie stammten aus Mittelengland und ihre Nachkommen in den USA genießen dort bis heute den Rang eines kolonialen Uradels. Im Herbst und Winter 1620 – in Deutschland und Europa tobte schon die Kriegsfurie – befanden sich die Pilgerväter und ihre Familien aber auch in einem jämmerlichen Zustand. Nur mit großer Anstrengung und mit der anfänglichen Hilfe von „Indigenen" konnten sie sich Grassodenwinterhäuser errichten, die heute dort für die Touristen nachgebaut worden sind. Nur so konnten die englischen Flüchtlinge kalte Stürmen, Eis und Schnee des ersten Winters überstehen. Trotzdem starben viele an Lungenentzündungen oder Tuberkulose.

Die „Pilgrim Fathers" waren Calvinisten bzw. radikale Puritaner, die in Gegnerschaft zu der „Church of England" (auch ein Produkt der „Glaubenskämpfe" im 16. Jhd., siehe oben) das Heimatland verlassen hatten. Sie strebten eine absolute, gleichberechtigte Gemeindeautonomie an und glaubten, dass sie nur direkt Gott und Jesus Christus unterstellt wären. Sie lehnten sogar das christliche Kreuzzeichen und Weihnachten als altheidnischen Brauch ab, weil sie dafür keine Belege in der Bibel fanden, trotz intensiver Suche und nicht mehr in der lateinischen, sondern in der englischen Heimatsprache.

Sie schlossen den Mayflower-Vertrag, in dem sie sich zu demokratischen Prinzipien im Sinne einer selbstverwalteten, freien Gemeinschaft verpflichteten *(„self rule, self government")*. Das war gewissermaßen der **„Rütli-Schwur"** der ersten europäischen Einwanderer in Nordamerika und den späteren USA. Die Pilgerväter gaben sich damit das heilige Versprechen, dass man für alle Menschen „gerechte Gesetze" (*„just and equal laws"*) schaffen müsste und danach leben sollte. Diese Regierungsform würde allein dem Willen Gottes für alle Menschen in Gleichheit und Freiheit entsprechen.

Diese im Prinzip einfachen Vorstellungen entstanden unter den knapp hundert Menschen auf der Flucht vor Unterdrückung und feudaler Unfreiheit in Europa. Im Jahre 1621 unterzeichneten sie einen Friedensvertrag mit dem Häuptling der Wampanoag-Ureinwohner. Einige Jahrzehnte lang entwickelten sich mit weiteren, hinzugekommenen Aussiedlern aus England relativ harmonische Beziehungen zu den Einheimischen. Doch schon ab 1637 (Pequot-Krieg) wurden die Spannungen größer. Im sogenannten „King Philip's War" von 1675 bis 1676 wurden die Indigenen mit fast 3000 getöteten

Opfern durch die Einwanderer in der Region des späteren Staates Massachusetts so geschwächt, dass sie sich davon nie mehr erholten. Die weißen Siedler aus England hatten in Amerika gesiegt mit weißem „Stolz" oder mit erbarmungslosem „Zorn"? Oder gar mit einer „Habsucht", trotz ihrer naiven, urchristlichen Ideologie aus den alten Zeiten der Christenverfolgungen in den römischen Katakomben?

***

Eine ähnliche Entwicklung nahmen die weiter südlich gelegenen Gebiete der englischen Kolonien um Virginia und Philadelphia. Diese entstanden zu einem kleinen Teil sogar schon vor der Landung der „Mayflower" beim Cape Cod. Das Ziel der Pilgerväter im Jahre 1620 waren ja auch eher die kleinen, englischen Siedlungen weiter südlich gewesen, die dort schon bereitstanden. Diese hatte man aber wegen widriger Wetterverhältnisse nicht mehr erreichen können.

Noch zeitlich weiter zurück machte schon im Jahre 1584 Sir Walter Raleigh im Auftrag von Königin Elisabeth I. eine Expedition an die Westküste und nannte sein besetztes Gebiet zu Ehren der unverheirateten Elisabeth „Virginia" („Virgin Queen"). Walter Raleigh hat im Unterschied zu seinem Rivalen Francis Drake um die Huld der Königin sogar langfristig mehr Erfolg gehabt als der Kaperkapitän und Seeräuber Drake. Dafür muss man allerdings weit voraus denken, nämlich an die Gründung der USA ab Ende des 18. Jahrhunderts. Das konnten alle noch nicht voraussehen, weder Raleigh, Drake und auch nicht ihre Queen Elisabeth die Erste.

Schon 1607 bildete sich eine mehr oder weniger private „Virginia Company", welche die kleine Siedlung „Jamestown" aufbaute. Sie lockte schon ab Dezember 1606 eine Gruppe von protestantischen Glaubensflüchtlingen aus England mit 144 Männern nach drüben. Von diesen lebten 1607 allerdings nur noch 38. Alle anderen waren an Hunger und Krankheiten gestorben. Es drängten trotzdem weitere Flüchtlinge in die Neue

Welt. Und als ein gewisser John Rolfe 1612 die Tabakpflanze als günstiges Wirtschaftsgut in Nordamerika entdeckte und zum ersten Mal aberntete, begann ein ökonomischer Aufschwung. Tabak wuchs gut im feuchten Klima Virginias. Vorher bekriegten sich „die Weißen" aus England aber noch mit den Ureinwohnern. Das waren verschiedene Stämme: die Powhatan, Irokesen, Nottaway, Meherrin, Sioux, Monacan und Cherokee.

Auch aus Deutschland kamen immer mehr Einwanderer, die meisten auch als protestantische Glaubensflüchtlinge. Als Erste gründeten Leute aus dem Siegerland im Jahre 1714 die „Kolonie Germana" (nicht Germania). Sie gingen dort in die regionale Geschichtsschreibung als die „good old Germans" ein.

Die späteren Staaten der USA „Virginia" und „Pennsylvania" gehören zu den 13 englischen Kolonien, die 1776 ihre Unabhängigkeit von England erkämpften. Diese beiden Staaten waren auch anfangs das Ziel der meisten deutschen Einwanderer und Glaubensflüchtlinge. In Philadelphia wurde später nach der Trennung der Kolonien von England nur knapp entschieden, dass nicht Deutsch, sondern Englisch die Standardsprache in den USA werden sollte. Viele der berühmten Gründerväter der USA kamen aus Virginia: Patrick Henry, Thomas Jefferson, Richard Henry Lee, James Madison, George Mason oder George Washington. Das alte Mutter- und Kolonialland England gab seine Rechte am 9. Dezember 1775 endgültig auf und der in Williamsburg tagende „Konvent von Virginia" erklärte am 15. Mai 1776 Virginia für unabhängig. Das war dann nur noch knapp zwei Monate vor der „Independent Declaration" der dreizehn Gründerstaaten der USA, zu denen natürlich Virginia gehörte.

***

Der deutsche Anglist Richard Nate von der Katholischen Universität Eichstätt-Ingolstadt hat kürzlich (2023) diesen fragwürdigen Drang der Europäer nach Amerika und später auch nach Afrika und leider auch die Gier der Europäer in der frühen Neuzeit in der englischsprachigen Literatur des 16. bis 20. Jahrhunderts mit entlarvenden Ergebnissen untersucht. Richard Nate zeigt dort auch am Beispiel von Carl Gustav Carus (1789–1869), der ein Zeitgenosse von Alexander Humboldt war (aber kein Geistesfreund), wie sich auch deutsche Gelehrte im 19. Jahrhundert ein schon rassistisches Bild von den Ureinwohnern in Afrika (und auch Amerika) zurechtlegten. Dieses Trugbild reicht sogar bis in die bewunderte Literatur der deutschen Klassik und Romantik hinein. Dabei sind aber nur die wenigsten dieser „Literaten" dann auch selbst nach Amerika ausgewandert oder dorthin geflohen wie die Pilgrim Fathers in ihrer religiösen und wirtschaftlichen Not. (s. a. a. O. Nate, Literaturverzeichnis).

Das Buch-Cover von **Richard Nate „Strange visions of outlandish things"** drückt indirekt auch einen verschleierten, neuzeitlichen, auch den neugierigen Blick von europäischen Malern, Literaten, Gelehrten und Seefahrern (aus der damaligen Zeit) auf die neue Welten und ihre nicht weißen Bewohner („Eingeborenen", „Neger", „Indianer" „Sklaven"...) aus:

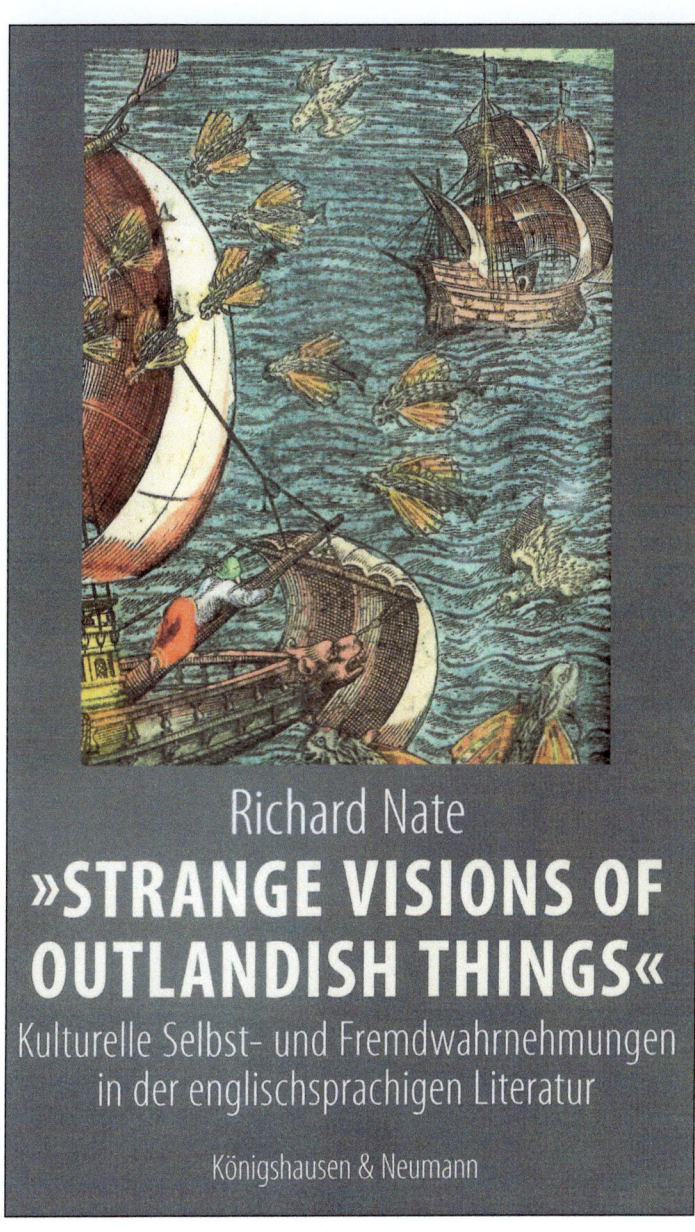

Strange Visions, Nate, priv. Archiv E. Brüchert

Umschlag-Abbildung: Ausschnitt aus: Theodor de Bry: Collectiones peregrinationum in Indiam orientalem et Indiam occidentalem. Frankfurt 1590–1634, Band 3, Tafel 27

Richard Nate, „**Strange visions of outlandish things**", **(Kulturelle Selbst- und Fremdwahrnehmungen in der englischsprachigen Literatur"), Eichstätter Europastudien Bd. 8, Königshausen & Neumann, Würzburg, 2023**

Über die unselige Nachwirkung der Lehren und Thesen von **Carl Gustav Carus (1789–1869)** für die kolonialistischen und imperialistischen Vorstellungen in Deutschland in der Wilhelminischen Zeit berichtet Richard Nate (Nate, a. a. O. S. 143–57) ausführlich (Vergleiche unser Kap. 2: „Todsünden der frühen Neuzeit").

***

4. Die Morgenröte der Aufklärung

Parallel zu den schwierigen Anfängen der Pilgerväter in Nordamerika im 17. Jahrhundert brachte die Geschichte in Europa eine Blütezeit der Staats- und Gesellschaftsphilosophie hervor. In England und Frankreich und schließlich auch in Deutschland (**Immanuel Kant, geb. 1724: 300. Geburtstagsfeier 2024**) veröffentlichten geistig unabhängige Denker und Gelehrte solche Schriften, die unter den Begriffen **„Aufklärung" und der „Ratio – Vernunft"** in die Geschichte eingingen Das geschah gleichzeitig und parallel zur engstirnigen, stolzen und selbstverliebten Epoche des Absolutismus bei den Fürsten, Königen und dem Hochadel, Die Gelehrten und und mutigen Geistesgrößen standen sogar noch oft in den Diensten der Adligen und waren von ihnen wirtschaftlich abhängig.

Die meisten dieser Gedanken und Visionen sind erst hundert Jahre später bei der Unabhängigkeitserklärung der USA am 4. Juli 1776 welthistorisch wirksam geworden. Und in Europa begann nur 13 Jahre danach die große Französische Revolution (1789) mit den Donnerworten „Liberté, Egalité, Fraternité", durch welche der gesamte Hochadel in der „Alten Welt" aus seinen monarchischen, mittelalterlichen Träumen gerissen wurde. Und während in der „Neuen Welt" immer noch kolonialistische Exzesse der zugewanderten Europäer begangen wurden und in ganz Amerika – Nord und Süd – Millionen Indigene, Indios und Sklaven aus Afrika leiden und viele sterben mussten (besonders durch eine achte oder neunte Todsünde der Neuzeit, nämlich der Habgier nach Gold), entwickelte sich in Europa eine explosive „Aufklärung" der klugen, freien Köpfe.

Philosophische Vorstellungen und Träume von folgenden Denkern haben die Welt verändert und verbessert. Das geschieht bis heute, falls Politiker diese Schriften wieder mal lesen, über sie nachdenken und danach auch handeln:

- Thomas Morus (1478–1535): UTOPIA (1513)
- Niccolò Machiavelli (1469–1527): DER FÜRST (IL PRINCIPIE) (1513)
- Tommaso Campanella (1568–1639): DER SONNENSTAAT (1632)
- John Locke (1632–1704): TWO TREATISES OF GOVERNMENT (1680)
- Charles Montesquieu (1689–1755): VOM GEIST DER GESETZE (1748)
- Jean J. Rousseau (1712–1778): GESELLSCHAFTSVERTRAG (1762)
- Immanuel Kant (1724–1804): WAS IST AUFKLÄRUNG (1784)
- Immanuel Kant (1724–1804): ZUM EWIGEN FRIEDEN (1795)
- Karl Marx (1818–1883): VOM ABSTERBEN DES STAATES (1848)
- Karl R. Popper (1902–1994): DIE OFFENE GESELLSCHAFT (1958)

Die Epoche der Aufklärung vor allem im 17. und 18. Jahrhundert bleibt ein Ruhmesblatt der Menschheitsgeschichte, denn sie hat uns gelehrt, was zumindest im Westen im 21. Jahrhundert und darüber hinaus in unseren Demokratien zum Fundament und Wertekanon gehören muss. Das sind: die Trennung von Kirche und Staat, die Menschenrechte, der Rechtsstaat, die Gewaltenteilung mit Legislative, Exekutive und Jurisdiktion, das Wahlrecht mit regelmäßigem und friedlichem Wechsel der Regierungen ohne Blutvergießen, die Abschaffung von Adel und Klassen, der Pluralismus, der Parlamentarismus, die freie Meinungsäußerung, die unabhängige Presse; Hier nur einige, viel zu knappe Zusammenfassungen:

Der Engländer **John Locke (1632–1704)** stellte eine strenge Gewaltenteilung in den Mittelpunkt. Und das schon in der

Epoche des französischen Sonnenkönigs Ludwigs XIV. auf dem Höhepunkt des dortigen Absolutismus. Die Legislative ist bei Locke geradezu geheiligt. Er entwickelt in seinen Schriften mit dem Hintergrund des Ringens in England um die „Bill of Rights" (1689: Grundgesetz des englischen Parlamentarismus) seine fundamentalen Gedanken über Parlament, Volksvertretung, Nationalversammlung und Ständeversammlung. In solchen festen Institutionen müsse eine Gesellschaft allgemein anerkannte und geachtete Gesetze aufstellen und formulieren. Revolutionär ist bei Locke der Gedanke, dass die Legislative also wichtiger sei als die Exekutive (diese war damals in England und Frankreich identisch mit dem König und seinen Beamten und seiner Armee) und auch die Rechtsprechung mit unabhängigen Richtern. Es wird von Locke aber noch offengelassen, wie diese „geheiligte" Legislative bestellt (vom König?) oder gewählt (vom Volk?) werden sollte. Locke deutet aber auch schon an, dass das Volk im Recht wäre, wenn es sich gegen eine Legislative wehren würde (durch Aufstand oder Revolution?) falls diese nicht mehr den allgemeinen Willen des Volkes repräsentiere.

Der **französische Philosoph Charles Montesquieu (1689-1755**) – ein halbes Jahrhundert jünger als der Engländer Locke – forderte ebenfalls die Gewaltenteilung und die Unterwerfung aller Staatsgewalt unter eine Verfassung (Konstituante) mit Freiheiten und Rechten für das allgemeine Volk. Dabei hat er von dem Engländer schon viel gelernt und seine Theorien weiter verfeinert. England nimmt er sich sogar mit seiner parlamentarischen Monarchie (seit der „Bill of Rights") als Vorbild, als er folgenden Text verfasste in seiner Schrift **„Vom Geist der Gesetze"**, 1748:

„XI, 6 Die Verfassung Englands. In jedem Staate gibt es drei Gewalten, die gesetzgebende Macht, die vollziehende Macht für die Angelegenheiten des Völkerrechts und die vollziehende Macht für die Angelegenheiten des bürgerlichen Rechts. Vermöge der ersten Gewalt gibt der Fürst oder die

Obrigkeit Gesetze auf gewisse Zeit oder auf immer und verbessert die bereits bestehenden oder schafft sie ab. Kraft der zweiten schließt er Frieden oder führt Krieg, schickt oder empfängt ‚Gesandtschaften, setzt die Sicherheit auf festen Fuß, kommt den feindlichen Einfällen zuvor. Kraft der dritten straft er die Verbrechen oder entscheidet die Streitigkeiten der Privatleute. Man nennt diese letztere die richterliche Gewalt, die andere dagegen einfach die vollziehende Gewalt des Staates. – Die politische Freiheit bei einem Bürger ist jene Ruhe des Gemütes, welche aus der Meinung eines jeden von seiner Sicherheit entspringt; und damit man diese Freiheit habe, muss die Regierung so beschaffen sein, dass sich ein Bürger vor einem anderen Bürger nicht zu fürchten braucht. Ist die gesetzgebende Gewalt mit der vollziehenden in einer Person oder in einem und demselben obrigkeitlichen Staatskörper vereint, so gibt es keine Freiheit, weil man fürchten kann, derselbe Monarch oder derselbe Senat werde tyrannische Gesetze geben, um sie tyrannisch zu vollziehen. Es gibt ferner keine Freiheit, wenn die richterliche Gewalt nicht von der gesetzgebenden und der vollziehenden getrennt ist. Wäre sie mit der gesetzgebenden Gewalt verbunden, so würde die Macht über Leben und Freiheit der Bürger willkürlich sein, denn der Richter wäre Gesetzgeber. Wäre sie mit der vollziehenden Gewalt verbunden, so könnte der Richter die Macht eines Unterdrückers besitzen. – Alles wäre verloren, wenn ein und derselbe Mensch oder dieselbe Korporation der Vornehmen oder des Adels oder des Volkes dieselben drei Gewalten, Gesetze zu geben, die öffentlichen Beschlüsse zu vollziehen und Verbrechen oder Streitigkeiten der Privatleute zu richten, zugleich ausübten. (...)"

Erst in der französischen Verfassung von 1791 nach der Hinrichtung des Königs Ludwigs XVI. waren diese Gedanken zum ersten Mal in der Neuzeit politisch wirksam, abgesehen von den Vorläufern in England und der Unabhängigkeitserklärung der

Nordamerikaner nur 14 Jahre zuvor. In Frankreich wurden sie allerdings sofort gleich wieder von der „Schreckensherrschaft" der Jakobiner und kurz darauf von der Alleinherrschaft des Kaisers Napoleon I. missachtet und aufgehoben. In Deutschland dauerte es noch Jahrzehnte – und eine große Verspätung mit zwei Weltkriegen – bis man sich endlich zu einer vollständigen Übernahme dieser klaren Grundsätze der Demokratie aus Westeuropa und Nordamerika durchringen konnte.

***

Um 1750 stand sogar eine kurze Episode des „Aufgeklärten Absolutismus" des Sonnenkönigs Ludwig XIV. und dessen Nachfolger Ludwig XVI. in Frankreich entgegen. Das geschah durch König **Friedrich II. von Preußen** (dem „Großen", 1712–1786). Er entfernte sich mit einer gemäßigten Form von „**Absolutismus**" etwas von Frankreich, die aber noch längst nicht den republikanischen Vorstellungen von Locke und Montesquieu entsprach. Seinen berühmten Anspruch als Aufklärer hatte Friedrich schon als junger Kronprinz angedeutet, als er damals aber noch unter der Knute seines tyrannischen Vaters stand. Er schrieb damals in seinem sogenannten „Antimachiavelli", dass nach seiner Überzeugung ein jeder gerechter Fürst nur „ein einfacher Diener seines Volkes" sein müsste. Diese weise Erkenntnis hat er später als König allerdings weitgehend ignoriert oder vergessen, besonders bei der Verheizung seiner eigenen Soldaten im siebenjährigen Krieg gegen den Rest Europas. Er blieb also ein Absolutist im Vollbesitz seines vermeintlichen „Gottesgnadentums", wenn er auch immerhin die Folter und die staatliche Zensur in Preußen abschaffte.

Eine berühmte Anekdote kann das demonstrieren, wie Friedrich „der Große" in Preußen vom deutschen Volk damals bereitwillig – fast höflich untertänig – missverstanden worden ist. Die preußische Propaganda vom „aufgeklärten Absolutismus" verbreitete sich bis in den Beginn des 20. Jahrhunderts hinein mit der Erzählung, dass Friedrich sich angeblich einmal dem Wunsch oder sogar dem Druck eines einfachen Mühlenbesitzers von Sanssouci am 2. August 1745 unterwerfen musste. Eine viel verschickte Postkarte aus der Wilhelminischen Kaiserzeit um 1905 verdeutlichte das, aber zugleich damit auch die Schwächen des „deutschen Sonderweges", der dann ja schließlich erst und viel zu spät nach der Nazikatastrophe und dem 2. Weltkrieg beendet werden konnte: Auf dieser euphemistischen Propagandazeichnung wird „König Friedrich der Große" in einer nur scheinbaren, gleichen Gegenüberstellung mit einem Mühlenbesitzer aus dem Volk gezeigt, der nur auf sein Besitzrecht besteht. Der Müller wagte es also angeblich, als Mann des Volkes seinem König mit der Anrufung des „Kammergerichts" in Berlin zu drohen.

In dieser Postkarten-Zeichnung aus dem Jahre 1905 wird eine politische Freiheit in Preußen im Jahre 1745 dem Volke anekdotisch nur vorgegaukelt und das sogar bis in das 20. Jhd. hinein. Einen Rechtsstaat hatte der Preußenkönig damals noch längst nicht eingerichtet, auch wenn auf dem Bild der Müller dem König mit dem „Kammergericht in Berlin" droht. Friedrich II., der absolute Souverän, auch wenn er sich „aufgeklärt" gibt, hält sich noch ein Hintertürchen offen: Er konnte nämlich in die Entscheidung des Kammergerichts als Absolutist jederzeit eingreifen, wenn sie nach seiner Meinung „falsch" war. Denn es gab in Preußen ja noch längst keine echte Gewaltenteilung zwischen Legislative und Exekutive, wie es die philosophischen Aufklärer schon in ihren Schriften forderten.

Und genau das hat ja schon der kluge Franzose Montesquieu beschrieben, als er befürchtete: *„**Alles wäre verloren, wenn ein und derselbe Mensch oder dieselbe Korporation der Vornehmen oder des Adels oder des Volkes dieselben drei Gewalten, Gesetze zu geben, die öffentlichen Beschlüsse zu vollziehen und Verbrechen oder Streitigkeiten der Privatleute zu richten, zugleich ausübten. (...)"* Ironischerweise hat der französische Staatsphilosoph das fast im selben Jahr aufgeschrieben, nämlich 1748, als die preußische Anekdote vom Müller in Sanssouci entstand: Das war um 1745. Aber weder der König noch der Müller haben wohl davon gewusst.

Einen Rechtsstaat, den Friedrich in der Theorie (Locke, Montesquieu) vielleicht schon kannte (er war ja eng befreundet mit Voltaire), hat er seinem preußischen Volke keineswegs gewährt. Ein einziges „Kammergericht", in dem vom König ausgesuchte Richter saßen, reichte dafür sowieso noch nicht aus. Es fehlten noch unabhängige Institutionen: Parlament, Gewaltenteilung, eine unabhängige Justiz, eine unabhängige Exekutive, z. B. nur eine den Gesetzen und nicht dem König unterworfene Polizei oder sogar „Geheimpolizei".

Übrigens: Nach der Anekdote soll Friedrich tatsächlich nachgegeben haben; aber nur in diesem Einzelfall gegen einen relativ unwichtigen „Müller". Es hat nämlich keinerlei Gerichtsverfahren in Berlin „Müller gegen König" gegeben. Jedenfalls ist das in keiner schriftlichen Quelle nachweisbar. Im preußischen Volksmund war diese Anekdote dagegen noch jahrzehntelang lebendig – bei einem noch nicht aufgeklärten Volke, welches dafür ernsthaft vom preußischen Philosophen Immanuel Kant kritisiert wurde.

Auch die große Feindin von König Friedrich, die **Kaiserin Maria Theresia von Österreich,** im Siebenjährigen Krieg hat eine kleine Form von aufgeklärtem Absolutismus praktiziert. Und trotzdem hat Friedrich die Kaiserin nicht geachtet. Er ist bei seiner lebenslangen, subtilen Form von „Anti-Feminism" stehen geblieben.

In dieser Zeit zwischen dem Ende des 30-jährigen Krieges 1648 und der Französischen Revolution 1789 hatten die Pilgrim Fathers und ihre Nachkommen in Nordamerika schon gewisse Freiheiten von der europäischen Unterdrückung durch den Absolutismus errungen. Aber wirkliche Freiheit und Unabhängigkeiten, wie sie auch schon in diesen rund zwei Jahrhunderten von den Philosophen vielfach aufgeschrieben worden sind, bestanden auch noch nicht für die Kolonisten auf der anderen Seite des Atlantiks. Auch ein „aufgeklärter" und deutscher Absolutismus konnte da nicht drüber hinwegtäuschen.

***

<u>Immerhin feiern wir nun heute im Jahre **2024 den 300. Geburtstag des bedeutendsten, deutschen Philosophen Immanuel Kant (1724–1804).**</u> Kant war und ist als „Aufklärer" in Wahrheit **ein „Weltbürger"** aus Königsberg (heute russisch Kaliningrad). Seine ostpreußische Geburtsstadt hat er nie verlassen und er wurde dort auch begraben. Sein Grab, seine Universität, seine große Statue, sein legendärer, allabendlicher „Philosophenspazierweg" wurden alle am Ende des Hitler-Angriffskrieges auf die Sowjetunion 1945 total verwüstet. Sein Ansehen leuchtet heute – auch angesichts des Putin-Angriffskrieges auf die Ukraine – in der freien (westlichen) Welt umso mehr. Das Ansehen für Kants Philosophie erstreckt sich nicht nur auf seine berühmte „Kritik der reinen (und der praktischen) Vernunft", mit der er eine neue „Logik und Metaphysik" begründet hat, sondern auch auf die konkreten Fragen von Politik, Krieg und Frieden mit unveräußerlichen Menschenrechten – und das in einem Ausmaß, das weit in die Zukunft reicht, sogar noch in die Zukunft unseres zerrissenen 21. Jahrhunderts.

Von diesem preußischen Philosophen – der in Wahrheit ein Weltphilosoph und -bürger war – gibt es die kürzeste und beste Beschreibung von Aufklärung. In seinem Essay <u>„Was ist Aufklärung" hat er im Jahre 1784</u> diejenigen Sätze geschrieben, welche seitdem wie ein Fanal über alle Jahrhunderte bis hin zu unserem gegenwärtigen stehen, und zwar geltend für alle fünf Erdteile auf dem Globus:

„Aufklärung ist der Ausgang des Menschen aus seiner selbst verschuldeten Unmündigkeit."

Kant nimmt hier das Wort „Freiheit" überhaupt nicht in den Mund, obwohl es ihm doch letztlich um die politische und gesellschaftliche Freiheit und, noch besser auf Französisch, um die „Liberté" der Menschheit geht. Er benutzt dagegen mehrfach die negativen Gegenworte: „Unmündigkeit ..." und „selbstverschuldet ...".

Ist Immanuel Kant hier vielleicht sogar misstrauisch gegenüber seinem eigenen, geliebten Deutsch und Latein? Oder hat er schon geahnt, wie oft in den kommenden zwei bis drei Jahrhunderten der Freiheitsbegriff und die Liberté verhöhnt, missverstanden oder missbraucht werden könnten?

Er nennt seinen obigen Kernsatz auch nur bescheiden „Wahlspruch" und nicht – wie es angemessen gewesen wäre – ein Fanal oder **eine „Charta"** für die gesamte Menschheit. Dieser „Wahlspruch" steht dann tatsächlich auch – ohne, dass Kant es so gewollt oder gewusst hat – über diesen vier modernen Verfassungen der Neuzeit: USA (1787), Französische Revolution (1789), Paulskirche (1849) und Grundgesetz (1949).

Hier der berühmte Anfang der Schrift mit den von Kant selbst hervorgehobenen **Donnerworten** in der Form des Jahres 1784:

> **Beantwortung der Frage: Was ist Aufklärung?**
>
> ---
>
> „Aufklärung ist der Ausgang des Menschen aus seiner selbst verschuldeten Unmündigkeit. Unmündigkeit ist das Unvermögen, sich seines Verstandes ohne Leitung eines andern zu bedienen. Selbst verschuldet ist diese Unmündigkeit, wenn die Ursache derselben nicht am Mangel des Verstandes, sondern der Entschließung und des Muthes liegt, sich seiner ohne Leitung eines andern zu bedienen. Sapere aude! Habe Muth, dich deines eigenen Verstandes zu bedienen! ist also der Wahlspruch der Aufklärung.
>
> Faulheit und Feigheit sind die Ursachen, warum ein so großer Theil der Menschen, nachdem sie die Natur längst von fremder Leitung frei gesprochen (naturaliter majorennes), dennoch gerne Zeitlebens unmündig bleiben; und warum es Anderen so leicht wird, sich zu deren Vormündern aufzuwerfen. Es ist so bequem, unmündig zu seyn. Habe ich ein Buch, das für mich Verstand hat, einen Seelsorger, der für mich Gewissen hat, einen Arzt, der für mich die Diät beurtheilt, u. s. w, so brauche ich mich ja nicht selbst zu bemühen.

Kant, Text Aufklärung (Anfang)
priv. Archiv E. Brüchert

Immanuel Kant hat dann eine ähnlich kurze und prägnante Schrift etwas später unter dem visionären Titel **„Zum ewigen Frieden" (1795)** verfasst. Sie ist im damals üblichen Stil eines

„ewigen Friedensvertrages" gehalten. Trotzdem ist sie bis heute leider eine Vison geblieben – und doch eine Vision für einen permanenten Menschheitstraum. Und das schon im Stil und Denken eines weltpolitisch interessierten Philosophen um das Jahr 1800:

„Erster Abschnitt":

1. Es soll kein Friedensschluss für einen solchen gelten, der mit dem geheimen Vorbehalt des Stoffes zu einem künftigen Kriege gemacht wurde. (...)
2. Es soll kein für sich bestehender Staat (klein oder groß, das gilt hier gleich viel) von einem andern Staate durch Erbung, Tausch oder Schenkung erworben werden können (...)
3. Stehende Heere (miles perpetuus) sollen mit der Zeit ganz aufhören. (...)
4. Es sollen keine Staatsschulden in Beziehung auf äußere Staatshändel gemacht werden. (...)
5. Kein Staat soll sich in die Verfassung und Regierung eines andern Staats gewalttätig einmischen. (...)
6. Es soll sich kein Staat im Kriege mit einem andern solche Feindseligkeiten erlauben, welche das wechselseitige Zutrauen im künftigen Frieden unmöglich machen müssen: als da sind, Anstellung der Meuchelmörder (percussores), Giftmischer (venefici), Brechung der Kapitulation, Anstiftung des Verrats perduellio in dem bekriegten Staat (...)"

Diese zeitlose Schrift (hier nur der Anfang ...) hat Kant weit weg in Ostpreußen veröffentlicht, Er hat sie geschrieben in einer kritischen Zeit, als im revolutionären und chaotischen Paris Napoleon Bonaparte sich bereits anschickte, in den folgenden zwei Jahrzehnten ganz Europa mit mehreren Kriegen zu überziehen. Dabei hat er das „Heilige Römische Reich Deutscher Nation" zerschlagen, welches im 18. Jhd. allerdings nur noch zu einem Flickenteppich von egoistischen, mitteleuropäischen

Absolutistenkönigen und -fürsten verkommen war. Kant schuf mit seinem Aufruf „Zum ewigen Frieden", hinter dem er allerdings schon am Anfang ein dickes und misstrauisches Fragezeichen vermerkte, eine zeitlose Friedensphilosophie, und zwar für einen Traum zu einer visionären „Republik aus Weltbürgern".

Das hätte vielleicht mehr als nur Philosophie sein können, wenn es in aller Welt als eine „Zeitenwende" hin zu einem Friedensglobus verstanden worden wäre. Leider hat das bekanntlich – und bis heute – nicht geklappt. Aber dafür kann man Immanuel Kant nun wirklich nicht verantwortlich machen, sondern muss ihn weiter für seine Gedankenwelt bewundern.

Noch in Kants Jubiläumsjahr 2024 schreibt der ZEIT-Journalist Alexander Cammann über Kants positive Sicht auf die erste Phase der Französischen Revolution: *„Die Französische Revolution hatte dieser preußische Untertan, der sich als Weltbürger sah und auf die Weltbürgerschaft hoffte, aus der Ferne wohlwollend betrachtet; jedes denkende Wesen müsse sie mit einer ‚Teilnahme verfolgen, die nahe an Enthusiasmus grenzt'. Ein Bildnis des französischen Aufklärers Rousseau hing bei ihm an der Wand."* (in: ZEIT-Geschichte, A. Cammann: 300 Jahre Kant, 2024, S. 36).

Schon im Juli 1992 schrieb die ZEIT-Herausgeberin Marion Gräfin Dönhoff (die ja selbst Flüchtling aus Ostpreußen war) voller Freude über die Wiedererrichtung des berühmten Kant-Denkmals in Königsberg (jetzt 1992 schon Kaliningrad): *„In der Tat waren Kant und das aufgeklärte Königsberg begeistert über die Revolution in Frankreich. Desgleichen pries der Philosoph die Vereinigten Staaten als das einzig wahre Land der Freiheit: ‚Der nordamerikanische Freistaat ist in der Geschichte der Welt ein einzigartiges Phänomen, auf welches die Blicke jedes Weltbürgers gerichtet bleiben müssen.'"*

Kants Philosophie wird heute insgesamt als „kopernikanische Wende" im Denken der Neuzeit bezeichnet und das ist ein Begriff, den Kant selbst zuerst benutzt hat, aber nicht für sich selbst und seinen Geist, sondern für Nikolaus Kopernikus (auch aus Ostpreußen) aus dem 16. Jhd. (s. Kap. 1).

Kant, Statue
Mit freundl. Genehmigung des Schiller-Nationalmuseums, Marbach

Und doch haben Kants Gedanken bis heute weitergewirkt. Im schlimmen und leider mörderischen 20. Jahrhundert (zwei Weltkriege – und ein dritter, nur knapp verhinderter, atomarer ..., siehe Kap. 13–18) hat es sogar noch zwei „ewige Friedensversuche" im Sinne von Kant gegeben:

Erstens: Die Bemühungen von **Präsident Woodrow Wilson**, der ein Geschichtsprofessor war, die Schriften von Kant gut kannte und der eine Friedenslösung im und nach dem 1. Weltkrieg suchte, aber leider nicht fand.
Zweitens: Die **Neugründung der UNO** (nach dem am Faschismus gescheiterten Völkerbund) nach dem 2. Weltkrieg 1946 mit der **UN-Menschenrechts-Charta** von San Franciso. Diese zeitlosen Rechte sind bis heute höchstens erst bei einer Hälfte der Menschheit eingesetzt und dort schon gesichert worden.

***

In der englischen Sprache gibt es ja schon seit dem 19. Jahrhundert eine exakte Unterscheidung zwischen dem Anspruch von **„Freedom"** im individuellen, privaten Sinn und dem Begriff **„Liberty"** in großen, staatlichen und gesellschaftlichen Zügen und Bedeutungen, auch im staatsphilosophischen Sinne. Und gerade diese Teile oder Seiten der gesamten Menschheit spricht Immanuel Kant ja auch an, wenn er den mangelnden Mut des Menschen (und/aber auch häufig des einzelnen Individuums in seinem jeweiligen Lebenszeitalter) anprangert, nämlich sich „seines Verstandes zu bedienen." Das heißt doch wohl: Man kann nicht immer nur alle Unmündigkeit und Unfreiheit auf böse, willkürliche Könige und Diktatoren abschieben. Das kann man besonders auf uns Deutsche beziehen, wenn man bedenkt: Die tieferen Ursachen für Unfreiheit (im persönlichen und staatlichen Sinne) sowohl im 1. wie auch im 2. Weltkrieg liegen auf Seiten eines viel zu gehorsamen, unmündigen Volkes, sogar vielfach mit vorauseilendem Gehorsam gegenüber einem Tyrannen wie ganz eindeutig im Falle Hitlers.

Im Englischen ist „Freedom" nämlich „nur" ein gesellschaftliches und auch individuelles Einzelproblem von Menschen innerhalb der großen, historischen Rahmenbedingungen, die in der Regel (im Westen) unter dem großen Dach von einer **übergeordneten „Liberty"** stehen.

Die berühmte „Statue of Liberty" begrüßt schon seit fast 150 Jahren (seit 1886) alle Einwanderer (und Touristen) in eindrucksvoller Form einer den alten Griechen nachempfundenen Kolossaldame (Engel oder Göttin). Sie tut das gewissermaßen symbolisch am Eingang des New Yorker Hafens spektakulär auf der kleinen Insel „Liberty Island". Dabei trägt die majestätische Dame mit Zackenkrone (siehe unser Buchcover) in der rechten, hoch erhobenen Hand eine vergoldete Brandfackel und in der linken Hand eine „Tabula ansata", auf welcher das Datum der amerikanischen Unabhängigkeitserklärung vom 4. Juli 1776 großflächig eingraviert ist. Diese vornehme Form einer solchen Inschriftentafel („Tafel mit Handhaben") war in der römischen Antike für besonders berühmte Personen oder Zitate als hohe Ehrung üblich. Die Figur auf der Insel vor New York, welche mit ihren 46,05 Metern Höhe lange Zeit zu den höchsten, weiblichen Statuen der Welt gehörte, ermahnt alle Einwanderer mit dem Datum des amerikanischen, höchsten Nationalfeiertages vom 4. Juli ein Bekenntnis auf dieses wichtigste Dokument der „Independent Declaration" der USA abzulegen. Erst damit werden die Einwanderer gewissermaßen als neue Bürger in den Vereinigten Staaten aufgenommen.

Das ist also ein Bekenntnis zur Treue für die „Liberty". Das soll den neuen Bürgern die Garantie geben, in Amerika eine Garantie auf lebenslange persönliche und staatliche Sicherheit zu erwerben, eine Sicherheit, die sie in der Alten Welt vermissten. Diese Liberty ist also für alle Amerikaner der Schlüssel und die Garantie des Lebens in den USA auf der Grundlage ihrer **übergeordneten Verfassung** mit den sogenannten **„Checks and Balances"**; und sie steht damit über allen anderen, erhofften Wünschen, Zielen und persönlichen

Freiheitsvorstellungen, die individuell ja millionenfach verschieden sein können und sind.

Auch der russisch-britische Philosoph **Isaiah Berlin (1909–1997)** aus dem 20. Jahrhundert hat sich mit dem Unterschied von Liberty und Freiheit beschäftigt. Er entwickelt daraus einen wichtigen Unterschied von „negativer" (persönliche, passive Freiheit) und „positiver" Freiheit, etwas tun und handeln zu können. Die positive Freiheit ist also die eigentliche „Libertas" im großen, staatlichen und gesellschaftlichen Sinne einer Demokratie mit ihren gemeinsamen Begriffen, Regeln und Werten, welche schon in der alten, römischen Republik gerühmt und auf die Göttin mit dem gleichen Namen „Libertas" zurückgeführt wurde. Mit dem US-Philosophen John Rawls zusammen entwickelte Isaiah Berlin nach dem 2. Weltkrieg die Richtung des **„Liberalismus"**.

***

Im Unterschied dazu gibt es bis heute im Deutschen eine eher **vordergründige „Freiheit" (englisch: „Freedom")** mit einer Vielzahl von typisch deutschen und umständlichen Umschreibungen wie „Selbstverwirklichung", „Freiheit von Zwängen", „Steuerfreiheit", dem beliebten Kampf gegen „Bevormundung", „Gleichberechtigung" „gesellschaftlichen Scheuklappen und Vorurteilen". Sogar – einmalig in der ganzen Welt – drückt der ADAC-Slogan „freie Fahrt für freie Menschen" in Deutschland die enge und ziemlich egoistische, persönliche „Freiheit" am deutlichsten aus – nämlich ein „freies Autofahren" als teutonische Raserei auf deutschen Autobahnen und Landstraßen mit Dränglern und (fast) permanenten Überholern, rechts und links – auch „einmalig" in der ganzen Welt.

Objektiv betrachtet kann auf der höheren Ebene die **„Liberty"** nur in jahrhundertelangen, historischen Kämpfen und Revolutionen erlangt werden, während man **„Freedom"** erst richtig „genießen" kann (oder kritischer gesagt: egoistisch ausleben), wenn man es sich auf den Errungenschaften der staatlich und gesellschaftlich erreichten und anerkannten „Liberty" gemütlich gemacht hat und sogar das konnte. Leider tun das einige dann aber auch unter grober Missachtung des alten und ewig gültigen Grundsatzes des „kategorischen Imperativs" von unserem weisen <u>Immanuel Kant</u>: **„Handle nur nach derjenigen Maxime, durch die du zugleich wollen kannst, dass sie ein allgemeines Gesetz werde."**

Historisch gesehen ist „Liberty" also die in langen Jahrhunderten erkämpfte historische Unabhängigkeit und Gleichberechtigung des Volkes und auch der Geschlechter (nach Kant: „**Mündigkeit**"). Sie kann auch die alltägliche Handlungsfreiheit des Einzelmenschen umfassen, der sich aber gleichwohl primär Verfassungen, Grundgesetzen, Rechtssystemen und (als Minimum) dem Bürgerlichen Gesetzbuch unterwerfen muss. Niemand darf also „vogelfrei" leben und handeln.

Großereignisse der Geschichte sind für die Liberty die **Magna Carta** in England 1215, **„Bill of Rights" in England (1689), amerikanische Unabhängigkeit 1776, Französische Revolution („Liberté, Egalité, Fraternité) 1789/91** und die (leider zuerst noch gescheiterte) **Paulskirche 1848/49**, die (leider ebenfalls am Ende gescheiterte) **„Weimarer Verfassung" von 1919-33** und schlussendlich (für uns Deutsche) das **deutsche Grundgesetz von 1949**, welches allerdings nicht durch eine deutsche Revolution gegen Diktator „Adolf Nazi" (Wort von Ex-Kanzler Helmut Schmidt), sondern durch Mithilfe des Westens als eine demokratische Verfassung gelungen ist. Zur Ehrenrettung von uns Deutschen darf man hinzufügen: Sehr geholfen hat uns dabei die Wiederaufnahme von wesentlichen Teilen der „Paulskirche" und von „Weimar". Dort war nämlich „unsere, deutsche Liberty" durchaus schon verankert oder zumindest vorgedacht und vorgeprägt. Darüber in den folgenden Kapiteln 8, 16 und 19 noch mehr.

***

Seit meinem einjährigen Auslandsstudium an der Universität von California in Berkeley trage ich immer noch ein Schlüsselbund in meiner Tasche, an dem mir ein Goldschmied ein silbernes Half-Dollar-Stück fest verankert hat. Diese Kennedy-Erinnerungsmünze habe ich 1966/67 dort in der Gegend von San Francisco erworben (als Rückgeld beim Kauf einer Coca-Cola), also nur vier Jahre nach dem tragischen Tod von John F. Kennedy. Ich habe diese Münze nie wieder ausgegeben, sondern wie eine Reliquie behandelt und trage sie immer noch gerne bei mir, obwohl ich kein Katholik bin – meine pommersche Oma war noch eine strenge, evangelische Pietistin im herrnhutischen Sinne. Die Rückseite der schönen Sondermünze zeigt eine geradezu römisch-klassische, würdige Silhouettenprägung von Kennedys Kopf und am Rand steht in dicken Großbuchstaben nur ein Wort: **LIBERTY**

Und meine liebe Großmutter hat sich auch sehr über den kleineren Satz darunter gefreut und die Amerikaner deshalb gelobt: „In God we trust". Und anschließend hat sie auf Adolf Hitler geschimpft.

Kennedy Münze
privat, Archiv E. Brüchert

5. Der amerikanische Unabhängigkeitskampf (ab 1776/1787)

Die offizielle, historische Gründung der USA ist relativ einfach und schnell erzählt. Sie ist ein Heiligtum in der US-Geschichtsschreibung und dem dortigen Schulunterricht und der universitären Bildung. Sie wird jedes Jahr am 4. Juli als Nationalfeiertag vom ganzen Land gefeiert. Im Jahre 1776 galt das zuerst nur für 13 Sterne in der Flagge:

Massachusetts/New Jersey/New York/Rhode Island/Connecticut/New Hampshire/Pennsylvania/Delaware/Virginia/Maryland/Nord-Carolina/Süd-Carolina/Georgia/

Heute sind es 51 Sterne auf den „Stars and Stripes". Und alle „Länder" sind freiwillig dem Bund der „United States of America" beigetreten. Und noch niemand hat sie wieder verlassen. Eine solche Stabilität hat noch nie eine Weltmacht geschafft, ohne Gewalt und ständige Kriege ihr Imperium so zu vergrößern und zusammenzuhalten –, weder das Reich von Alexander dem Großen, noch das Römische Imperium, noch das Heilige Römische Reich deutscher Nation. Hoffentlich bleibt das auch so im 21. Jhd., wo ein ehemaliger Trump-Präsident mit egoistischen, verfassungfeindlichen Reden (im Vor-Wahlkampf 1924) die demokratische Sicherheit der USA permanent in Frage stellt.

Nachdem sich das Kolonialsystem in den ersten Jahrhunderten nach Kolumbus besonders in Süd- und Mittelamerika unter der Herrschaft der katholisch-christlich missionierenden Spanier und Portugiesen verfestigt hatte, wurde dieser Einfluss in Nordamerika von der englischen Welt- und Seeherrschaft verdrängt. Die von England geförderten Kolonisten im Norden vor allem mit protestantischen, aber auch französischen und später deutschen Glaubensflüchtlingen sorgten für eine ertragreiche Landwirtschaft, Handwerk und Handel und einen zügigen Ausbau der Gesellschaft mit Dörfern und Städten, die oft angelsächsisch geprägt waren. Diese entstanden dann leider auch oft erst nach Verdrängung, ja, Ausrottung der „indianischen" Ureinwohner. Dagegen hielt sich erstaunlicherweise in Südamerika länger eine katholische Bevormundung aus der Anfangszeit. Sie ist heute noch erkennbar von Mexiko bis Chile durch alte bischöfliche Paläste oder ehemalige Jesuitenkollegien und zum Teil inzwischen verfallenen Kirchen und Klöstern, die vielfach noch die Zeit der katholischen Gegenreformation im 16. Jahrhundert und der oft gewaltsamen christlichen Missionierungen dort bezeugen können. Dagegen konnten die nordamerikanischen Siedler ihren protestantischen Unternehmungsgeist viel mehr für wirtschaftliche und soziale Fortschritte einsetzen. Und sie standen ja auch in einer langen Reihe von angelsächsischen, revolutionären Ereignissen im Westen, die zur „Liberty" dort beitrugen. Das hat den spanischen und portugiesischen Einwanderern und Missionaren in Südamerika tatsächlich gefehlt. Dort ging die Entwicklung zur Demokratie („Herrschaft des Volkes") ja erst im 19. und 20. Jhd. richtig voran:

Diese positiven Einflüsse im Rahmen der Trennung von Kirche und Staat (schon seit dem Spätmittelalter) und aus der europäischen Aufklärung für die Fortentwicklung von „Freiheit" bis hin zu verfassungsmäßiger „Liberty" konzentrierten sich also Anfang des 18. Jhd. auf Nordamerika und führten dort zu der Verfassung der USA im Jahre 1787 als einer Bundesrepublik mit permanenten **„Checks and Balances"** zwischen allen drei getrennten Gewalten der Legislative, Exekutive und Judikative, die sich gerade erst als Ecksteine der europäischen Philosophie der Aufklärung herausgebildet hatten und die sich nun in einer echten Volksrepublik gegenseitig kontrollieren und stützen sollten.

Aber erst nach einem Befreiungskrieg von der englischen Krone (1776-83) unter dem legendären ersten US-Präsidenten Georg Washington konnte in den ehemaligen, englischen Kolonien in Nordamerika die Philosophie in der Realität der Politik und Geschichte verwirklicht werden.

Die **Verfassung in den USA** (siehe Tafelbild unten) ist in den vergangenen mehr als 200 Jahren kaum verändert worden, was heute besonders in Deutschland oft auf Kritik stößt. Besonders die starke Stellung des Präsidenten (Dominanz der Exekutive, ein Präsident als „Ersatzkönig", Wahl durch sogenannte „Wahlmänner", Zwei-Parteien-System mit keinerlei Möglichkeiten von Koalitionen in der Regierung, schlechte, deutsche Erfahrungen mit unserer „Weimarer Republik") trägt aus europäischer Sicht dazu bei. Die US-Verfassung ist aber durch „Amendments" laufend in vielen Einzelaspekten innerhalb der unveränderten, demokratischen Institutionen (der „ewigen Liberty") ergänzt worden. Und damit bleibt sie auch heute ein Bollwerk im demokratischen Wertesystem des Westens. Sie war und ist deshalb für uns nazigeschädigten, deutschen Überlebenden im Jahre 1949 ein angemessenes und würdiges Vorbild für unser „Grundgesetz", das in diesem Jahr 2024 seinen 75. Geburtstag feiern darf – zusammen mit der Erinnerung an die gescheiterte „Paulskirche", die nun auch schon 175 Jahre zurückliegt.

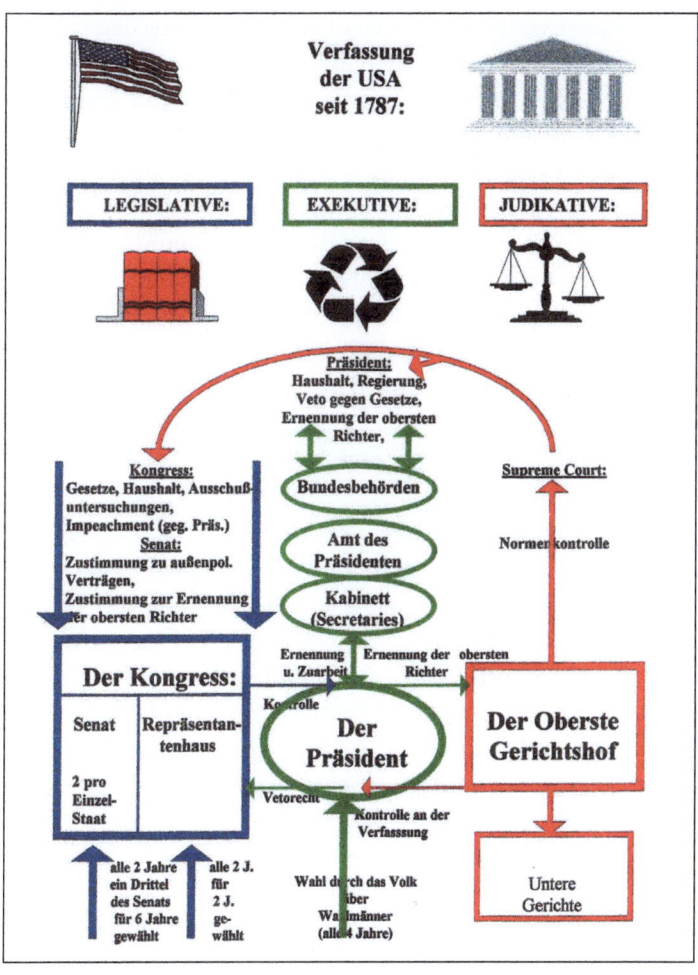

US-Verfassung, E. Brüchert

Zum Glück und zur Erleichterung der Mehrzahl aller Bürger/Innen in der Europäischen Union konnte auch ein fragwürdiger, beziehungsweise aus der Geschichte der USA unwürdiger „Präsident" Trump vier Jahre lang die demokratischen Traditionen in Nordamerika nicht aus den Angeln heben. Vor allem die entscheidenden Institutionen der Gewaltenteilung haben aber bis jetzt widerstanden. Das haben wir Deutschen ja beim Untergang der „Weimarer Republik" gegen Adolf Hitler leider nicht so erleben können. Am 6. Januar 2021 stand Trump bei dem von ihm unterstützten Sturm seiner pöbelhaften Anhänger auf den Kongress in Washington allerdings auch kurz vor einem Staatsputsch, den Nordamerika noch nie so erlebt hat – durchaus vergleichbar mit dem Hitlerputsch in München am 9. Nov. 1923 vor der Feldherrnhalle. Es ist dringlich zu hoffen, dass die unabhängige Justiz der USA (gemäß der Philosophie von Locke, Montesquieu und Kant) den „Hochverräter" Trump dafür noch zur Rechenschaft ziehen wird.

***

In Deutschland (beziehungsweise damals noch: im „Heiligen Römischen Reich Deutscher Nation") haben die Zeitgenossen des 18. Jahrhunderts die amerikanische, demokratische Revolution kaum wahrgenommen, so weit sie nicht Auswandererverwandtschaft in den englischen Kolonien hatten. Der Siebenjährige Krieg war gerade erst beendet worden und die großen Monarchien in Frankreich, Russland, Österreich und Preußen waren noch mit ihrem uneingeschränkten „Gottesgnadentum" an der Macht. Nur England war schon eine parlamentarische Monarchie. Es herrschte kulturell noch die schwärmerische Zeit der Klassik und bald darauf die der Romantik in Deutschland. Beide Literaturepochen gelten bis heute als ein Ruhmesblatt in der deutschen Geistesgeschichte, wobei in dieser Meinung allerdings meist die politisch-historische Ahnungslosigkeit der klassischen Protagonisten weitgehend übersehen wird.

Betrachten wir doch mal unter diesem Blickwinkel die drei Berühmtesten der deutschen Klassik: **Goethe, Schiller und Kleist**. Alle drei haben kaum ein Wort über die großen historischen Umwälzungen ihrer Zeit verloren, weder über den siebenjährigen Krieg (als europäischer Krieg), die Entstehung der USA und nur ein wenig über die so nahe Französische Revolution. Nur **Schiller (1759–1805)** musste sich ja zeitweilig sein Brot in Jena als Geschichtsprofessor verdienen und hat sich bei der Gelegenheit einigermaßen in die Biographie von Wallenstein und den Verlauf des 30-jährigen Krieges eingearbeitet. **Johann Wolfgang von Goethe (1749-1832)** war von Haus aus vermögend und begann seine europäische Karriere finanziell fast sorglos mit wunderbaren Gedichten und einem seelenvollen Liebesroman, den „Leiden des jungen Werther", mit dem er sich natürlich intensiv selbst porträtierte und aus seinem Herzen heraus bedichtete. Damit wurde er schlagartig in ganz Westeuropa bekannt und löste eine europäische Selbstmordwelle unter jungen Männern aus, die dummerweise auch gerade an ihrer jeweiligen, heimlichen Liebe litten. Dann wandte Goethe sich Stoffen aus der Antike, dem Mittelalter und der frühen Neuzeit zu und schrieb klassisch aufgebaute Theaterstücke, wie: „Götz von Berlichingen", „Iphigenie auf Tauris", „Egmont"; anschließend schon bald den „Faust I" und „Faust II" – beide teils noch mittelalterlich und antik, teils schon von naturwissenschaftlichen Ideen der Aufklärung beseelt („... studieren, was die Welt im Innersten zusammenhält"). Aber es fehlten Verbindungen zu den konkreten, geschichtlichen Kämpfen und Entwicklungen in der Welt seit Kolumbus. Nur im „Egmont" berührte Goethe auch am Rande die Geschichte von den Koloniezziele der wirtschaftlich aufstrebenden Niederlande.

Goethes Rivale und Freund **Friedrich Schiller (1759-1805)** – zehn Jahre jünger als er und dann doch sehr viel früher verstorben – war allerdings schon sehr beeinflusst von der Französischen Revolution. Er hat zeitweilig in Jena noch echte Historienstücke nach dem Vorbild von William Shakespeare geschrieben: „Wilhelm Tell", „Wallenstein", „Maria Stuart"; das war schon gut beobachtetes und historisch durchdachtes Seelentheater über geschichtliche Konflikte und Abläufe im alten Europa, aber keines davon betraf auch schon die „Neue Welt" in Amerika.

Heinrich von Kleist (1777-1799), der jüngste und auch früh verstorbene Klassiker in dieser Reihe, stammte aus dem mittleren pommerschen Adel, also dem Preußentum. Er schrieb anspruchsvolle Novellen: „Michael Kohlhaas", „Das Erdbeben in Chili", „Die Marquise von O." und einige antik-klassizistische Theaterwerke wie „Penthesilea", „Die Hermannschlacht", „Das Käthchen von Heilbronn", „Der zerbrochene Krug". Aber auch hier war kein moderner Blick nach drüben über den Atlantik vorhanden, außer kurz beim Erdbeben in Chile. Enttäuscht über fehlende, literarische Anerkennung – auch nicht von seinen großen Vorbildern Goethe und Schiller – brachte Kleist schließlich seine Geliebte und sich selbst in Berlin mit eigener Pistole um.

Das hätte alles eigentlich nicht so sein müssen. Heute überstrahlt der Ruhm des pommerschen Adligen Kleist zumindest bei seiner sprachgewaltigen Novelle „Michael Kohlhaas" und in seiner genialen Komödie „Der zerbrochene Krug" oft alle anderen deutschen Klassiker und Romantiker; und das ausgerechnet mit einem altpreußischen „Rosshändler" Kohlhaas und mit einem „zerdepperten Krug" aus den Niederlanden, über den Geheimrat Goethe überhaupt nicht lachen konnte und ihn gerade deshalb völlig falsch inszenierte in seinem Privattheater bei seinem Herzog in Weimar!

***

In diese Reihe von begabten, deutschen Dichtern um die Jahrhundertwende oder kurz danach gehört natürlich auch der Jüngste, schon im 19. Jahrhundert Geborene, nämlich **Georg Büchner (1813–1837)**. Geboren in Hessen, gestorben in Zürich als junger Arzt, Dichter und gleichzeitig (fast nebenbei) der Begründer einer modernen Psychosomatik. Er ist der bedeutendste Dichter des „Vormärz", also der ruhelosen Zeit zwischen Napoleons Waterloo 1815 und der „Paulskirche" 1849/49. In dieser Zwischenepoche zeichnete sich in der Literatur eine neue Richtung nach der Klassik und Romantik ab, die sich schon als „Neues Deutschland" von den Weimarer Größen abhebt. Neue politische, psychologische und soziologische Töne und Themen werden hier angeschlagen. Heute ist der „Georg-Büchner-Preis" in Deutschland die am höchsten dotierte Literaturauszeichnung, die jedes Jahr neu vergeben wird in Erinnerung an den bedeutendsten, viel zu jung verstorbenen, deutschen Literaten und möglicherweise auch an einen zukünftigen genialen Arzt, Historiker oder sogar Politiker. Das alles hätte der zu früh verstorbene Büchner nach Meinung vieler Kulturwissenschaftler auch durchaus werden können.

Büchners hohe literarische Einschätzung entwickelte sich erst im 20. Jahrhundert auf der Grundlage seines erst spät herausgegebenen, schmalen Gesamtwerkes. Sie beruht zum einen auf der Einsicht, dass mit seinem allzu frühen Tod als 24-Jähriger ein ungeheures, dichterisches Talent verloren gegangen ist. Zum anderen beruht sie auf drei neuen, ja, revolutionären Dichtungen: den beiden Dramen „Woyzeck", „Dantons Tod" und der Novelle „Lenz";

Büchner, Porträt
privat, Archiv E. Brüchert

Das Dramenfragment **Woyzeck** (1836/37) wurde erst im Jahre 1913 im Residenztheater in München uraufgeführt. Seitdem ist es auf deutschen Bühnen (außer in der Zeit von 1933–45) das wohl am meisten aufgeführte Theaterstück. Es ist ein neu-

er Typus des „offenen Dramas", in welchem in einer lockeren Szenenfolge einzelne Episoden aus dem Leben des einfachen, jungen „Wehrmannes" Johann Franz Woyzeck dargestellt werden. Dieser leidet
an einer beginnenden Krankheit der Schizophrenie und seiner Liebe zu seiner Gefährtin Marie – mit der er ein uneheliches Kind hat und die ihn mit einem Tambourmajor betrügt – bis er daran zerbricht. „Moderne" Probleme, wie Sexualität, soziale Not des Volkes, Klassenunterschiede, psychische Krankheiten und die Machtausübung im Militär und im Bürgertum werden hier von dem angehenden Arzt Büchner in vorher nie dargestellter Direktheit und mit großer Empathie (des Autors) für das einfache, abhängige Volk dargestellt.

Die novellenartige Erzählung **„Lenz"** ist schon um 1835 entstanden. Sie erzählt meist aus der Perspektive des jungen, labilen „Lenz": ein historisches <u>Vorbild, welches Büchner hatte. Das war das Leben und Sterben von Jakob Michael Reinhold Lenz, 1751–1792.</u> Georg Büchner schreibt in der modernen Form des inneren Monologs die letzten Gedanken und Erinnerungen an seinen mehr oder weniger hilflosen Beschützer, den pietistischen Pfarrer Oberlin, auf. Die Novelle spielt nur wenige Tage im Elsaß und enthält fiktive Gespräche zwischen Lenz und dessen altem Freund Kaufmann. Während seiner tagelangen Wanderung durch eine winterliche, kalte Natur verschlechtert sich die Geistes- und Gemütskrankheit von „Jakob Michael Reinhold Lenz".

Diese Hauptperson ist mit ihrem vollständigen Namen gewisserweise Vorbild und Ebenbild von Büchner selbst. Georg Büchner hat von dem gleichnamigen Dichter in seiner Novelle auch die Probleme des älteren „Lenz" in seiner Novelle übernommen, aber auf eine moderne, medizinisch-psychologische Grundlage gestellt. Er beginnt seine Erzählung „Lenz" mit den fast schon dokumentarischen Worten: „Den 20. Jänner ging Lenz durchs Gebirg ..." Und dann wird dessen körperlicher und geistiger Zustand kurz vor seinem Tode in indirekter Rede, fast schon im inneren Dialog, dargestellt, die eine enge Nähe und

Sympathie zu dem Protagonisten Lenz beim Leser herstellt. Seitdem gilt Büchner in der Literaturgeschichte als hoffnungsvoller Dichter des „Sturm und Drang", also einer literarischen Richtung in der Konkurrenz zur beherrschenden Klassik. Reinhold Lenz stammte aus dem baltischen Livland, welches zu Russland gehörte und er starb schon 1792 in Moskau, tief enttäuscht von der fehlenden Beachtung und Aufnahme seiner Schriften und Dichtungen durch Goethe, Schiller und andere zeitgenössische Meinungsführer. Das ist ein ähnliches Schicksal wie das von Kleist.

Den „Lenz" von Georg Büchner (ebenso wie „Woyzeck") kann/muss man heute lesen als eine Abrechnung mit der Klassik und Romantik, aber auch als ein Fanal für eine neue, moderne Literatur, die weit in das 20. und 21. Jahrhundert hinein und voraus deutet.

Etwas anders muss man wohl Büchners großes Drama **„Dantons Tod"** einordnen. Er hat dieses, in Deutschland etwas verspätetes, zeitgenössisches Drama über die Französische Revolution auch schon im Jahre 1835 geschrieben, neben seinem anstrengenden Medizinstudium. Es ist ein großes Geschichtsdrama, fast noch in der Tradition von Shakespeares englischen Königsdramen oder Schillers Wallenstein. Aber nur „fast", Büchner hat viel mehr aus der erst kurz zurückliegenden Französischen Revolution und der anschließende Schreckensherrschaft gelernt (siehe: nächstes Kapitel) als zum Beispiel Shakespeare oder Schiller aus dem Mittelalter und der Frühen Neuzeit.

„Dantons Tod" ist ein konsequent und logisch aufgebautes, natürlich auch in seinen zahlreichen Dialogszenen ein „fiktives" Geschichtsdrama um den Revolutionär Danton, welcher die zweite, große Hauptperson der Franz. Revolution und am Anfang noch Freund und Mitrevolutionär von dem späteren Diktator Robespierre war. In vier spannenden Akten voller Wortgefechte und im Hintergrund einer historisch korrekt angedeuteten Handlung wird das Stück in einer „offenen Form des Dramas" entwickelt.

Schon im **1. Akt** wird Danton wie ein zeitgenössischer Nutznießer und Lebemann als eine Art gemäßigter, toleranter Revolutionär eingeführt, der zusammen mit seinen Anhängern und mit seinen „Damen" – zum Teil Prostituierten – sein Leben genießt, aber sich auch politisch einmischt. Das zeigt die Rede seines Anhängers Hérault:

„Die Revolution muss aufhören und die Republik muss anfangen. In unsern Staatsgrundsätzen muss das Recht an die Stelle der Pflicht, das Wohlbefinden an die der Tugend und die Notwehr an die der Strafe treten. Jeder muss sich geltend machen und seine Natur durchsetzen können. Es mag nun vernünftig oder unvernünftig, gebildet oder ungebildet, gut oder böse sein, das geht den Staat nichts an."
(Georg Büchner, Dantons Tod, 1. Akt, Reclam-Ausgabe)

Hier werden schon in erstaunlicher Klarheit und Kenntnis (auch von Georg Büchner selber ... als Medizinstudent) Grundsätze der englischen und französischen Aufklärung vertreten und gegen den späteren „Tugendterror" der Jakobiner um Robespierre ins Spiel gebracht. Die Konfrontation des lebensfreudigen Danton gegen den „tugendhaften" und engstirnigen Robespierre erfolgt kurz darauf und am Ende dieses ersten Aktes steht bereits das geheime Todesurteil von Robespierre gegen „Freund" Danton fest.

Im **2. Akt** wird Danton von seinem radikalen Gegenspieler Robespierre verhaftet, nachdem dieser den Konvent davon überzeugt hat, nur so sei „die Revolution zu retten". Kurz vorher wollen die Anhänger von Danton ihn noch überreden, aus Paris zu flüchten, weil sie die Rache von Robespierre fürchten. Danton weigert sich aber, Frankreich zu verlassen. Er ist von einer Mischung von Weltmüdigkeit und Resignation befallen und bleibt in Paris mit der trügerischen Zuversicht, ihm könne ja angesichts seiner Beliebtheit im revolutionären Volk nichts passieren. Damit scheint Büchner ihn auch als wankelmütigen und labilen Gegenentwurf zu dem entschlossen handelnden Robespierre und dessen Jakobinern darzustellen. Diese wollen gerade „mit Tugend und Terror" ihre Revolution auch mit Gewalt und Blut sicher machen. Nach einigen erbitterten, rhetorischen Gefechten im Konvent zwischen Jakobinern und gemäßigten Girondisten endet der Akt. Danton verfällt in eine Art von lähmendem Geschichtsfatalismus und Untätigkeit, trotz aller seiner leidenschaftlichen Reden vor seinen Anhängern und Bewunderern.

Im **3. Akt** philosophieren im Kerker weiterhin Danton und seine Mitgefangenen der Girondisten über Leben, Tod und Unsterblichkeit – und das angesichts ihrer bevorstehenden Hinrichtung. Vor dem Revolutionstribunal darf Danton noch einmal mit Robespierre ausführlich streiten über ihre unterschiedlichen Geschichtsphilosophien und ihre revolutionäre Praxis. Die Stimmung kippt zeitweise bei den wankelmütigen Zuhörern hin und her. Aber Danton versäumt es, das Volk zu sich herüberzuziehen. Sein Ruf im Alltagsleben ist nicht der beste. Robespierre inszeniert sich dagegen als strenger, wenn auch blutiger Retter der Revolution. Am Schluss beschließt der „Wohlfahrtsausschuss" endgültig die Hinrichtung von Danton auf der Guillotine, zusammen mit seinen gefangenen, prominenten Anhängern.

Im **4. Akt** warten Danton und seine Mithäftlinge im Kerker auf den Tod. Zuvor verabschieden sich alle in verzweifelten Reden und Bekenntnissen voneinander. Dantons Frau Julie vergiftet sich in ihrem eigenen Haus. Lucile Desmoulins, die Frau von Dantons Mitstreiter Camille Desmoulins, ruft am Schluss aus Wut und Verzweiflung über den Tod ihres Mannes „Es lebe der König!" und wird sofort unter die Guillotine geschleppt.

Schon im 2. Akt hatten Danton und Camille Desmoulins über das Volk gespottet, dass es nur die oberflächlichen Theaterstücke bewundert, aber nicht die Realität in ihrer historischen Komplexität sehen will. Genau diese von den Dantonisten und Girondisten geforderte Sicht hat Georg Büchner in sein großartiges Stück einfließen lassen. Und das geschieht in einer realistischen Sprache, die auch im deutschen Bürgertum des Vormärz noch immer als sexuell und moralisch anstößig empfunden wurde. Das gilt besonders für den 1. Akt. Deshalb wurde „Dantons Tod" – obwohl es das einzige, komplett abgeschlossene Werk von

Büchner war – im gesamten 19. Jahrhundert wohl auch niemals aufgeführt. Es lag aber schon bald in einer stark zensierten Lesefassung vor. Es wurde aber erst am 5. Januar 1902 im Berliner Belle-Alliance-Theater als Produktion des Vereins „Neue Freie Volksbühne" uraufgeführt zum Entsetzen und unter Protest der preußisch-wilhelminischen Gesellschaft, sowohl des Adels als auch des gehobenen Beamten- und Bürgertums.

Heute gelten die erbittert geführen Streitgespräche zwischen Danton und Robespierre auf der Bühne – besonders im 2. und 3. Akt – als geschichtliche Vorahnung von Büchner etwa über den späteren Kampf zwischen den Bolschewiken und Menschewiken in Russland vor der Oktoberrevolution 1917 oder auch danach zwischen Lenin und Stalin (beziehungsweise ihren Anhängern) oder auch sogar – in nicht so blutiger Form – zwischen strengen Marxisten und kompromisswilligen Sozialdemokraten in Deutschland seit der Bismarckzeit bis heute.

***

Die Vereinigten Staaten von Amerika entwickelten sich im 19. Jahrhundert – fast unbemerkt von den Europäern weiter. Die industrielle Revolution hatte hier ja auch viel mehr Platz und Gelegenheiten als in der engen und zerrissenen Alten Welt. Eisenbahnbau und Dampfschifffahrt machten in Amerika rasche Fortschritte. Vorher, bis zum Ende des 18. Gründungsjahrhunderts der USA, waren für Einwanderer aus Europa vorwiegend der Osten – nördlich und südlich von New York – und der Westen (weniger um San Francisco herum) die Ziele gewesen. Dort in Kalifornien gab es (und gibt es heute) noch Reste der alten, spanischen Kolonialzeit. Dazwischen breitete sich allerdings die „Great American Desert" aus, also der Mittelwesten, (bei Karl May und im deutschen Nachkriegs-Kino der „Wilde Westen"), der damals noch vielfach von den Indigenen (früher genannt: „Indianer") beherrscht und von weißen „Trappern" durchstreift wurde. Das sind die großen und flachen Prärien (heute Mais- und Kornkammern) die sich durch das „Große Becken", dann die Utah-Nevada-Wüste und das Gebirge bis zur Sierra Nevada beim wunderschönen Hochgebirgssee Lake Tahoe in der Sierra Nevada ziehen.

Vom Osten her, von Michigan und der Großen Seenplatte aus, schoben die Siedler der Gründerstaaten diese „Frontier" immer weiter gegen Westen vor. Trapper, Farmer, Felljäger und neue Einwanderer rückten im 19. Jhd. unablässig nach, begleitet von Straßen- und Eisenbahn-Ingenieuren und ihren Arbeitern.

Nach dem Ende des Sezessionskrieges 1865 konnte dann die von Präsident Lincoln schon geplante transkontinentale Eisenbahnlinie von Omaha bis nach Sacramento gebaut und damit der legendäre „Pony-Express" mit seinen Reiterstafetten abgelöst werden. Seitdem haben die USA ihre größte und heutige Ausdehnung erreicht, so dass von Washington D.C. aus die frühere „Kolonialverwaltung" unter britischer Herrschaft in eine gesamte und föderale, neuzeitliche US-Innenpolitik umgewandelt werden konnte.

***

6. Die große Französische Revolution und ihre Folgen (1789 ff.)

General de Gaulle hat nie sein Trauma überwinden können, dass seine Franzosen ja tatsächlich erst 13 Jahre nach den USA ihre „eigene" Revolution begonnen haben, nachdem die englischen Kolonisten schon einige Jahre früher den französischen Auswanderern in Nordamerika deren „Claims" wieder abgejagt hatten. Schon im Jahre 1762/63 trat ja das absolutistische Frankreich das Gebiet „Louisiana" (benannt nach Ludwig XIV., dem „Sonnenkönig") im Süden an Spanien und England ab und kurz vorher auch schon große Gebiete in Kanada. Dennoch blieb die französische Sprache im Süden Kanadas bis heute auch im Gebrauch. Und der Staat Kanada behielt seine zweisprachige Struktur in Gesellschaft, Kunst und Kultur. Und dabei hatten doch – und da muss man ja de Gaulle zustimmen – die Philosophen aus Frankreich (s. o.) im Wesentlichen die geistigen Grundlagen für die politische Zukunft der Aufklärung gelegt. Aber das erschöpfte „Ancien Régime" hatte die Zeichen der Zeit und die praktisch-politischen Folgen der Aufklärung gerade in Nordamerika nicht mehr richtig erkannt und so endete der französische Traum von einem großen Kolonialbesitz in Nordamerika zugunsten der Angelsachsen.

Die „Große Französische Revolution" – und da hat de Gaulle Recht – ist also wesentlich komplizierter und hat dann auch erheblich mehr direkte Auswirkungen auf die Menschen und ihre Geschichte im alten Europa gehabt (wenigstens bis zum 1. Weltkrieg 1914–18) als viele anderen Ereignisse.

Die folgenden **„Tafelbilder" und Zeittafeln** sollen aufzeigen, dass es in Frankreich vier große Abschnitte mit gravierenden

Unterschieden gab. Gleichzeitig entwickelten sich schon – noch ein bisschen im Hintergrund – die blutjungen „United States of America" in Nordamerika um die Jahrhundertwende vom 18. zum 19. Jahrhundert zu einer noch unsicheren, konföderativen Demokratie. In Europa wurde dieser Aufstieg der USA aber erst im 19. Jahrhundert allmählich wahrgenommen. Die starken Wirkungen der Französischen Revolution bestimmten hier noch Politik, Diplomatie, Gesellschaft und Kultur. Der Sieg der unzufriedenen, vorwiegend angelsächsischen Kolonisten in Nordamerika über die alte See- und Kolonialmacht England hatte zwar direkte und unmittelbare Auswirkungen auf Frankreich und Europa (Abschaffung des „Ancien Régime" und Erwachen des Volkswillens, 3. Stand, Einflüsse der Aufklärung), aber in der „alten Welt" ging es durch die Vielzahl der alten Nationen, Sprachen und auch religiöser und kultureller Leitbilder insgesamt viel langsamer voran als in den jungen „Vereinigten Staaten".

In der Zusammenfassung sieht der Übergang etwa so aus:

1. Der Untergang des „Ancient Régime": mit dem Sturm des Volkes auf die Bastille 1789, Erwachen des 3. Standes, Erklärung der Menschenrechte und Bürgerrechte, Schlagworte: „Liberté, Egalité, Fraternité", Verfassung einer Konstitutionellen Monarchie 1791, Scheitern und Hinrichtung des Königs Ludwig XVI. 1793;

2. Die Schreckensherrschaft von Robespierre und der Jakobiner: von der Konstitutionellen Monarchie zur Schreckensherrschaft 1792–1794, Robespierre errichtet „Wohlfahrtsausschuss", Jakobiner gegen gemäßigte Girondisten, Schlagwort: „Tugend durch Terror", 1. Koalitionskrieg: Frankreich gegen Österreich und Preußen, Napoleon erobert Toulon, Hinrichtung von Königin Marie Antoinette 1793, Hinrichtung von Danton und seinen gemäßigten Freunden unter der Guillotine am 5. April 1794, Sturz und Hinrichtung von Robespierre am 23. Juli 1794;

3. Das Direktorium und der Aufstieg von Napoleon: das Direktorium 1795–1799, Verfassung der fünf „Direktoren", Herrschaft des Besitzbürgertums, Napoleon erfolgreicher General im 1. Koalitionskrieg, Niederlage in Ägypten, „18. Brumaire": 9. Nov. 1799, Staatsstreich Napoleons, Napoleon 1. Konsul, Konsulatsverfassung 1799–1804 mit Napoleon, Selbstkrönung von Napoleon zum „Kaiser der Franzosen" 2. Dez. 1804;

4. Das Kaisertum von Napoleon 1804 bis 1815: Nap. erklärt die Franz. Rev. für „beendet", Kriege gegen Preußen, Österreich, England, Russland; Niederlage im Russlandfeldzug 1812, Niederlagen Schlacht bei Leipzig 1813 und Waterloo 1815, Wiener Kongress 1815/16, Neuordnung Europas in der „Heiligen Allianz", Verbannung von Napoleon nach St. Helena, Napoleon stirbt dort 1821;

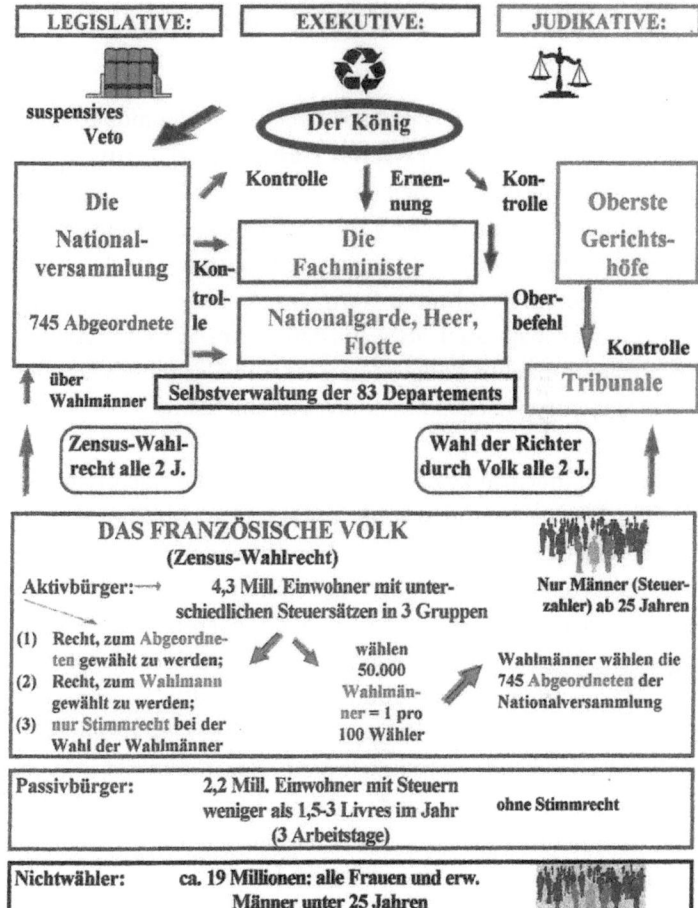

Konstitutionelle Monarchie von 1791
Park Körner Verlag in München für Unterrichtshilfen

7. Revolution und Reaktion in Europa: 1815–1848

Nach der kriegerischen Napoleon-Epoche und der monarchistischen Siegesfeier auf dem **Wiener Kongress** begann in Europa ab 1814/15 eine bleierne Zeit der Reaktion von Monarchien und deren Rückblicken auf eine Vergangenheit, welche viele Menschen schon für überwunden gehalten hatten. Das zeigt sich auch auf einem berühmten Kongressgemälde der Abgesandten von Jean-Baptiste Isabey aus dem Jahre 1815, wo fast nur ordensgeschmückte Adlige, Minister und Gesandte von allen wichtigen europäischen Staaten versammelt sind.

Talleyrand, der französische Vertreter von der nach-napoleonischen Regierung in Paris, sitzt eher unbeachtet am rechten Rand des Bildes. Der rechts daneben sitzende Preuße Freiherr von Hardenberg redet deutlich auf ihn ein und scheint ihn zu trösten oder ermahnen zu wollen. In der oberen Reihe, zweiter von rechts, steht auch Wilhelm von Humboldt, der ältere Bruder von Alexander von Humboldt (siehe 9. Kapitel).

Kein einziger Bürger, Bauer, Gelehrter oder Philosoph ist zu erkennen. Und statt eines prächtigen Bildrahmens ist nur eine viereckige, dicke Leiste mit den stilisierten Köpfen und Emblemen aller beteiligten Monarchen und Nationen angebracht, die vorher gegen Napoleon mitgekämpft hatten:

Zar Alexander I. von Russland hat vorher schon den Begriff **„Heilige Allianz"** geprägt und Kaiser Franz I. von Österreich sowie König Friedrich Wilhelm III. von Preußen haben sofort begeistert zugestimmt, weil man damit einen schönen Harmonietitel für eine Siegerkonferenz über Napoleon gefunden hatte. Darin konnten sich alle drei Monarchen mit unterschiedlicher Ausprägung vom Christentum vereinigt sehen: Der Russe war orthodox, der Österreicher katholisch und der Preuße evangelisch. Auf diese Weise sollte es so erscheinen, als sei das Zeitalter der Glaubenskämpfe aus dem 16. und dem 17. Jahrhundert endgültig überwunden worden; und das nach 300 Jahren mit einem Sieg über ein teils aufklärerisches, teils revolutionär atheistisches Frankreich mit einem dann folgenden **„Kaiser" Napoleon** ohne das geheiligte Gottesgnadentum, von dem sich die Franzosen schon längst distanziert hatten. Allerdings mussten sich dabei auch das ebenfalls siegreiche, aber anglikanische England und der Papst in Rom als religiöser Gesamteuropäer ausgegrenzt fühlen. Sie traten dann aber doch stillschweigend der „Heiligen Allianz" bei. Der endgültige, gemeinsame Sieg über den verhassten Napoleon blieb der wichtigste, gemeinsame Nenner.

In Mitteleuropa begann damit auch die ebenfalls lähmende **Epoche eines deutschen Dualismus zwischen Österreich-Ungarn und Preußen** sowie einigen abhängigen Fürstentümern innerhalb eines schwächlichen **„Deutschen Bundes",** der dann mit der Revolution der „Paulskirche" 1848/49 an sein Ende kam. Aber erst 1866 wagten Bismarck und Preußen die offizielle Auflösung des ungeliebten „Deutschen Bundes" nach dem Sieg in einem reichlich von Preußen angezettelten „Bruderkrieg" 1866 zwischen den beiden, ehrgeizigen, deutschen Monarchien Preußen und Österreich-Ungarn. Und vier Jahre später schon fühlten sich Bismarck und (fast) alle Preußen so stark, dass sie sich auch daran wagten, den französischen Kaiser Napoleon III. (1808–1873, Großneffe von Napoleon I.) zu demütigen. Das gelang ihnen in dem kurzen Deutsch-Französischen Krieg 1870/71 mit der anschließenden Gründung des „Deutschen Kaiserreiches" (nur noch von 1871–1918) im Schloss von Versailles. Das Langzeitergebnis war aber die Zementierung der französisch-deutschen „Erbfeindschaft" bis zum Ende des 2. Weltkrieges, fast 100 Jahre später.

Fast ein halbes Jahrhundert später in der deutschen Novemberrevolution 1918 bekamen die preußischen Hohenzollern die französische Rache-Rechnung auf den Tisch serviert: Folge: Abdankung von Kaiser Wilhelm II. Hatte der preußische Weltphilosoph Immanuel Kant so ein schmähliches Ende nicht schon in seiner Schrift „Zum ewigen Frieden" glasklar vorausgesagt, als er schon 1795 schrieb: **„Es soll kein Friedensschluss für einen solchen gelten, der mit dem geheimen Vorbehalt des Stoffes zu einem künftigen Kriege gemacht wurde. (...)"?** (S. Kap. 4, Reclam-Ausgabe des „Ewigen Friedens"). Genau das hat Bismarck in seinem langen Leben bestimmt auch mal gelesen, aber es leider nicht als politisch relevant eingeordnet, als er in Versailles (auf französischem Boden!) den König Wilhelm von Preußen zum Kaiser Wilhelm I. in Deutschland machte. Von seinem Enkel Wilhelm II. sind dann allerdings keinerlei philosophische Interessen mehr überliefert. Allerdings muss man hier feststellen: Die Franzosen machten im „Schandfrieden von Versailles 1919" (deutsche Mehrheitsmeinung damals) genau denselben Fehler wie Bismarck und Wilhelm II. vorher. Erst de Gaulle und Adenauer haben das endlich korrigiert, allerdings auch erst nach der Katastrophe der beiden Weltkriege innerhalb eines Jahrhunderts.

***

Im **Kaiserreich Österreich** begann nach dem Wiener Kongress 1815 ein halbes Jahrhundert lang die sogenannte **Metternich-Epoche**. Staatskanzler Fürst Metternich hielt die Zügel von Wien aus in Mitteleuropa in fester, konservativer und restaurativer Hand, mit der er teils gewaltsam, teils mit geschickter Kabinettsdiplomatie versuchte, jegliche Regungen von Freiheit des Volkes – besonders bei den Studenten, Professoren, Literaten und Künstlern – sofort zu unterdrücken. Fürst-Reichskanzler Bismarck hat dieses System in der zweiten Hälfte des 19. Jh. dann auch in Preußen-Deutschland imitiert, allerdings in einer geschickt angepassten Art und Weise an die stärker werdende Sozialdemokratie.

In **Preußen**, das ja von Napoleon schwer gedemütigt worden war (1806 Niederlage bei Jena und Auerstedt, Friede von Tilsit 1807), regierte zunächst noch der schwache und schwankende, aber zumindest friedliebende König Friedrich Wilhelm

III. (1770–1840). Preußen musste zulassen, dass Napoleon bis nach Berlin und noch weiter an die russische Grenze und dann bis Moskau vorrückte. Immerhin ermöglichte der König in dieser Zeit richtungsweisende, **moderne Reformen in Preußen** durch Berufung von klugen Beratern an seiner Seite: Freiherrn vom Stein und Karl August von Hardenberg (Land- u. Verwaltungsreformen, später Bauernbefreiung), Wilhelm von Humboldt (Bildungsreform), Gerhard von Scharnhorst und Neidhardt von Gneisenau (Militärreform); durch die Arbeit und das kundige Wirken dieser Fachleute entfernte sich Preußen sogar schon vom starren, absolutistischen System der alten Monarchie und begann damit schon einen vorsichtigen, halbkonstitutionellen Weg in Preußen. Das war aber noch alles sehr gefährdet.

Gegen manche der „Preußischen Reformen" wehrte der König sich am Anfang, besonders gegen Pläne des Freiherrn vom Stein.

Trotzdem ließ Friedrich Wilhelm III. die Reformer weitgehend gewähren und ermöglichte vielleicht gerade dadurch den weiteren Aufstieg Preußens im 19. Jahrhundert. So fand Preußen den Anschluss an die Neuzeit mit der Bauernbefreiung, der Bildung einer Kabinettsregierung neben dem König und sogar durch das Vorbild des „Code Civil" als ein nützliches, bürgerliches Gesetzbuch des verhassten Kaisers Napoleon. Nach dem Sturz Napoleons und der Entmachtung Frankreichs versuchte Friedrich Wilhelm III. in der Außenpolitik sich an Metternichs „Heiliger Allianz" aufzurichten, dabei aber Österreich-Ungarn nicht zu stark werden zu lassen.

Alle Europäer hatten im 19. Jahrhundert eine Art von **„Erinnerungsproblem"** mit dem Rückblick auf die Französische Revolution und deren Folgen. Es wurde immer wieder in Politik, Gesellschaft und Kultur kontrovers und teilweise auch schuldbewusst darüber gesprochen und geschrieben, warum die großen Errungenschaften der ersten Phase der Französischen Revolution sehr schnell in eine Entartung – die Schreckensherrschaft der Jakobiner – und kurz darauf sogar in einem unerwarteten, historischen Rückschritt – das Kaisertum Napoleons – übergehen mussten.

Die Menschen in den verschiedenen Ländern der Heiligen Allianz waren sich darin uneinig, wie man mit dem **„französischen Erbe"** umgehen sollte. Müsste man alles verdammen und abwehren – das war häufig die Meinung der herrschenden Oberschicht in den Regierungen, im gehobenen Bürgertum und im Adel –, oder dürfte man einige neue Gedanken auch begrüßen und diskutieren. Das wurde oft in intellektuellen Kreisen von Kunst, Literatur, Philosophie und bei vielen Studenten geheim oder in Zirkeln vorsichtig, oft auch öffentlich besprochen (siehe Kap. 5, mit Georg Büchner). Das war die Zeit des „Neuen Deutschlands" und des **„Vormärz"** kurz vor den Revolutionen ab März 1848 in Deutschland und Österreich.

Gleichzeitig übersah oder ignorierte man sogar noch oft die langsame Entwicklung einer zukunftsträchtigen Demokratie im fernen **Nordamerika**. Statt „Republik" und „Demokratie" stand immer noch die „monarchische Legitimität" in Europa im Vordergrund und in Deutschland besonders der **„nationale Einheitsgedanke"**. Nachdem unter dem Druck Napoleons mit dem „Reichsdeputationshauptschluss" in Regensburg im Jahre 1803 das mittelalterliche „Heilige Römische Reich Deutscher Nation" endgültig zu Grabe getragen worden war, ergab sich im 19. Jahrhundert ein **„deutsches, nationales Führungsproblem"**: Sollte jetzt das alte Österreich mit seiner Habsburger Dynastie oder das neue, aufstrebende Preußen mit den Hohenzollern eine neue, dominante Rolle in einem „Gesamtdeutschland" (das es eigentlich noch nie richtig gegeben hatte) übernehmen? Musste man nun nicht eine wirkliche, einheitliche, „deutsche Sprach- und Kulturnation" bilden, um die „revolutionäre Bedrohung" aus Frankreich oder sogar den schon **heraufziehenden „demokratischen, liberalen Horizont"** abzuwehren, der da plötzlich von Nordamerika her, also noch weit im Westen, am Horizont erschien?

***

Es gibt nun aber zum Glück einen großartigen, französischen Schriftsteller, der diese parallelen Entwicklungen und ihre Unterschiede zeitnah sehr hellsichtig aus politischer, struktureller und auch schon moderner, sozialer Perspektive betrachtet und analysiert hat. Er tat das wie ein moderner Analyst durch eigene Anschauung und dabei selbstständiger Meinungsbildung mit monatelangen Reisen durch die frischen, jungen USA. Das war ausgerechnet ein französischer Adliger und Publizist mit dem Namen **Alexis de Tocqueville**. Und es lohnt sich wirklich, sein Leben und sein Werk an dieser Stelle und in unserem Zusammenhang zu betrachten:

Alexis de Tocqueville lebte von 1805 bis 1859. Er war Publizist, Historiker und auch Politiker. Er gilt heute als der Begründer der vergleichenden Politikwissenschaft. Er hat neben vielen anderen Schriften ein zweibändiges Buch zwischen 1835 und 1840 über die Demokratie in Amerika geschrieben, unter dem eher nüchternen Titel: **„De la démocratie en Amérique"**. Dieses Werk machte ihn schlagartig in Europa berühmt und es gilt bis heute als sein wichtigstes Buch. Tocqueville hat dabei nur wenige Jahre nach der Schreckensherrschaft und dem Kaisertum Napoleons in Frankreich und Europa nüchtern analysiert, was man damals als Zeitgenosse von den noch sehr jungen „Vereinigten Staaten von Amerika" denken und halten konnte, und dabei stellte er eindeutig fest, dass die politische Entwicklung dort schon den Europäern voraus war. Nur wenige Menschen haben das damals – und am allerwenigsten die Monarchen und Regierungen der „Heiligen Allianz" – schon erkannt.

Fast zur gleichen Zeit schrieb „unser" Georg Büchner um 1835 seinen „Danton". Und Büchner erkannte dabei die epochenmachende Wirkung der großen Französischen Revolution und gestaltete die Kämpfe dabei literarisch nach (s. Kap. 6). Es scheint fast, als ob der Franzose Tocqueville um diese Zeit schon müde und ärgerlich über diese Revolution in seiner eigenen Heimat geworden war, besonders auch über die politischen Folgen von Napoleon bis hin zur „Heiligen Allianz".

Tocqueville – als betuchter Adliger und damit unabhängig – machte nämlich eine lange Reise in und durch die USA in dieser Zeit ab März 1831 bis Februar 1832. Der junge Franzose aus adligem Hause war erst 26 Jahre alt, gut gebildet und auch schon erfahren in regionaler Politik und Verwaltung seiner eigenen Güter in Nordfrankreich. Sein Buch **„Über die Demokratie in Amerika"** (zuerst auf Französisch 1835, auf Deutsch schon 1836) ist ein Klassiker der Soziologie, der Politik-, Geschichtswissenschaften und der Amerikakunde. Bis heute ist es das am meisten zitierte Buch über die Vereinigten Staaten im 19. Jahrhundert. Tocqueville berührt bei seinen Niederschriften schon die bedeutendsten Merkmale und Vorteile der Demokratie: Gleichheit und Freiheit in einer Gesellschaft, Individualismus des jedes Einzelnen, Ablösung der Privilegien des Adels, natürlich Abschaffung der Monarchie und Trennung von Kirche und Glauben (als Privatsache) vom Staat für alle und eine schriftliche Verfassung mit starken Rechten (Wahlen) für das Volk.

Der aufmerksame und kritische Beobachter Tocqueville bereiste von New York aus nacheinander folgende Staaten und Einzelstädte: Louisiana, Albany, Boston, Philadelphia, Pittsburgh, New Orleans, Mississippi, Alabama, Georgia, South und North Carolina, Washington; dort traf er auch Präsident Jackson. Vorher hatte er auch schon die kanadischen Provinzen besucht, aus denen heute Quebec und Ontario hervorgegangen sind und wo heute immer noch Französisch die Standardsprache geblieben ist.

Nach der Rückkehr in Frankreich begann er sofort begeistert damit, von seinen Eindrücken jenseits des Atlantiks zu berichten und zu schreiben:

Er vergleicht die Bedeutung der Französischen Revolution mit der kurz vorher geschehenen amerikanischen Revolution und der neuartigen US-Verfassung. Im **ersten Band** würdigt er die Dynamik der amerikanischen Demokratiebewegung von Anfang an, schon in den Zeiten der vielen Glaubensflüchtlinge aus dem angelsächsischen und auch deutschen Raum. Es entstand dabei eine gleichsam ungewollte Nebenwirkung, nämlich ein gemeinsamer Bürgersinn, den er mit dem französischen Wort „moeurs" bezeichnet:

„Ich verstehe hier den Ausdruck mœurs in dem Sinne, den die Alten dem Wort mores gaben; ich wende ihn also nicht nur auf die eigentlichen Sitten an, die man liebgewonnene Gewohnheiten nennen könnte, sondern auf die verschiedenen Begriffe, die die Menschen besitzen, die verschiedenen Meinungen, die unter ihnen gelten, und auf die Gesamtheit der Ideen, welche die liebgewonnenen Gewohnheiten bilden." Alexis de Tocqueville, **De la démocratie en Amérique I, Paris 1835 S. 15)**

Die verschiedenen Institutionen der amerikanischen Verfassung (s. Tafelbild) wollten demnach alle auf problemlösende Ergebnisse hinarbeiten, die der ganzen Gesellschaft dienen könnten und müssten. Der bei vielen Gesprächen mit amerikanischen Politikern aufgeklärte Franzose bewundert den **Bürgersinn**, der im öffentlichen Bereich vorherrscht. Dadurch werden in den USA schon um 1830 Eigeninitiative, Verantwortungsgefühl, Mitarbeit in öffentlichen Angelegenheiten und Kenntnisse für eine demokratische Praxis sowohl im kommunalen wie auch im bundesstaatlichen Rahmen ermöglicht. Auch das sei schon ein Erbe von den puritanischen Gründervätern aus England. Tocqueville ermahnt zugleich die zeitgenössischen Nationen in Europa, sich diese fundamentalen Voraussetzungen für eine demokratische Gesellschaft zum Vorbild zu nehmen. So könnten sich vielleicht endlich auch europäische „moers" entwickeln.

Der zweite Band der **„De la démocratie en Amérique"** befasst sich noch intensiver mit den Grundlagen von Staat und Politik in der Demokratie. Er berücksichtigt dabei auch mögliche Probleme zwischen Freiheit und Gleichheit im Volk bezogen auf die **Zivilgesellschaft in einer Demokratie,** wo das Volk seine Freiheit auch für eine Art „sanfte Tyrannei" ausnutzen, beziehungsweise missbrauchen könnte. Große, einflussreiche Gruppen im Volk könnten sogar einen schwer zu kontrollierenden Einfluss auf Moral, Sitten oder auch Ideen und geistige Vorstellungen und Ziele nehmen. Der Vorrang der übergeordneten, staatlichen Gesamtfreiheit müsste aber immer gewahrt werden durch den Wegfall von alten, adligen Vorrechten, kirchlichen Gebräuchen und Ritualen oder sogar patriarchalischen Ordnungen aus dem Mittelalter. Das erinnert hier eindeutig an den Vorrang der franz. „Liberté" oder der amerik. „Liberty" gegenüber der deutschen „Freiheit": siehe Kap. 4.

Die Gefahr einer grenzenlosen Volksfreiheit aus Eigeninteresse müsste aber immer bei den modernen, demokratischen „moeurs" im Blick behalten werden. **Anarchie aus allgemeinem Eigeninteresse wäre dann die schlimmste Entartung der Demokratie**, die Tocqueville in den damaligen, zeitgenössischen „Vereinigten Staaten von Amerika" allerdings nicht konkret sieht. Die USA zeigten sich nach seiner Meinung durchaus widerstandsfähig durch feste, in der Verfassung und mit juristischen Institutionen gesicherte Gesetze, durch Geschworenengerichte, durch lokale Politik in Einzelgemeinden bei gleichzeitiger, föderaler Aufteilung der USA und einem starken, selbstbewussten Auftreten in der Außenpolitik. Die strikte Trennung von Kirche und Staat bedeutete auch keine totale Absage an die Religion – wie noch in der Schreckensphase der Französischen Revolution mit der Abschaffung von „Gott" und Zerstörung von Kirchen und Klöstern –, sondern sogar die Entwicklung und den Schutz vieler christlicher Freikirchen. Auch das wäre ein Erbe der Reformation und der Pilgrim Fathers.

„Von all dem Neuen, das während meines Aufenthaltes in den Vereinigten Staaten meine Aufmerksamkeit auf sich zog, hat mich nichts so lebhaft beeindruckt wie die Gleichheit der gesellschaftlichen Bedingungen. Alsbald wurde mir der erstaunliche Einfluss klar, den diese bedeutende Tatsache auf das Leben der Gesellschaft ausübt." (Alexis de Tocqueville, De la démocratie en Amérique I, Paris 1835/40 S. 15)

Die USA hätten somit die Chance, eine dauerhafte, **freie „Zivilgesellschaft"** zu entwickeln. Dazu gehörten vor allem die staatlich gesicherte Pressefreiheit, freie Bildung und der

Unterricht in Schulen ohne religiöse oder ideologische Kontrolle und die Wechselbeziehung von kommunaler und föderaler Verwaltung und Regierung mit periodischem Wahlrecht für das Volk. Über allem schwebt natürlich (auch laut Verfassung ...) die Verpflichtung des Staates für Wohlergehen und Gesundheit seiner einzelnen Mitglieder zu sorgen: Also damit das Recht jedes Menschen auf sein **„Streben nach Glück"**. – Und das ist auch eine Garantie für das Subsidiaritätsprinzip.

Die **Gefahren für eine Demokratie**, die vor allem in einer „Tyrannei" des Eigeninteresses eines fehlgeleiteten Teiles des Volkes, der unkontrollierten Freiheit in der Ökonomie und auch im „Besitzrecht" (früher: Todsünde „Gier, Habsucht"; erst später bei Karl Marx: „Kapitalismus") liegen könnten, sieht der selbstkritische, adlige Franzose aber durchaus auch schon.

Tocqueville hat ebenso schon erkannt, dass **die Rolle der Frau** in der amerikanischen Gesellschaft neu gesehen werden konnte und musste. Auch das war wahrscheinlich ein wichtiges Erbe aus Erfahrungen der Kolonialzeit: Die Siedlerfrau hatte im Kampf um eine neue Existenz in der Neuen Welt eine viel größere und gleichberechtigte Bedeutung für den Mann als in der noch weitgehend patriarchalisch verfestigten, europäischen Gesellschaft. Und das galt zunächst im Privaten; es wurde aber schon im 19. Jahrhundert in Amerika im öffentlichen Raum und in der Politik fast zu einer Selbstverständlichkeit.

***

Dennoch muss man heute, im 21. Jahrhundert feststellen, dass es noch immer keine US-Präsidentin gegeben hat. (Vielleicht ab 2024/25 mit Kamala Harris?) <u>Hillary Clinton</u> von den Demokraten scheiterte ja 2016 nur knapp einerseits an sich selbst mit Fehlern in ihrem Wahlkampf und mit ihren leichtsinnigen E-Mails, aber auch anderseits an dem politischen Hasardeur und Macho Trump, der seine „Wahl" mit illegalen, altmodischen und antidemokratischen Mitteln sowie einer aufgehetzten republikanisch-evangelikalen Mehrheit im Mittelwesten durchgepaukt hat. Trump würde damit durchaus in ein gewisses, antidemokratisches Schema passen, vor dem der kluge Tocqueville schon vor bald 200 Jahren gewarnt hatte. Vor allem, wenn man an Trumps zwielichtige Rolle und Unterstützung beim Sturm auf das Kapitol in Washington am 6. Januar 2021 durch einen amerikanischen Pöbel/Mob (und keineswegs „Revolutionäre" für ihre eingebildete, egoistische „Freiheit"!) denkt. Und auch sein Umgang und Lavieren mit einer selbstständigen US-Justiz schlägt ja den Idealen und Prinzipien der Gewaltenteilung (seit Locke und Montesquieu) ins Gesicht. Das gilt heute leider auch für seine rechtsradikalen Wähler in der Partei der Republikaner, welche zeitweise bei Umfragen fast die Hälfte aller „Amerikaner" ausgemacht haben. Also: Die Warnung von Tocqueville vor Gefahren für eine Demokratie und ihre mögliche Zersetzung durch das eigene, von „Fakes" fehlgeleitete Volk gilt gerade im 21. Jahrhundert weiterhin!

***

Tocqueville wird aus heutiger Sicht allerdings auch dafür kritisiert, dass er die Indigene- und die Sklavenfragen weitgehend ausgeklammert habe. Das mache die demokratischen Errungenschaften der weißen, angelsächsischen Einwanderer in gewissem Maße auch fragwürdig. Die baldige Abschaffung der Sklaverei hat er jedoch schon vorausgesagt. Das Ende der Indigene als „Rasse" hat er aber mehr oder weniger gleichgültig hingenommen, weil es die „Indigene" ja eben zu keinem wirklichen „Nationsbuilding" gebracht hätten. Auch die wachsende Armut des Proletariats in den großen Städten der USA habe er noch nicht erkannt, wird heute manchmal kritisch erwähnt. Das konnte man aber wohl erst wirklich ab der Wende vom 19. zum 20. Jahrhundert, als die 1. Industrielle Revolution mit Kohle und Eisen schon voll im Gange war.

Einen möglichen Konflikt zwischen den riesigen Landmächten USA und Russland auf zwei unterschiedlichen Kontinenten hat Tocqueville tatsächlich als langfristige Möglichkeit vorausgesehen. Dabei beschrieb er damals noch den unüberwindbaren Gegensatz zwischen Demokratie und der zaristischen Monarchie. In diesem Zusammenhang ist es natürlich höchst bemerkenswert, dass heute – zur Zeit des Putin-Krieges gegen die Ukraine – der neue russische Diktator sich unverhohlen auf seine alten Zaren beruft, nachdem die stalinistische Sowjetunion untergegangen ist. Putin tut dies, um die westlichen, demokratischen Werte weiter zu verhöhnen und zu disqualifizieren. Er kann oder will nicht wahrhaben, dass in den USA, der EU und der NATO ein historisch gewachsenes Selbstbewusstsein und der einheitliche Wille zur gemeinsamen Selbstverteidigung gewachsen ist.

H. A. Winkler schreibt am Schluss seines Abschnitts über „Tocqueville in Amerika" (in: „**Geschichte des Westens**", 1. Bd. München 2009, S. 507; vergleiche auch Kap. 19):

„Was Tocqueville 1835 voraussah, war eine Konstellation, wie sie aus dem 2. Weltkrieg hervorging. Zuvor hatten die größeren Nationen Europas mehrfach gezeigt, dass es ihnen keineswegs nur um die Bewahrung von Besitzständen, sondern um die Ausweitung ihrer Herrschafts- und Einflusssphären ging. Auch konnten Amerika und Russland nach 1945 nicht die ganze Welt unter sich aufteilen; es gab auch danach noch eine ‚dritte Welt'. Der Scharfsinn, mit dem der französische Denker die Zeichen der Zeit zu deuten wusste, bleibt gleichwohl bemerkenswert. Das gilt nicht nur für seine weltpolitischen Vorhersagen, sondern ebenso für seine weit in die Zukunft vorausweisende Analyse der politischen Entwicklung der europäischen Gesellschaften, die mit Amerika durch ein kulturelles Band verbunden waren: das Erbe des Westens."

***

Wie ging es aber nun weiter in dem sehr zerrissenen 19. Jahrhundert? Verfolgen wir doch zunächst noch den „**deutschen Sonderweg**", wie er von der Mehrheit der deutschen Historiker heute benannt wird. Es beginnt mit dem **deutschen Scheitern an „seiner Paulskirche" im 19. Jhd.** und dessen schlimmen Folgen bis zur Gründung der Bundesrepublik im 20. Jahrhundert. Das war ein Scheitern, das sich aus den Schwächen und Fehlern der Napoleonzeit und der anschließenden Epoche einer Zerreißprobe zwischen der Heiligen Allianz und dem Liberalismus in ganz Europa ergab. Auch waren eben in Deutschland nur ein rudimentär ausgeprägter Wille und sogar die kulturelle Unfähigkeit gegeben, aus den beiden großen demokratischen Revolutionen in Nordamerika (1776) und Frankreich-Europa (1789) zu lernen und diese Vorläufer für ihre eigene, demokratische Entwicklung weiter zu verwenden.

Es gab zwar in Deutschland immer wieder – besonders bei den „Burschenschaften" und Studenten sowie progressiven Literaten und Künstlern („Junges Deutschland", Georg Büchner, Heinrich Heine) – leidenschaftliche Ansätze für mehr „Liberté", doch sie verliefen im Sande; oder die Liberalen bissen sich fest an den zu starken, großbürgerlichen und ständischen Widerständen der Konservativen und der reaktionären Gottesgnadenmonarchisten. Jetzt rächte es sich, dass es in Deutschland nie, im Unterschied zu England, eine „Magna Carta" (mit verbrieften Rechten der Landadligen gegen den König, 1215) und in der frühen Neuzeit auch keine Monarchie unter einer parlamentarischen Kontrolle gegeben hatte, wie seit 1588/89 nach der „Glorious Revolution" in England.

Immerhin gab es auch in Deutschland und Österreich um die Mitte des Jahrhunderts einen durchaus echten Revolutionswillen aus dem unterdrückten Volke und dessen Einheitswunsch heraus: Das war eben diese Paulskirchenrevolution 1848/49, die ihren etwas irreführenden Namen in der Öffentlichkeit 1848 mit der Zustimmung der evangelischen Gemeinde der „Paulskirche" in Frankfurt für die zeitweilige Benutzung der renovierten, alten Kirche als geeignetem Versammlungsraum erhielt.

***

8. Deutschlands Scheitern an „seiner Paulskirche" 1848/49

Wir wollen den historischen Überblick mit **zwei (drei) Tafelbildern** beginnen: **„Verlaufskurve – mit Beginn und Scheitern", „Ziele, Ursachen und Folgen des Scheiterns"**.
In den folgenden – in mehreren Leistungskursen Geschichte am Gymnasium Eversten in Oldenburg von meinen Schülern/Innen und mir entwickelten – **Tafelbildern mit Folien** kann man vielleicht am besten und schnellsten den **„begeisterten Beginn" und das „enttäuschte Ende" „der Paulskirche"** demonstrieren und zusammenfassen. Dabei muss allerdings hier ein Großteil der Vorgeschichte mit dem liberalen „Vormärz" ausgelassen werden – dazu gehören: die Burschenschaften, der Widerstand gegen das „System Metternich", die Karlsbader Beschlüsse des Deutschen Bundes, der deutsche Zollverein, Hambacher Fest 1832, Protest der Göttinger Sieben 1837, schlesischer Weberaufstand 1847, Literatur und Kunst des „Biedermeiers" gegen das „Junge Deutschland" mit Heinrich Heines Werk –, nur Georg Büchners Dichtung vor allem mit „Dantons Tod" ist schon ausführlich berücksichtigt worden im Kap. 5.

DIE DEUTSCHE REVOLUTION 1848/49 (Verlaufskurve)

Gagerns **"KÜHNER GRIFF"**: (Exekutive aus eigenem Recht) "Reichsverweser": Erzherzog Johann von Österreich Provisorische Zentralgewalt:
29. Juni

BERATUNGEN IN DER PAULSKIRCHE

Eröffnung der **PAULSKIRCHE**: (Legislative aus eigenem Recht): Verf.geb. Nationalversammlung: (nach Wahlen)
18. Mai

Waffenstillstand von **MALMÖ** zwischen Preußen und Dänemark (wg. Schleswig-Holstein):
26. Aug.

1. Rep. Aufstand in **BADEN** (Hecker):
12.-24. April

2. Rep. Aufstand in **BADEN** (Struve):
21.-24. Sep.

(Ende der Beratungen: 3. April)

NIEDERWERFUNG der Revolution in **WIEN**:
31. Okt.

Beginn des **VORPARLAMENTS** in Frankfurt:
30. März

STAATSSTREICH in **BERLIN**:
11. Nov.

VORPARLAMENT

OKTROYIERTE VERFASSUNG für **PREUSSEN**:
5. Dez.

REVOLUTION IN BERLIN:
18. März

VERKÜNDUNG der **REICHSVERFASSUNG** in **FRANKFURT: 28. März**

REVOLUTION IN WIEN:
Sturz Metternichs: **13. März**

ABLEHNUNG der **KAISERKRONE** durch **FRIEDRICH WILHELM IV.: 3. April**

UNRUHEN IN SÜDDEUTSCHLAND:
Reformen und Bildung liberaler Ministerien: "Märzforderungen":
Ende Febr./Anf. März

- **AUFSTÄNDE**
- **RUMPFPARLAMENT**
- **SIEG DER REAKTION:**
Apr.-Juni 1849

REVOLUTION IN PARIS:
Februar 1848

AUFLÖSUNG DER "PAULSKIRCHE"

RUMPFPARLAMENT

Begeisterter Beginn

Enttäuschtes Ende ...

*Paulskirche, Verlaufskurve, Tafelbild:
Grafik: E. Brüchert)*

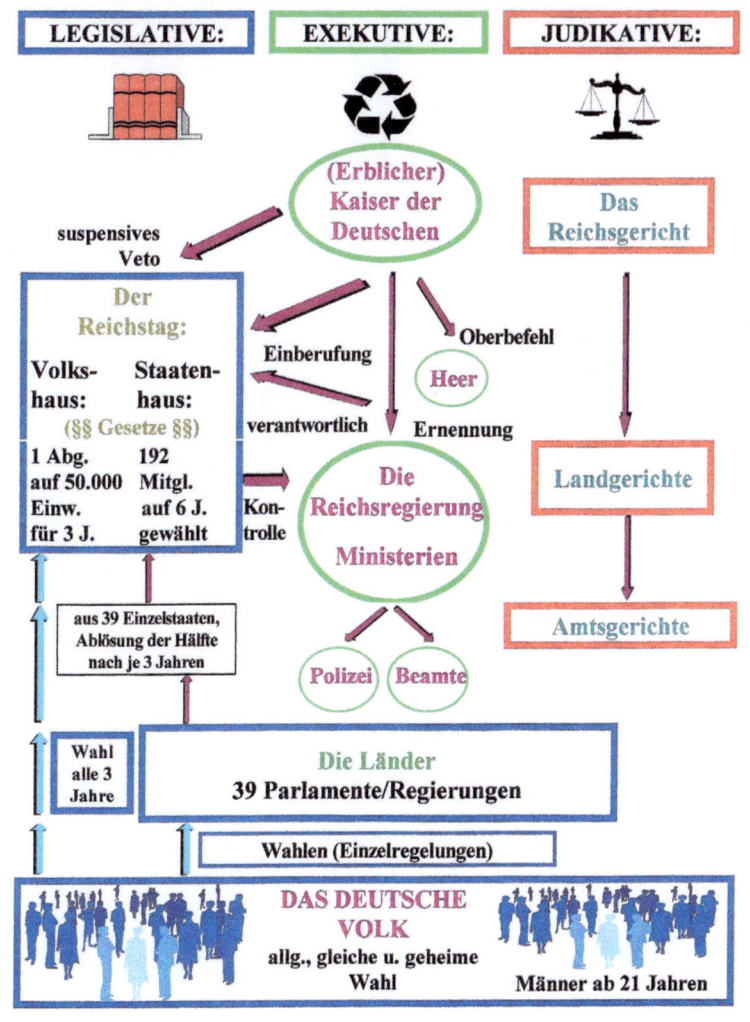

Paulskirche, Verfassung
Grafik: E. Brüchert

Das Scheitern der „Paulskirche"

2. Die Revolution von 1848/49 - Eine Bilanz:

Ziele der Revolution:

a) Nationale Einigung: Deutscher Einheitsstaat
b) Beseitigung des Dualismus zwischen Preuß. u. Österr.
c) Abschaffung des Deutschen Bundes
d) Freiheitliche Verfassung
e) Grundrechte
f) Volkssouveränität
g) Beseitigung der Fürstenmacht (Gottesgnadentum)
h) Beseitigung von ökonom.

Ursachen des Scheiterns:

1. Staatsorganisation: Partikularismus/keine gemeinsame Hauptstadt/ Preuß-öst. Dualismus/ Ethnisch-sprachlich unklare Grenzen/
2. Konservativ-reaktionäre Mächte: Fortbestand der Fürstenhäuser und ihres Staatsapparats/Obrigkeitstreue in Heer und Beamtentum/

Folgen des Scheiterns:

a) Keine nationale Einheit: Einzelne Fürstentümer
b) Dualismus zwischen Preuß. u. Österreich verschärft
c) Erneuerung des Deutschen Bundes
d) Keine Reichsverfassung
e) Fehlende Grundrechte
f) Oktroyierte Verfassungen
g) Restaurierte Fürstenmacht (Teil-Verfassungen)
h) Verschärfung von ökonom.

Paulskirche, Bilanz, Tafelbild
Grafik: E. Brüchert

Ungerechtigkeiten
i) Bundestag - Staatenhaus
j) Wahlrecht: Dreiklassenwahl
k) Kaum Gewaltenteilung
l) Zum Teil Zensur
m) Meinungsfreiheit beschränkt

Nachmärz und „Reaktion" in Deutschland

Biedermeierliches Denken/ Kirchentreue/Misstrauen gegenüber den Errungenschaften der Franz. Rev.

3. Uneinigkeit der Revolutionäre:
Mangelnde Organisation, Kommunikation und Erfahrung in der parlamentarischen Arbeit/Fehlende Parteiapparate/Spaltung der Parlaments-Opposition/Revolutionsfurcht der Liberalen/Perfektionsanspruch der Verfassungsväter/Zu lange Dauer der Beratungen

4. Fehlende Volksnähe:
„Professoren-Parlament"/ Abstrakte Revolutionsziele/ Fehlende, politisch-charismatische Persönlichkeit/ Fehlende politische Bildung des Volkes

Ungerechtigkeiten
i) Reichstag - Parlament
j) Wahlrecht: frei, gleich, geheim
k) Gewaltenteilung
l) Pressefreiheit
m) Meinungsfreiheit

Vormärz und „Revolution" in Deutschland

Paulskirche, Bilanz, Tafelbild
Grafik: E. Brüchert

Die nun folgende Aufstellung über die **"Nachwirkungen der gescheiterten Revolution der Paulskirche"** in Deutschland und Österreich 1848/49 (bis hin zum 1. Weltkrieg) bedarf noch einer genaueren Erläuterung:

Es geht hier natürlich um die wichtigen Wechseljahre in der zweiten Hälfte des 19. Jh., in denen sich der Übergang zum nationalen und leider auch zum imperialistischen, deutschen Sonderweg vollzog. Am Ende dieses Übergangs stand dann der 1. Weltkrieg als die „Urkatastrophe des 20. Jahrhunderts".

Gehen wir einmal die einzelnen Faktoren durch bis zum Ende der Wilhelminischen Zeit, beziehungsweise des Bismarckreiches, aber noch knapp vor der Adolf-Nazi-Katastrophe:

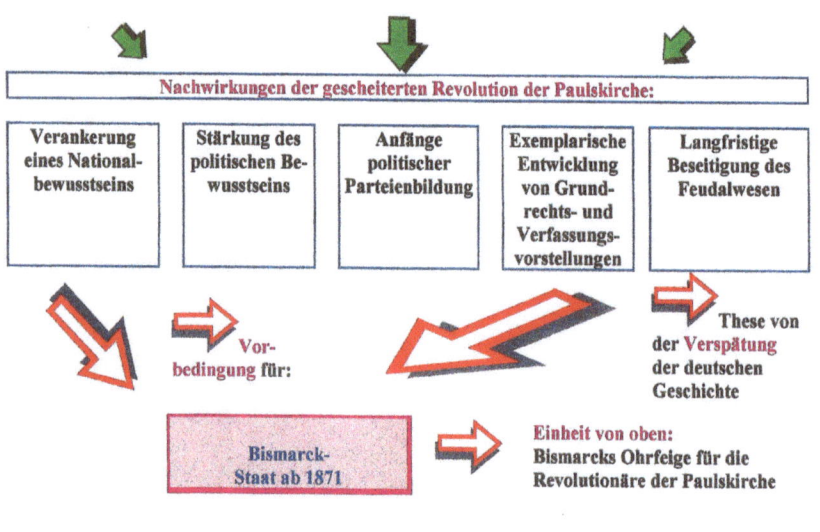

Paulskirche, Folgen des Scheiterns, Tafelbild
Grafik: E. Brüchert

a) Die Verankerung eines Nationalbewusstseins: Nach der Napoleonzeit erhob sich in Deutschland – ausgehend von einem gedemütigten Preußen, welches sich aber bald erholte (Reformen Stein/Hardenberg) – allmählich wieder ein großes Selbstbewusstsein und der starke Wunsch nach einer geeinten, deutschen Nation auf der Grundlage der deutschen Sprache, Philosophie, Kultur, Musik, Literatur, Klassik, Romantik und der Erinnerung an das – von Napoleon zertrümmerte – „Heilige Römische Reich Deutscher Nation" aus dem Mittelalter. Weil aber die österreichische Habsburgerdynastie den letzten Kaiser gestellt hatte, der dann gegen den französischen Emporkömmling total versagte, unterschied sich Österreich-Ungarn – welches ja nach dem Wiener Kongress 1815 weiter krampfhaft an der „Römischer-Kaiser-Idee" festhielt – doch deutlich von der deutschen Einheitsbewegung, die sich schon an Preußen orientierte. Diese breitete sich viel schneller und aggressiver aus in den zahlreichen Fürstentümern, Großherzogtümern, freien Hansestädten und sogar den übriggebliebenen, meist kleinen (außer in Preußen und in Bayern) Königreichen. Die Sehnsucht und die Rufe nach einer einheitlichen, deutschen Nation wurden aus ganz unterschiedlichen Quellen gespeist, die damit auch die Zerrissenheit dieser Epoche zwischen Restauration und Liberalismus zeigen.

– <u>Die Klassik und Romantik</u>: Die Aus- und Nachwirkungen der deutschen Hochkultur in Philosophie (Kant), Literatur (Lessing, Goethe, Schiller, Kleist, Schlegel, Novalis, Eichendorff) und Musik (Bach, Mozart, Beethoven) hatten großen Einfluss auf das Selbstbewusstsein und die Eigenliebe der gebildeten Deutschen. Das interessierte aber weniger die Masse der Bauern, Landarbeiter, lohnabhängigen Arbeitern und ihre Familien und einfache Bürger und Handwerker.

– <u>Die Restauration</u>: Das Beharren der Konservativen auf der christlichen Religion („Heilige Allianz"), mit dem „Gottesgnadentum" der Könige, Kaiser und Fürsten und auf den alten Traditionen der Stände und des Adels war deutlich. Anhänger waren hauptsächlich: Die Rittergutsbesitzer, kleine und immer mehr große Handwerker bis hin zu kleinen Industriellen, Kaufleuten und bürgerlichen Unternehmern mit Besitztümern.

– <u>Der Zollverein</u> von Friedrich List, ab 1834)war ein Großversuch, um eine wirtschaftliche Einheit im „Deutschen

Bund" herzustellen zum ökonomischen Vorteil von Handwerk, Gewerbe und aufkommender Industrie.

– <u>Der Liberalismus</u>: Burschenschaften, Studentenbewegung, „Junges Deutschland", literarische und künstlerische „Salons" bildeten sich im Vormärz in den großen Städten; Vorbilder: Frz. Revolution, USA; alle diese Gruppen strebten große politische und liberale Erneuerungen und Freiheiten in Politik, Kunst und Gesellschaft an, die fast alle auch vom europäischen Ausland beeinflusst und angeregt wurden.

b) Die Stärkung des politischen Bewusstseins: Die sehr unterschiedlichen Klassen und Stände (siehe unter a) zeigen, dass sich immer mehr Deutsche aus dem gesamten Volk stärker für Fragen der Politik, für ihre Obrigkeit, aber auch schon für ihre eigenen Rechte und Pflichten interessierten. Die mittelalterlichen Zeiten auch in Deutschland nahmen langsam ab. Sichtbare Zeichen dafür waren: Der blinde, protestantische Glaube seit Luther an die Obrigkeit wurde geringer; katholische direkte Eingriffe in die Politik von der Kanzel herab nahmen ab; das Patriarchat in Familie und fehlende Gleichberechtigung von Frauen und Mädchen in der Bildung wurden öfter kritisiert.

Der Ruf von Immanuel Kant „Habe Mut, dich deines eigenen Verstandes zu bedienen" verbreitete sich immer mehr (nicht unbedingt wörtlich, aber sinngemäß), auch durch die größere Reichweite von Büchern und Zeitschriften (Vorformen von Pressefreiheit) und damit auch der Wunsch nach immer mehr Bildung, auch für Mädchen.

Das führte zu Zusammenschlüssen von Gruppen, Vereinen und schließlich Parteien mit verschiedenen politischen Vorstellungen; also schon zu ...

c) Anfänge politischer Parteienbildung: Aus den Salons und oft privaten Debattierklubs kamen die Anfänge von politischen Parteien – häufig schon mit starker Beteiligung und Führung von mutigen Frauen, die „mit ihrem eigenen Verstand dachten" (vgl. die Rolle und das Leben von Emma Herwegh (geb. 1817, gest. 1904) einer der ersten, deutschen Frauenrechtlerin im 19. Jhd.) Diese hatten aber zunächst in Deutschland noch keinerlei Rechte auf Beteiligung an der „Obrigkeit" oder sogar an einer unabhängigen Gesetzgebung im Sinne der Gewaltenteilung. Eine echte Gewaltenteilung (wie schon in den USA) gab es bis zur Paulskirche in Deutschland noch nie. Das Vorbild der französischen Parteien der „Girondisten" und „Jakobiner" aus der Frz. Revolution wirkte allerdings schon stark in liberalen Köpfen sowohl bei Männern wie auch bei gebildeten Frauen. Leider wurden die positive Wirkung und der Ruf von verschiedenen Parteien in Deutschland durch die Erinnerung an die anschließende „Schreckensherrschaft" von Robespierre in Frankreich wieder abgeschwächt.

d) Exemplarische Entwicklung von Grundrechten und Verfassungen: Alle Fürsten und Regierungen der „Heiligen Allianz" und des Metternich'schen Systems wehrten sich mit Händen und Füßen gegen freiheitliche Grundrechte für das Volk oder sogar Verfassungen für den Gesamtstaat. Die Diskussion darüber im Volk konnten sie jedoch weder in Deutschland noch in Österreich-Ungarn oder dem „Deutschen Bund" aufhalten, trotz vielfältiger Unterdrückungsmaßnahmen, z. B. durch die Karlsbader Beschlüsse, Verhaftung von demonstrierenden Studenten, Entlassung der „Göttinger Sieben" (Professoren), Streikverbote, Unterdrückung des Weberaufstandes in Schlesien. Das Hambacher Fest der Studenten von 1832 (mit der ersten deutschen, demokratischen Fahne in: Schwarz-Rot-Gold) bei weitreichenden, liberalen Forderungen konnte allerdings nicht verhindert werden. Es hatte Auswirkungen auf die Paulskirche 1848, die Weimarer Verfassung 1919 und das Grundgesetz 1949, bis heute also. Die Ideen der Studenten beim Hambacher Fest könnte man eigentlich als die (reichlich verspätete) „Magna Carta" der parlamentarischen Demokratie für ein geeintes Deutschland bezeichnen.

e) Langfristige Beseitigung des mittelalterlichen Feudalwesens: Die Bauernbefreiung von 1807 durch die beiden Freiherren vom Stein und von Hardenberg noch während der Napoleonepoche ist zweifellos ein Ruhmesblatt der deutsch-preußischen Geschichte im 19. Jahrhundert. Zu dieser Zeit war ja die kolonialistische Sklavenhaltung in den spanisch-portugiesischen, französischen, niederländischen Plantagen und sogar auf den Plantagen im Süden der USA noch Alltag. Aber auch mit der weiteren Beseitigung von Resten des mittelalterlichen Feudalwesens und den Adelsvorrechten ließ man sich in Deutschland (und Mitteleuropa) dann noch ziemlich viel Zeit. Die russische Bauernbefreiung von der Leibeigenschaft erfolgte durch Zar Alexander II. erst 1861. Die Abschaffung der Sklaverei in den USA geschah sogar erst ein Jahr später durch Präsident Lincoln während des Sezessionskrieges im Jahre 1862. Die katholische Kirchen in Deutschland und besonders in Italien und Spanien pochten weiterhin auf ihren Eigentumsrechten von Kirchen, Klöstern und Predigerseminaren. Selbst im zweiten, deutschen Kaiserreich ab 1871 wehrte sich die katholische Kirche im sog. „Kulturkampf" gegen den Versuch des (protestantisch-evangelischen-pommerschen) Junkers Bismarck aus Preußen, die moderne Zivilehe durch den Staat, Scheidungsrechte und staatliche Prüfungsrechte auch bei Priestern und Religionslehrern in den Schulen einzuführen. Dabei war die Trennung von Kirche und Staat bei Bildung und Ausbildung sowohl in Frankreich als auch in den USA längst komplett. Besonders die Großgrund- und Rittergutsbesitzer im Osten zwischen Elbe und Weichsel wehrten sich noch lange Zeit mit Tricks gegen die Abwanderung ihrer alten, früheren, leibeigenen Bauern und Landarbeiter in andere Berufe oder Dörfer. Darauf hatten sogar die liberalen und sich fortschrittlich artikulierenden „Salons" in den Großstädten Berlin oder Leipzig noch längere Zeit wenig Einfluss.

***

Alle diese Entwicklungen waren also beileibe nicht immer nachteilig im Hinblick auf „mehr Liberalität und Demokratie", so wie es das „Junge Deutschland" schon früh im 19. Jahrhundert anstrebte. Aber sie waren eben alle bestimmt vom ständigen Gegendruck des „Systems Metternich" aus Österreich und etwas später von dem Einfluss des konservativen Reichskanzlers Otto von Bismarck (Norddeutscher Bund bis 1870, Deutsches Kaiserreich ab 1871).

Bismarck gelang es nach 1849/50 in Preußen und dann im Wilhelminischen Kaiserreich immer noch seine Prämissen für ein starkes, monarchisches Preußen durchzusetzen und dabei sogar immer mehr Teile des deutschen Volkes auf seine Seite zu ziehen. Er wählte dafür den Weg einer Realpolitik „von oben herab": Zunächst, nach dem Scheitern der Paulskirche die von vielen Deutschen ersehnte Einheit in Form von „Kleindeutschland" ohne das Kaiserreich Österreich-Ungarn – und zweitens durch vorsichtige Zugeständnisse und Reformen für das Volk.

Das heißt faktisch und real-politisch: auf keinen Fall nach dem geächteten „Vorbild" einer „Révolution à la française".

Außerdem bedachte Bismarck in seiner Autobiographie „Gedanken und Erinnerungen" die Amerikaner „drüben" nur mit wenigen, gleichgültigen Worten. Weltpolitische Außenpolitik war für den pommerschen Rittergutsbesitzer nur das „Spiel mit den fünf Kugeln" – Preußen-Deutschland, Frankreich, Österreich, Russland und England. Deutsche, junge, männliche Auswanderer fort von Europa und in die USA (die es bald immer mehr gab, zusammen mit ihren Frauen und Familien) hielt er eigentlich nur für Deserteure vor der preußischen Wehrpflicht, besonders, wenn diese ihm plötzlich als Landarbeiter auf seinem pommerschen Gut in der Erntezeit fehlten.

An die Möglichkeit, nämlich den nordamerikanischen Befreiungskampf von kolonialen Fesseln als zukünftigen, weltpolitischen Faktor einzuordnen, dachte der altpreußische Reichskanzler natürlich niemals, beziehungsweise hielt er allein solche Gedanken wohl schon viel zu viel der Ehre für die Yankees, Farmer, Cowboys und Trapper jenseits des Atlantiks, mit denen er wohl kaum in seiner französischen Diplomatensprache hätte parlieren können.

Da war ihm der französische Adlige Tocqueville in Bezug auf dessen realen Blick für die Zukunft Europas meilenweit voraus.

Und leider haben dann auch die deutschen und in Europa gebliebenen Paulskirchenanhänger nicht genügend auf die vielen aufmunternden Briefe und Ermunterungen von schon früheren, deutschen Emigranten zur Auswanderung in die USA gehört. Sie schwiegen lieber still oder beugten sich den neuen, patriotischen – erst nationalen, dann chauvinistischen und immer mehr nationalistischen – Wirbelwinden in der Wilhelminischen Kaiserzeit. Diese Briefe aus den USA kamen nämlich nach 1949/50 von vielen deutschen Ausgewanderten bzw. Flüchtlingen, die doch mutig nach Amerika vor der Verfolgung und langen Haftstrafen in der Heimat geflohen waren und dort ein neues Leben und oft sogar eine neue, liberale Karriere begannen.

Dazu drei prominente Beispiele: Im alten und bewährten „Großen Brockhaus Bd. 19", von 1956, werden die drei Paulskirchenrevolutionäre und Demokraten **Carl Schurz, Friedrich Hecker und Gustav Struve** noch Mitte des 20. Jh. folgendermaßen verewigt, obwohl sie alle drei in die USA geflohen sind:

Carl Schurz (1829–1906):

Von Carl Schurz heißt es dort: *„Schurz, Carl, amerikanischer Staatsmann und Journalist (1829–1906), schloss sich 1848 der demokratischen Bewegung an, entkam 1849 in die Schweiz und hielt sich in Frankreich und England als Journalist auf; 1852 wanderte er nach den Vereinigten Staaten aus, wo er Advokat wurde. 1854 schloss er sich der Republi-*

kanischen Partei an und trug wesentlich zur Wahl A. Lincolns bei. 1861 wurde er Gesandter in Madrid. Im Sezessionskrieg befehligte er als Brigadegeneral eine Division der Unionsarmee. Nach dem Krieg war er als Journalist und Herausgeber verschiedener Zeitungen tätig. Als Bundessenator für Missouri (1869-75) und als Innenminister (1877-81) bekämpfte er die Misswirtschaft der Parteien und setzte die von ihm geforderte Zivildienstreform durch. Nach 1881 behielt er, wieder als Journalist in New York tätig, seinen Einfluss auf die Öffentlichkeit und gab ein Beispiel parteipolitischer Unabhängigkeit; er galt als der beste Vertreter eines selbstbewussten Deutschamerikanertums."

Friedrich Hecker (1811–81):

Der Brockhaus Bd. 5 (von 1954) schreibt über Friedrich Hecker kürzer als über den prominenten Deutschamerikaner Schurz und auch ohne Bild:

„**Hecker, Friedrich,** *revolutionärer Politiker,* *Eichtersheim (Baden) 28.9.1811, † St. Louis, USA, 24.3.1881, *Rechtsanwalt, seit 1842 Mitgl. der badischen zweiten Kammer. Er wurde mit Struve Führer der radikalen Linken und forderte bei Beginn der Revolution von 1848 die Republik. Als es ihm nicht gelang, das Frankfurter Vorparlament für seine Ziele zu gewinnen, begann er am 12.4. in SW-Deutschland einen Aufstandsversuch, der bereits am 20.4. im Gefecht bei Kandern scheiterte. Danach floh er in die Schweiz, später in die Vereinigten Staaten; im Sezessionskrieg kämpfte er als Oberst der Unionstruppen. Hecker war später ein Bewunderer des dt. Aufstiegs unter Bismarck.*"

Gustav von Struve (1805–70):

Von Gustav Struve heißt es im Brockhaus Bd. 10 (1956) auch nur knapp und ohne Bild:
"Struve, Gustav von, Politiker (1805–1870), Rechtsanwalt, war in die badischen Aufstände von 1848/49 verwickelt, floh nach den Vereinigten Staaten, wo er im Sezessionskrieg mitkämpfte."

Auch Struve hat sich also in den USA der Partei der (damaligen) Republikaner von Präsident Lincoln angeschlossen, war aber nicht so hoch aufgestiegen wie der legendäre Carl Schurz, der ja sogar US-General und Innenminister wurde. Schon im Vorparlament der Paulskirche im Frühjahr 1848 hielt Struve leidenschaftliche Reden vor den Abgeordneten, die ihn als Demokraten zeigten, der dann später erst in der Neuen Welt seine liberalen Überzeugungen ohne Verfolgungen verwirklichen konnte:

"Die bisherige sogenannte Ordnung der Dinge ist am Ende. An die Stelle von Knechtung, Verdummung und Aussaugung muss eine demokratische, soziale Bundesrepublik treten. Volkssouveränität und Einheit statt Tyrannei und Rückständigkeit. (...) Deutsches Volk, dieses sind die Grundsätze, mit deren Hülfe alleine Deutschland unseres Erachtens glücklich, geachtet und frei werden könnte." **(Archiv E. Brüchert)**

Bemerkenswert ist hier: Struve benutzt wohl zum ersten Mal – 101 Jahre vor dem Grundgesetz von 1949 – den treffenden und damals noch visionären Begriff **"Bundesrepublik"**. Dafür hätte er wohl heute ein besonderes Denkmal vor dem ehrwürdigen Paulskirchengebäude in Frankfurt verdient. Aber die meisten Deutschen außerhalb der Paulskirche kannten und wollten damals (noch) keine demokratische, mit einer Verfassung verbriefte "Liberty" nach angelsächsischen und französischen Vorbildern, sondern sie bevorzugten immer noch ihre jahrhundertealte, obrigkeitliche Ordnung.

Wie seine Freunde Schurz und Hecker floh auch Struve in die USA. Dort wurden sie alle drei nicht müde, von den großen, demokratischen Möglichkeiten in den USA zu schwärmen und sie weiterhin auch in Deutschland einzufordern. Allerdings ließ sich der alte Hitzkopf Friedrich Hecker dann am Ende seines Lebens doch noch von Bismarcks Erfolg bei der kleindeutschen „Einheit" in der Alten Welt betören. Und tatsächlich hatten sich leider auch andere, alte Streiter für die Paulskirche inzwischen von den außen- und innenpolitischen Schein-Triumphen von Fürst Otto von Bismarck einfangen lassen.

Die Überschrift auf dem von Bismarck gnädig von oben herab gespendeten Reichstagsgebäude in Berlin („Dem deutschen Volke") haben die Hohenzollernjubler unter den Deutschen aber wohl falsch gelesen: Denn im Sinne eines echten, demokratischen Parlaments als Vertretung des Volkes hätte es ja wohl am Reichstag heißen müssen: „Von dem deutschen Volke". Aber dafür war die Zeit in Deutschland erst nach dem Abtreten der Hohenzollern 1918 und nach einem weiteren, verlorenen Weltkrieg möglich. Ja, sogar erst wirklich nach Verschwinden des „Tausendjährigen Reiches" und der Geburt des „Grundgesetzes" im Jahre 1949 in Westdeutschland. Also erst genau hundert Jahre nach dem Scheitern der Vision einer Paulskirchendemokratie. Könnte man das Wort am (Reichs-)Bundestag in Berlin nicht heute auch noch ändern?

Seit 1949 müsste es besser und gerechter heißen: „VOM DEUTSCHEN VOLKE"

Das Scheitern der Paulskirche als einer möglicherweise ersten, deutschen und liberalen Revolution hat auch schon den bekannten, süddeutschen Historiker Rudolf Stadelmann (1902–1949) beschäftigt. Er macht dafür sogar die mehrheitliche Hinwendung im deutschen Bürgertum (unter dem Eindruck der Bismarckpolitik als einer „Revolution von oben") zur preußisch-hohenzollerischen Machtpolitik ohne Österreich nach 1849 verantwortlich. Gleich nach dem 2. Weltkrieg schreibt Stadelmann im Jahre 1946:

„Nur die Revolution von oben und die Praxis des aufgeklärten Verwaltungsstaates, nur das Vorbild von Herrschern, die als Freunde des Volkes und gerade des niederen Volkes einen Ruf besaßen weit über die Grenzen ihres Staates hinaus, war stark genug, den Wettbewerb mit der Erklärung der Menschenrechte aufzunehmen. Das Ideal der Revolution von oben hat dem Deutschen das Gefühl vermittelt, dass er keinen fremden Import brauche, um sein Haus in Ordnung zu halten. Und es waren nicht die Fürsten selbst und ihre Beamten, sondern das aufgeklärte literarische Bürgertum, welches dieses Ideal pflegte." (Stadelmann, „Deutschland und die westeuropäischen Revolutionen", Laupheim 1948, S. 28)

Dass die Deutschen „keinen fremden Import brauchten" bezog sich – in seiner Arroganz – natürlich auf die weltpolitischen Nachwirkungen der beiden großen, echten Revolutionen in Nordamerika (1776) und Frankreich (1789). Dieser bürgerliche, deutsche Hochmut hat sich (leider) nach den beiden Weltkriegen und der Nazikatastrophe inzwischen als tragischer Irrtum herausgestellt.

Die Folgen der „Großen Französischen Revolution" von 1789 haben die Welt verändert. Sie und die erst später mit gewisser Verzögerung sichtbaren Einflüsse durch die neugegründeten Vereinigten Staaten von Amerika haben einen gewaltigen Umschwung in der Weltgeschichte hervorgerufen. Ja, eigentlich muss man seitdem die „Neuzeit" schon zwischen ca. 1492 und ca. 1850/99 (also nur knapp 400 Jahre lang) abschließen und ein neues, historisches Weltzeitalter beginnen lassen: nämlich entweder „die Industrieepoche" oder die „Kohle-Öl-Gas-Atom-Klima-Verschmutzungs-Zeit". Diese ging dann spätestens mit dem Buch „Die Grenzen des Wachstums" des Club of Rome 1972 keineswegs zu Ende, sondern sie nähert sich gerade heute erst mit ihrem Höhepunkt einer neuen Epoche der Klimakatastrophe verbunden mit der Erkenntnis, dass diese eindeutig menschengemacht ist und noch auf unbestimmte Zeit anhält. Dazu käme auch die Einsicht, dass nicht mehr „die Natur" oder „Gott", sondern der Homo sapiens selbst – und zwar in immer kürzeren Zeitabständen – seinen Weltglobus kaputtmacht.

Manche Anthropologen sagen sogar schon voraus, dass der „Homo sapiens" nach knapp (mickrigen ...) 30 bis 40 Millionen Jahren als Beherrscher des Planeten Erde völlig ausgedient hat und die Menschheit nun wohl einschwenkt auf eine Zeit als „Homo catastrophicus", dessen überhaupt noch mögliche Zukunftserwartung niemand mehr vorauszusehen oder vorauszubenennen wagt angesichts der sich abzeichnenden **Kipppunkte** beim: CO_2-Anstieg, Artensterben, der Poleisschmelze, Temperaturerhöhung, Gletscherschmelze, Regenwaldrodung, dem Permafrostabtau, Ozeananstieg, Küstenüberschwemmung, Atomkriegsgefahr (vergleiche: a. a. O. in allen seriösen Publikationen der UNO mit ihren regelmäßigen, wissenschaftlichen Berichten des **Weltklimarates**).

***

Nach diesem pessimistischen Blick in die Zukunft wagen wir trotzdem noch einmal den Blick zurück auf unseren deutschen Sonderweg, und zwar mit Hilfe eines direkten Vergleichs:

„Eins + Fünf: Die Französische Revolution und fünf deutsche"

1789, die Französische Revolution Ende des 18. Jh. ist grandios und zunächst sehr erfolgreich gestartet, dann aber mehr oder weniger auch gescheitert, während sie im 19. Jahrhundert bis ins 20. in vielen Teilen der Welt als Vorbild wieder auflebte. Ihr Ruhm ist bis heute geblieben, zumindest für ihre 1. Phase.

In unseren Geschichtsbüchern wird sie weiterhin als „Zeitenwende" von der „Frühen Neuzeit" zur „Neuesten Zeit" markiert. Inzwischen gibt es für eine sogenannte „neueste Zeit" schon mehrere Anwärter auf einen prägnanteren Namen (s. oben).

Allerdings sind die darauffolgenden, ersten vier deutschen Revolutionsversuche aus der demokratisch-republikanischen Sichtweise fast alle gescheitert. Nur die „Wende 1989/90" war uneingeschränkt erfolgreich für Freiheit und Demokratie der Deutschen:

1848, die Paulskirche: Sie wird als „Professorenparlament" teils bewundert, teils geschmäht. Sie ist gestartet als visionärer, deutscher Einheitsversuch zwischen Österreich-Ungarn und dem übrigen Deutschland. Dann ist sie gescheitert durch den (noch) unüberwindbaren Streit und die Todsünden (Hass/Neid) zwischen Fürsten/Adligen und Volk, beziehungsweise zwischen dem preußisch-österreichischen Dualismus und einer Volksdemokratie.

1918, Novemberrevolution: Begonnen als Flottenrevolution in Kiel und Wilhelmshaven, dann im Bürgertum ungeliebte, verhasste Räterevolution der Matrosen und Arbeiter, übergegangen in zeitweiligen Bürgerkrieg zwischen Soldaten- und Arbeiterräten mit schwachen sozialdemokratischen Regierungen und Kanzlern und schließlich zerrissen von Reaktionären (Freikorps und deutschnationalistischen Parteien) durch die „Dolchstoßlegende" und schlussendlich durch den Nationalsozialismus/Faschismus. Insgesamt also: eine steckengebliebene „Illusion" einer Revolution durch das Volk.

1933, „Machtergreifung", „Braune Revolution": Eigentlich nur ein „Putsch" von einer Hitlerbewegung („Adolf Nazi") und keine Revolution vom und durch das deutsche Volk, gegen die demokratischen, verfassungsgemäßen Interessen des Volkes; ermöglicht nur durch eine schwache und zerstrittene Schlussregierung der „Weimarer Republik"; mehr Hitler-NSDAP-Putsch als „Revolution"; erfolgreich mehr oder weniger zufällig durch eine eklektizistische (zusammengesuchte), „arisch-germanische Ideologie", die nur aus „Antis" bestand: Antijudentum, Antidemokratie, Anti-Versailler-Friedensvertrag, Antiniederlage im 1. Weltkrieg, Antikommunismus, Antisozialdemokratie, Antivölkerbund, Antifriedenspolitik usw. Insgesamt also: nur eine Umkehrung – ja: Negierung – der Ideen von 1776, 1789 und 1848 – und damit ist die „braune Revolution" (euphemistisches, oberflächliches Naziwort) nur der absolute Tiefpunkt des deutschen Sonderweges. Manche Historiker/Innen sprechen heute von dem „Krebsschaden der deutschen Geschichte" mit dem größten Verbrechen der Menschheitsgeschichte, nämlich dem „einmaligen" Holocaust.

1968, Studentenbewegung: Beginn: Berechtigte Empörung der Studenten über die langsame und verspätete Aufarbeitung der Nazigräuel erst in den Ausschwitzprozessen. Verbindungen von Ministern der Adenauerregierung in die NS-Zeit. Im Kern auch eine soziale Lebensstilrevolution (Frauenemanzipation, sexuelle Freiheiten; die „Pille"; Unterrichtsstil in Gymnasien und Universitäten, „Unter den Talaren – Muff von 1000 Jahren"); Protest gegen patriarchalische Familienverhältnisse; Widerstand gegen eine verkrustete Beamtenobrigkeit und Bildungsnachteile für Arbeiterkinder. Von der Uni Berkeley (Kalifornien, USA) übernommene Antivietnam-Kriegsdemonstrationen (Rudi Dutschke in Westberlin). Zum Teil Missbrauch in Westdeutschland als Antiamerikanismus.

1989, „Die Wende": Das ist dann eine echte Vereinigungsrevolution, die vom deutschen Volk im Osten ausging und letztendlich durch den Sturz der Mauer in Berlin auch erfolgreich war (fast vergleichbar mit dem Sturm auf die Bastille in Paris 1789). Damit hatten die Westdeutschen gar nicht mehr gerechnet. Diese Wende geschah ohne Blutvergießen (anders als in Paris 1789) – was wohl historisch einmalig für eine „Revolution" ist – und sie ist auch vor allem dem einheitlichen Willen und Handeln der deutschen Frauen und Männer in der DDR zu verdanken. Abzulesen bei der ersten freien Wahl am 18. März 1990: „Wir sind ein Volk." So ein kraftvolles, entschlossenes (Teil-)Volk der Deutschen hatte es niemals zuvor gegeben. Weder bei der Paulskirche noch bei der Novemberrevolution.

1953, Blick zurück: Vergessen sollte man dabei nicht, dass dieses deutsche Teilvolk schon beim **Aufstand in der DDR am 17. Juni 1953 gegen die Einparteiendiktatur der SED** einen ersten, noch gescheiterten Versuch für die Rückkehr zur Demokratie gemacht hatte. An dem damaligen Kalten Krieg zwischen West und Ost und dem Einsatz von Sowjet-Panzern unter den Linden und am Alexanderplatz in Ostberlin ist der Versuch leider gewaltsam und blutig gescheitert.

***

Eine aktuelle und treffende Zusammenfassung haben wir wiederum H. A. Winkler (in der ZEIT vom 14. Sept. 2023, S. 17) zu verdanken:

„Seit der Wiedervereinigung sind die beiden großen Ziele der Revolution von 1848, Freiheit und Einheit, in ganz Deutschland verwirklicht. Möglich wurde diese Lösung der historischen deutschen Frage nicht nur, weil die weltpolitischen Bedingungen 1990 radikal andere waren als 1848. Es kam hinzu, dass die Deutschen nach 1945 begonnen hatten, selbstkritisch mit ihrer widerspruchsvollen Geschichte umzugehen und Folgerungen aus ihr zu ziehen. Abgeschlossen ist dieser Lernprozess noch längst nicht: Auch 175 Jahre nach der ersten deutschen Revolution bleibt die Verteidigung und Weiterentwicklung der liberalen Demokratie eine tagtägliche Aufgabe."

***

Wenden wir uns nun also einem nicht mehr ganz so komplexen Thema zu, das aber auch noch das widerspruchsvolle 19. Jahrhundert betrifft: Leben, Wirken und Nachruhm des Weltbürgers **Alexander von Humboldts** und sein unsterblicher **„Kosmos":**

9. Alexander v. Humboldt: „Kosmos" und Weltbürgertum im 19. Jhd.

Humboldt a) Porträt
bing.com.images – Wikipedia

Alexander von Humboldt (als junger Mann) auf Weltreisen

Alexander von Humboldt lebte von 1769 bis 1859. Er wurde geboren in Berlin und starb auch in hohem Alter dort, nachdem er in seinem Leben der wohl größte Weltreisende des 19. Jhd. gewesen ist. Er stammte aus einer alten, adligen, preußischen Familie in Tegel am nordwestlichen Rande der Stadt. Er hätte also ein recht bequemes, finanziell abgesichertes Leben im niederen Adel in der preußischen Hauptstadt führen können und die Stadt kaum jemals verlassen müssen. Es kam aber ganz anders. Er wurde 90 Jahre alt und verbrachte etwa die Hälfte seiner Jahre überall anderswo in der Welt; und zwar auf seinen Naturforschungsreisen, durch die er ein ganz neues Bild des Globus in seinem Gesamtwerk „Kosmos" beschrieben und für die Nachwelt erst geschaffen hat. Dieses Beschreiben und das Zeichnen und Nachdenken über seine Tagebuchnotizen erledigte er zum größten Teil dann aber wieder in Berlin, vorher hatte er auch lange Zeit in Paris verbracht. Im Werk „Kosmos" ist er ein moderner Weltbürger, in seinem privaten, kinder- und ehelosen Leben blieb er ein zeitgenössischer, aber niemals ein engstirniger Deutscher und Preuße.

Auf seinen Forschungsweltreisen geriet er unzählige Male in Lebensgefahr. Und das nicht nur durch Krieg oder Gewalt, wie häufig bei vielen Menschen in dieser Zeit, sondern weil er ein besessener und begnadeter Naturforscher war. Er schreckte nicht vor Schneestürmen, Hitze oder Kälte, Fahrten auf Flüssen und Meeren, durch Stromschnellen, vor langen Expeditionen durch Sümpfe oder Wüsten zurück. Auch das erstmalige Besteigen von über 6000 Metern hohen Gebirgen in den Anden hielt ihn nicht zurück. Alle seine gewagten Reisen und Unternehmungen galten nicht der sportlichen oder touristischen Neugier und Lust – die gab es damals noch kaum –, sondern stets seiner lebenslangen Suche nach Wirklichkeit und Wahrheit in der Natur und ihren Gesetzen. Humboldt wurde schon als junger Forscher bekannt und war hoch angesehen, ja, bewundert. Und heute gilt er – vielleicht neben ihm nur noch Charles Darwin aus England – als der beste und berühmteste Naturforscher seiner Epoche.

Im Jahre 2019 wurde nicht nur in Deutschland sein 250. Geburtstag gefeiert, sondern in vielen anderen Teilen der Welt, besonders in Nord- und Südamerika, in Russland, Sibirien und in Asien, wo er weite Räume für die dort lebenden Menschen erforschte und zu deren eigenem Nutzen erschloss.

Die ersten zwei Drittel seines Lebens widmete er seinen Weltreisen. Das letzte Drittel blieb er meist zu Hause in Berlin in der Oranienburger Straße und arbeitete an seinem **KOSMOS**, welches er zu dem „Werk meines Lebens" erklärte. Oder er lehrte noch als Professor und begehrter Vortragsredner an verschiedenen Universitäten in Berlin, Paris und London.

In Berlin wurde 2020/21 ein **„Humboldt Forum"** zu seinen Ehren eröffnet, und zwar als ein großes, modernes Universalmuseum an zentraler Stelle in Berlin-Mitte zwischen Spree, Berliner Dom und der Museumsinsel. Das ist ausgerechnet die historisch bedeutsame und vorbelastete Stelle in Berlin, wo vorher aus der DDR-Zeit noch ein von Asbest verseuchter „Palast der Republik" gestanden hatte. Dieser war nach 1950 erst auf den Kriegsruinen des einstigen Stadtschlosses der preußischen Könige errichtet worden. Inzwischen, um 2000, waren alle preußischen Könige „aus der Zeit gefallen", dazu auch der Palast der DDR-Scheindemokratie. – Aber der Stern von Professor Alexander von Humboldt leuchtete weiter, ja, sogar noch stärker angesichts der drohenden Klimakrise in aller Welt.

Womit hatte Humboldt diese Ehre im 21. Jahrhundert durch das wiedervereinigte Berlin verdient? Nun, er galt schon am Ende seines 90-jährigen Lebens im Jahre 1859 als der berühmteste Universalgelehrte der Welt im 19. Jahrhundert. Und zwar hatte er diesen Ruf vor allem in der „Neuen Welt" in Süd- und Nordamerika erworben. Auch der deutsche Großdichter Goethe, der südamerikanische Politiker und Revolutionär Simón Bolívar und der US-Präsident Thomas Jefferson äußerten übereinstimmend diese Meinung. Und alle drei standen in enger brieflicher und persönlicher Freundschaft zu dem preußischen Naturforscher und Professor aus Berlin, der sie auf seinen Weltreisen besuchte, mit ihnen diskutierte und sich dabei als überzeugter „Weltbürger" erwies. Dabei stand für Humboldt die Natur, also sein großer „Kosmos", im Zentrum auf allen fünf Erdteilen der Erde. Und alle, bis auf die Polregionen und Australien, hat er auch selber bereist.

Und so wie der <u>französische Adlige Alexis de Tocqueville</u> so hat auch der <u>preußische Adlige Alexander von Humboldt</u> weit über seinen eigenen, nationalen und ständischen Tellerrand hinausgeblickt und neue Zeichen der Zukunft in der „Neuen Welt" erkannt und beschrieben. Sie waren beide aufgeklärte Weltbürger mit ihren gleichen Vornamen Alexis und Alexander. Und sie sind beide Vorbilder für eine mögliche französisch-deutsche Annäherung. Auch mit ihren Ansichten über die noch jungen USA; und das in dieser schlimmen Zeit, in welcher die Chauvinisten noch oft auf beiden Seiten des Rheins von einer „Erbfeindschaft" redeten. Einander begegnet sind Alexander und Alexis allerdings wohl nie. Sie hatten beide viel zu viel für sich und ihre jeweiligen Karrieren zu tun.

Als junger Mann ist Humboldt schon im Alter von 33 Jahren auf den Vulkan Chimborazo, den höchsten Berg in den Anden, auf ca. 6500 Metern hinauf bis zum Gipfel geklettert, nur in Begleitung seines treuen, französischen Freundes Aimé Bonpland aus Paris. Mit einem Schlag hatten die beiden damit den Ruhm als die besten Gebirgskletterer der Welt erworben, denn der Chimborazo galt damals sogar noch als der höchste Berg auf der Erde. Die Engländer hatten ja noch nicht im Himalaya den „Mount Everest" und den „Nanga Parbat" entdeckt, bzw. kolonisiert. Noch nie hatte vorher ein Mensch diese Höhe erreicht. Humboldt und Bonpland entdeckten dabei so nebenbei am Chimborazo an ihren eigenen Körpern das Schwinden des Luftsauerstoffs in großer Höhe. Und Humboldt beobachtete und beschrieb auch seine körperlichen Anstrengungen und

Reaktionen, wie er und sein einziger Begleiter noch ohne moderne Schutzkleidung in Eis und Schnee und schwer atmend überleben mussten. Anstelle von Seilen, Sauerstoffflaschen und Steigeisen schleppten Humboldt und Bonpland aber mehrere, wissenschaftliche Instrumente mit nach oben, die sie für ihre Messungen dort benötigten. Dabei untersuchten sie: Temperaturen in verschiedenen Höhen, die Stürme, die Fels- und Gesteinsarten und die wenigen Pflanzen in der eisigen Höhe. Sie waren nie auf neue Rekorde aus. Nur das Entdecken neuer Welten im Kosmos war ihr Ziel.

Humboldt war ein Universalnaturforscher. Und dabei war er gleichzeitig ein Reiseschriftsteller, Dichter, Mal- und Zeichenkünstler. In seinem Jahrhundertwerk „Kosmos" finden wir unzählige, exakte Darstellungen von Tieren, Vögeln, Fischen, Malereien von neu entdeckten Landschaften in aller Welt, Skizzen für Landkarten, Zahlenreihen von Temperaturschwankungen über Wochen und Monate, Höhenvergleiche mit verschiedenen Vegetationen, Statistiken über Regenfälle im Amazonasgebiet oder die Hitze in verschiedenen Wüstengebieten.

In den Jahren zwischen 1845 und 1862 erschien dann **KOSMOS „Entwurf einer physischen Weltbeschreibung"** bei Perthes in Gotha (neu herausgegeben im Eichborn Verlag 2004 in der „Anderen Bibliothek"). Darin sind erstaunliche Seiten aus den Protokollen von Humboldts Reisen enthalten, in welchen die **„Luftströmungen" und thermische Zustände in Nord- und Südamerika** für die damalige Zeit zum ersten Mal dokumentiert wurden. Sie wurden dann gezeichnet von dem Geografen und Kartografen Heinrich Berghaus. Und zusammen mit Carl Ritter und unter Mitwirkung von Alexander von Humboldt gründete Heinrich Berghaus im Jahre 1828 DIE GESELLSCHAFT FÜR ERDKUNDE. Der Briefwechsel zwischen Berghaus und Humboldt aus den Jahren 1825 bis 1858 erschien 1869 in Jena.

***

Das notwendige Geld für die monate- und jahrelangen Reisen entnahm Humboldt aus dem Erbe seiner früh verstorbenen Eltern aus Tegel. Aber er musste dieses Erbe auch mit seinem zwei Jahre älteren Bruder **Wilhelm von Humboldt (1767 bis 1835)** teilen, der allerdings längst nicht so alt wurde wie Alexander. Bruder Wilhelm blieb auch ständig brav in Tegel und Berlin. Und dessen Kritik an seiner Lebensführung musste sich Alexander, der unruhige, „sportliche" Weltenbummler, häufig gefallen lassen. Der Familienvater Wilhelm dagegen machte auch eine bedeutende Karriere im heimischen Berlin. Er war Schriftsteller und Staatsmann im Dienst des Königs von Preußen Friedrich Wilhelm III. Unter dem großen Einfluss der preußischen Reformer vom Stein, Hardenberg, Gneisenau und Scharnhorst (s. 6. Kap.) lehrte Professor Wilhelm von Humboldt an der Universität in Berlin und entwickelte dort eine Bildungsreform. Er gilt heute als der Begründer des modernen, deutschen Gymnasiums im Geiste des Neuhumanismus. Darin war er dann auch wieder durchaus einig mit seinem jüngeren Bruder Alexander, falls der mal wieder in Berlin anwesend war.

Auch sorgte Bruder Wilhelm beim preußischen König Friedrich Wilhelm III. dafür, dass sein Bruder Alexander für seine immer teurer werdenden Entdeckungsreisen auch staatliche Unterstützung aus der Berliner Finanzkasse erhielt, besonders für seine Reise durch Russland und Sibirien ab 1829. Das kam ja schließlich auch beiden Brüdern zugute; der Ruf von beiden Professoren nahm auf ihren unterschiedlichen Arbeitsfeldern in den Wissenschaften ständig zu: Für Wilhelm in Berlin und in seiner preußischen Heimat und für Alexander in Deutschland, Europa und in der ganzen Welt.

***

Auf diesen Weltreisen, über die sein älterer Bruder allerdings nur den Kopf schütteln konnte, erkundete der noch junge Alexander von Humboldt in den Jahren von 1799 bis 1804 – von La Coruna in Spanien aus über Teneriffa und Cumana an der Küste von Venezuela entlang – auch die Insel Kuba mit Havanna. Von dort wandte er sich nach Norden in die USA, besuchte Washington und Philadelphia und traf **Präsident Thomas Jefferson** persönlich. Im Jahre 1800 reiste er zurück nach Venezuela und wandte sich später den Gebirgsketten der Anden bis nach Lima in Peru zu, wobei er auch den Chimborazo in der Nähe von Quito erstieg. Auf der Rückreise nach Bordeaux in Frankreich erkundete er weiter Mittelamerika mit der Hauptstadt Mexico City und einige Aztekenruinen. Den Amazonas und den südamerikanischen Regenwald berührte er vorher nur am Rande, und zwar von Venezuela und Peru aus.

Im Jahre 1829, also viele Jahre später, als schon fast 60-jähriger Mann, erlaubte ihm der russische Zar Alexander I., noch eine sensationelle, lange Rundreise durch das Baltikum und Russland bis hin nach Sibirien. Strapaziöse Kutschfahrten mit Begleitung von Kosakenreitern führten ihn von Berlin aus über Königsberg und Riga nach Sankt Petersburg, Moskau, Nischni Nowgorod, Jekaterinburg, Tobolsk, Barnaul bis nach Baty und von dort am Fluss Irtysh entlang zurück nach Moskau über Omsk, Miass und Orenburg. Dabei unternahm er auch noch einen großen Abstecher bis Astrachan am Kaspischen Meer.

Große Teile von Südamerika, Mexiko und dann auch Russland und Sibirien bereiste Humboldt nur mit den damals möglichen Mitteln, also mit Pferd und Wagen, selten mit Postkutschen und angehängten Lastenkarren. Auf manchen wilden Flüssen und großen, noch kaum erkundeten, stürmischen Seen und Binnenmeeren musste er sich den Erfahrungen von heimischen Bootsführern anvertrauen. Auf die großen Ozeane Atlantik und Pazifik hat sich Humboldt aber selten getraut, außer bei möglichst raschen Überfahrten. Die Meere waren ihm als Berliner wohl eher langweilig oder unheimlich, und für Fische, Wale usw. hat er sich nicht so interessiert wie für die reichhaltigen Vegetationen und geologischen Gestaltungen der Kontinente. Für die Ozeane war in dieser Zeit der Brite **Charles Darwin** (1809–1882) als großer Entdecker der Theorie der Evolution eher zuständig. Mit ihm hat Humboldt auch viel korrespondiert.

Und er hat sich auch mit den großen Meeresströmungen (von Land aus) beschäftigt und dabei sogar den „El Nino" (spanisch „der Junge, das Kind") als zyklisch auftretende, größte und wichtigste Strömung im Pazifik erkannt und beschrieben. El Nino und der tropische Regenwald beherrschen nach heutigen, wissenschaftlichen Erkenntnissen das Klima in Südamerika, wenn nicht gar auf dem ganzen Globus.

Zuhause in Berlin arbeitete Humboldt sich dann immer tiefer in die schriftliche Auswertung seines „Kosmos" hinein, besonders als er dann in der zweiten Hälfte seines langen Lebens nicht mehr jung und kräftig genug war für monatelange Märsche, Bootsfahrten, Ritte und Bergklettereien in immer neue, von Europa aus noch unbekannte Gebiete der Erde. Immerhin drang er aber auch noch in seinen mittleren Lebensjahren bis nach Zentralasien und nach Sibirien vor, das damals noch fast völlig menschenleer war.

Er begann auch, immer mehr Bücher und Schriften zu veröffentlichen und in verschiedenen Universitäten und Naturgesellschaften Vorträge zu halten. An der Berliner Universität galt er bald als rednerischer und wissenschaftlicher Star, der seinen älteren Bruder dort nun allerdings neidisch werden ließ. Als Dozent und Professor redete er auch in Paris und London und damit begrüßte er er ebenso in Deutschland quasi nebenbei mehrere neue, auf naturwissenschaftlichen Erkenntnissen beruhende Wissenschaften: **die Geologie, Botanik, Anthropologie, Landvermessung, Völkerkunde und auch eine Vorform der heutigen „Ökologie" als der Wissenschaft zum Schutz der Natur;** Humboldt war damit einer der Ersten, der besonders vor negativen Eingriffen durch den Menschen warnte, also vor Gefahren durch den sogenannten, alles beherrschenden „Homo sapiens" selbst. Dabei kristallisierte sich in seinem „Kosmos" auch immer deutlicher der Kerngedanke heraus, dass es einen großen **Zusammenhang aller naturgesetzlichen Erscheinungen** und allen Lebens auf dem Globus gebe; dass man also Länder und Meere, Kontinente mit unterschiedlichen

Klimazonen und alle Ozeane, Meeresströmungen, Stürme, die beiden Polregionen, Wüsten, Gebirge, Moore, usw. niemals nur isoliert betrachten dürfe, sondern immer in ihren ständigen zeitlichen, geologischen und meteorologischen Wechselverhältnissen zueinander.

Mit dieser revolutionären, wissenschaftlichen Denkweise brachte er sogar die Vulkantätigkeit auf allen Kontinenten, die Plattenverschiebungen bei Erdbeben in der Erdkruste oder auch gewaltige Hurrikane, Meeresströmungen, Regenzeiten, Hitzeperioden, Wüsten und Trockengebiete und alle Varianten von Vegetationen auf dem Globus miteinander in Verbindung. Er forschte dabei intensiv nach ihren Ähnlichkeiten oder Unterschieden. Dabei stellte er immer wieder Zusammenhänge, Austausch und Überschneidungen fest und gerade das sind heutzutage ja die erweiterten Naturgesetze, die angesichts der drohenden Klimaveränderungen, ja, der industriellen Umweltkatastrophe nur noch von Tausenden von Spezialwissenschaftlern/Innen heute in allen Ländern der UNO untersucht und weiter erforscht werden können Für den heutigen Einsatz für eine gesunde Umwelt und **nachhaltige Ökologie** bleibt Humboldt damit ein geistiger Vater und Vorkämpfer.

Konkret heißt das wohl: Was Alexander von Humboldt und natürlich auch Charles Darwin schon vor 200 Jahren erst beginnen und anstoßen konnten – und damit allen ihren Zeitgenossen weit voraus waren –, alles das muss heute möglicherweise zur Rettung des Globus unter Aufwendung von großen Anstrengungen verschiedener Wissenschaftler im Weltklimarat der UN und von allen Regierungen der Welt weiter betrieben werden. Sonst sind bald alle Pole und Gletscher abgeschmolzen, der Regenwald des Amazonas abgebrannt und riesige Küstengebiete werden in den Ozeanen verschwinden.

Übrigens: In vielen Ländern der Welt, die Alexander von Humboldt jahrelang bereiste und erforschte, besonders in Südamerika und Mexiko, gilt er heute als Nationalheld und weltbürgerlicher

Forscher, aber gar nicht so sehr als Deutscher oder Preuße. In diesem Sinne ist er dort, wo an vielen Stellen Denkmäler von ihm aufgestellt worden sind, ein Teil der regionalen Identität und einer dankbaren, auch örtlichen Geschichtsschreibung. Besonders auffällig ist das, wenn man sich die Freundschaft, oder besser gesagt, die unterschiedlichen Annäherungen ansieht zwischen dem deutschen Weltenbummler Humboldt und zwei der vielleicht bedeutendsten, politischen Zeitgenossen in Nord- in Südamerika. Das waren der amerikanische Mitbegründer der US-Liberty und Präsident Thomas Jefferson (1743–1826) und der venezolanische (neugranadische) Freiheitsheld Simón Bolívar (1783–1830).

Bolivar war der Jüngere, Jefferson der 30 Jahre Ältere. Beide starben aber nur im Abstand von vier Jahren. Humboldt war immerhin noch 16 Jahre jünger als der Gründervater der amerikanischen Unabhängigkeitserklärung Jefferson, aber sogar schon 14 Jahre älter als der südamerikanische Befreier von der spanischen Kolonialherrschaft. Zu beiden wichtigen Politikern der damaligen Gegenwart in Nord- und Südamerika hatte Humboldt jeweils ein persönliches Verhältnis, welches zwischen Bewunderung und Distanz schwankte. Beide lernte er schon am Beginn des 19. Jahrhunderts kennen, also schon am Anfang seiner eigenen Erkundung der Welt. Und er blieb mit ihnen in persönlicher oder brieflicher Verbindung bis zu deren Tode 1826 bzw. 1830. Humboldt selbst lebte ja – vielleicht auch auf der Grundlage seiner Reisesportlichkeit und Ausdauer in seiner Jugend – noch weit länger bis in die zweite Hälfte des Jahrhunderts.

***

Zunächst zu dem älteren **Thomas Jefferson**: Er gilt auch heute noch – sowohl im nordamerikanischen Selbstverständnis als auch aus der europäischen Perspektive – als einer der Gründungsväter der USA.

Thomas Jefferson (1743–1826) – Präsident 1801-09

Thomas Jefferson stellte am Anfang für die Amerikaner einen ganz neuen Typus des vom Volke gewählten Präsidenten vor. Nach dem ersten Präsidenten George Washington zwischen 1789 bis 1797 war Jefferson ein mehr oder weniger einfacher Farmer aus dem Volke gewesen, der aber gleichzeitig Gelehrter war und viel weniger General und Feldherr wie Washington darstellte. Nach einer Zwischenzeit als Vizepräsident wurde er 1801 der dritte US-Präsident. Humboldt hatte in Berlin schon viel von ihm gehört und gelesen und brannte darauf, ihn auf seiner Reise in Nordamerika kennenzulernen. Jeffersons Bibliothek war schon zu Humboldts Zeit in Berlin bekannt als eine Sammlung von Büchern über viele verschiedenen Wissenschaften wie Mathematik, Meteorologie und Geografie, was ja auch besonders Humboldt faszinierte. In der Hauptstadt Philadelphia von Virginia trafen der Präsident und der wesentlich jüngere Humboldt zum ersten Mal zusammen. Sie sollen sich sogleich sehr sympathisch gewesen sein und begannen Gespräche, die sich oft stundenlang ausdehnten und über Wochen wiederholten. Der junge und sprachbegabte Gast aus Europa und Preußen, der schon über einen langen Umweg von Venezuela, Kuba und Mexiko zum ersten Mal in die USA eingereist war, konnte seinen Zuhörern – Präsident, Minister-Staatssekretären, Gelehrten und auch vornehmen Damen der Gesellschaft – sehr viel erzählen. Er berichtete nicht nur über die zerfahrene Situation im fernen Europa (Nachwirkungen der Frz. Revolution, Aufstieg eines gewissen Napoleon Bonaparte), sondern auch über die großen und revolutionären Umbrüche im nahen Mexiko und in Venezuela, damals noch „Neugranada" genannt. Dort vollzog sich nämlich gerade – natürlich auch unter dem Vorbild der USA und Frankreichs – ein Befreiungskampf von der 300-jährigen Kolonialherrschaft der Spanier. Das interessierte Thomas Jefferson und seine Regierungsmitglieder ebenso wie die Amerikaner insgesamt in dieser Zeit natürlich viel intensiver als die Probleme des zögerlichen, neuen Königs Friedrich Wilhelms III. in Preußen im Kampf gegen Napoleon und Frankreich.

Aber gleichzeitig soll Jefferson auch begeistert gewesen sein von dem großen Interesse Humboldts und dessen Sympathie für die neue Demokratie in den jungen „Vereinigten Staaten von Amerika". Dass Humboldt gerne, auch öffentlich redete bzw. dozierte und dabei die Sprachen Deutsch, Englisch, Französisch und Spanisch problemlos und durchaus verständlich miteinander vermischte, erhöhte noch die positive Wirkung auf die gebildeten Zuhörer/innen in Virginia. Humboldt bestätigte den Amerikanern gerne – ja, mit Überzeugung – dass die USA sich auf eine „Vervollkommnung" der Gesellschaft zubewegten, während Europa noch immer fest im Griff von „Monarchie und Despotismus" sei. (Brief an James Madison vom 21. Juni 1804.) Dabei hatte er sicherlich sowohl an die alten Monarchien in Preußen und Österreich als auch an den heraufziehenden Despotismus von „Kaiser" Napoleon gedacht.

Humboldt machte auch deutlich, dass er den Kolonialismus der Spanier und ihre Gier nach Gold, bemäntelt durch christliche Missionierung in Mexiko und Südamerika, als den Grund für die jahrhundertelange Ausbeutung der dortigen Urbevölkerung ansah. Er wies auch schon auf den Zusammenhang von Kolonialismus und Natur- und Umweltzerstörung hin. Er diskutierte in den USA über die Rolle des Menschen, über Landverteilung, Monokulturen und ungerechte Arbeitsbedingungen, besonders für die indigene Bevölkerung.

Dabei konnte er schließlich auch nicht die Frage der Beschäftigung von „eingeführten" Sklaven aus Afrika in die Südstaaten der USA ausklammern. Jefferson versuchte damit zu argumentieren, dass die nordamerikanischen Anbaubedingungen im Süden bei Baumwolle, Indigo und Kaffee nicht ideal wären, aber dass sie wesentlich besser und humaner und geregelter seien als bei den Spaniern. Jefferson selbst musste, wie er betonte, aus wirtschaftlichen und arbeitsrechtlichen Gründen auf seinen Farmen auch „Sklaven" beschäftigen, nach seiner Meinung aber bei guten Bedingungen. Er habe auch schon einen Teil davon in eine neue Form der kleinbäuerlichen Produktion entlassen. Das überzeugte Humboldt nicht vollständig, er beharrte darauf, dass Sklaverei per se Unfreiheit und Unrecht bedeutete. (Siehe: Wulf, Andrea, Alexander von Humboldt, Penguin Verlag, C. Bertelsmann München, 7. Aufl., 2015, in den Kap. 8, 12, 17 u. 23).

Über diesen kritischen Punkt konnten Humboldt und Jefferson nicht auf eine Linie kommen – trotz aller Einigkeit bei den Hauptpunkten der philosophischen und politischen Errungenschaften der Aufklärung seit Locke und Montesquieu. Die Zeit war auch in den USA eben noch nicht so weit fortgeschritten, dass Gerechtigkeit und Freiheit <u>für alle Menschen</u>, nämlich die weißen und die farbigen, galten.

Gesamtüberblick zu den amerikanischen Forschungsreise von Alexander von Humboldt in den Jahren 1799 bis 1804:

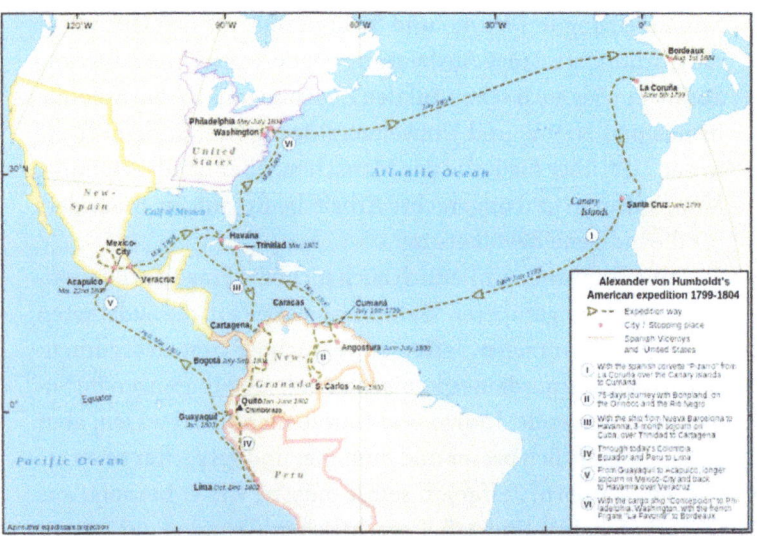

(File: Map, Alexander von Humboldt expedition – esc.svg – public domain, Wikipedia)

Weltreisen von Humboldt, Karte
Map, Alexander von Humboldt expedition – esc.svg –
public domain, free)

Erst im Juni/Juli 1804 verließ Alexander von Humboldt wieder die USA – die ihn trotz alledem faszinierten. Er segelte ausgerechnet an Bord einer französischen Fregatte mit Namen „Favorite" zurück. Er führte auf dem Schiff unzählige Koffer, Kisten und Kasten mit sich, angefüllt mit seinen Sammlungen von Stein-, Boden- und Pflanzenproben aus seinen Expeditionen; dazu die vielen Notizbücher, Skizzen von Flussverläufen, Bergketten, Pflanzen, Vögeln und Landschaften; Statistiken über seine astronomischen, geologischen, meteorologischen Beobachtungen und die jahrelang geführten Tagebuchaufzeichnungen. In Paris angekommen, wurde ihm dort ein triumphaler Empfang bereitet, denn sein bedeutender Ruf aus fünf Jahren Naturerforschung in Nord- und Südamerika war schon längst bis nach Europa gedrungen.

Er war jetzt erst 35 Jahre alt und ahnte aber wohl schon, dass er noch Jahrzehnte brauchen würde, um alle seine Schätze auszuwerten und zu beschreiben und vielleicht in ein ganz neues Modell der Natur zu gießen. Das sollte dann später den Namen KOSMOS tragen.

***

Und nun zu dem Jüngeren, **Simón Bolívar (1783–1830):** Dieser war anfangs der bewunderte, südamerikanische Befreier von der jahrhundertelangen, spanischen Kolonialherrschaft; und später dann aber, als das gelungen war, galt er vielfach als ein diktatorischer Politiker, sogar auch in der persönlichen Meinung von Humboldt. In Südamerika hat man darauf heute wohl einen anderen, milderen Blick, denn dort wird er bis heute hauptsächlich für seine jungen Jahre als Freiheitsheld verehrt. Der Staat „Bolivien" ist deshalb weiterhin stolz auf seinen Namen.

Bolívar und Humboldt trafen zum ersten Mal 1804 in Paris zusammen, als der Deutsche gerade aus Amerika zurückkam. Bolívar war erst 21 Jahre alt. Er stammte aus einer vornehmen, kreolischen Familie in Caracas. Er hatte auch schon aus der Ferne die Reisen von Humboldt bewundert und suchte sofort seine

Bekanntschaft. Er war begeistert davon, welches Wissen und welche Sympathie der preußische Gelehrte und Weltreisende über und für seine südamerikanische Heimat besaß und verbreitete.

Sie sprachen beide viel über Politik und Gesellschaft miteinander, sowohl über die Lage in Europa wie auch in Amerika. Humboldt war ja schon nach seinen nordamerikanischen Erfahrungen voller Bewunderung für die USA. Es gelang ihm auch, Bolívar für die Notwendigkeit der Sklavenbefreiung und damit auch für mehr Freiheiten, ja Selbstständigkeiten der indigenen Urbevölkerung in Südamerika zu interessieren. Darunter hatte der junge Adlige aus Südamerika eigentlich selbst bisher noch nicht direkt gelitten. Seine Eltern besaßen eine große Plantage in Venezuela, auf der auch viele Indios praktisch als Sklaven gehalten wurden. Nun begann Bolívar, unter Humboldts Einfluss, dies auch als ein humanes und politisches Problem anzusehen. 1807 trat er dem Bund der Freimaurer in Frankreich bei und kehrte 1809 nach Neugranada (dem späteren Venezuela) zurück. Beim Abschied in Paris war die anfängliche Freundschaft zwischen Humboldt und Bolívar aber schon erkaltet: Der Gelehrte soll den jugendlichen Freiheitsschwärmer aus Südamerika für einen „Träumer mit blühender Fantasie" gehalten haben (Brief von Humboldt an O'Leary 1853. Siehe, Andrea Wulf, a.a.O).

Inzwischen war auch Humboldt weitergereist und nach Berlin zurückgekehrt. Dort wollte er den Wirren der Napoleonischen Kriege ausweichen und sie überstehen. Die größten Schlachten und Siege von Napoleon 1805 bei Austerlitz und 1806 bei Jena und Auerstedt standen kurz bevor und führten zu dem Ende des „Heiligen Römischen Reiches Deutscher Nation" und dem Tiefpunkt des preußischen Königreiches, sogar mit zeitweiliger Besetzung Berlins und dem für alle Preußen, auch die Brüder Humboldts, demütigenden Ritt von Kaiser Napoleon durch das Brandenburger Tor.

In Südamerika beteiligte sich Bolívar in den Jahren 1810 bis 1814 an einem verlustreichen und wechselhaften Befreiungskrieg von der spanischen Kolonialherrschaft teils als Diplomat, teils als Heerführer an der Spitze von anderen Freiheitskämpfern. Am 6. Sept. 1813 gelang ihm und seinen Anhängern die Eroberung von Caracas, wo er zum „El Libertador" (Der Befreier) der Venezolanischen Republik ausgerufen wurde. 1814 befreite er mit kolumbianischen Kämpfern die Hauptstadt Bogotá von der spanischen Herrschaft. Dafür wird er bis heute als Gründer des Staates Kolumbien gefeiert. Nach einem kurzzeitigen Exil in Jamaica kämpfte er weiter in verschiedenen Freiheitsbewegungen gegen die Spanier. Dabei wurden nacheinander – auch erst nach Rückschlägen – die Unabhängigkeiten von Venezuela, Großkolumbien, Panama, Peru, Ecuador und Bolivien gesichert.

Bei der Befreiung von Peru und Befriedung von Großkolumbien verstrickte sich Bolívar jedoch in Streitigkeiten mit regionalen Interessen und Politikern und verlor seine bis dahin strikt republikanische Linie nach altrömischem Vorbild. Er arbeitete noch eine Verfassung aus, die aber nicht allgemein anerkannt wurde. Schließlich flüchtete sich Bolívar in eine Art Putsch, durch den er sich zum Präsidenten auf Lebenszeit ernennen wollte. Dann rief er sich im August 1828 selbst zum „Diktator" aus. Das tat er wohl in Überschätzung seiner eigenen Rolle und seiner Schwärmerei – wie Humboldt es schon viel früher genannt hatte – für die römische, republikanische Senats- und Konsul-Verfassung, in der es ja die Möglichkeit einer „begrenzten Diktatur" für einen Konsul in Notzeiten gab. Aber Bolívar überschätzte allerdings die Möglichkeit der Übertragung eines solchen altrömischen Modells auf die Gegenwart.

Der Widerstand dagegen führte zu einem Attentat im September 1828 auf ihn, das er nur knapp überlebte. Weitere Kämpfe zwischen seinen Anhängern und Gegnern folgten.

Zu diesem Zeitpunkt war Simón Bolívar wohl schon schwer lungenkrank. Er zog sich am 27. April 1830 von all seinen Ämtern und Aktivitäten zurück und starb am 17. Dezember 1830 in Santa Marta, Kolumbien. Möglicherweise führte auch eine Arsenvergiftung zu seinem Tod. Das ist aber nie genau geklärt worden.

Bald nach seinem Tod begann die bis heute anhaltende, weitgehend kritiklose Verehrung von Simón Bolívar als Freiheitsheld in Südamerika. Sein Lebensziel, nämlich die Großrepublik Kolumbien nach altrömischem Vorbild und vielleicht sogar als Alternative oder Ergänzung zu den USA in Nordamerika, zerrann jedoch schon bald durch die Aufteilung der Staaten Ecuador, Venezuela und Kolumbien. Damit hatte Bolívars Fernziel, nämlich einen südamerikanischen Panamerikanismus als großen Bundesstaat – in Unabhängigkeit von Europa und den USA – zu gründen, keine Chance mehr.

Simón Bolívar hat aber doch in seinen Schriften die Gedanken und Naturvorstellungen von Alexander von Humboldt, die er schon Anfang des Jahrhunderts in Paris kennengelernt hatte, anerkannt und zum Teil übernommen. Humboldt hat in 90 Jahren Lebenszeit, die ihm vergönnt waren, ruhig und wissenschaftlich arbeitend sein Lebensziel – nämlich den KOSMOS – aufgebaut und als Gelehrter beschrieben. Bolívar dagegen hat in nur 47 Lebensjahren sein Lebensziel, nämlich einen südamerikanischen Republikanismus in harmonischer Verbindung vom antiken Römertum mit neuzeitlicher Philosophie der Aufklärung, nicht verwirklichen können. Der Politiker Bolívar hatte eben auch in seinem kürzeren Leben erheblich mehr politische Widerstände und Kämpfe zu bestehen als der Wissenschaftler Humboldt.

Beide jedoch – der preußische Gelehrte Humboldt und der kreolische Freiheitskämpfer Bolívar – sind und bleiben in Süd- und Mittelamerika bis heute zwei große, verehrte Helden des 19. Jahrhunderts.

***

10. Der Sezessionskrieg (USA) und der Imperialismus Europas

Als Alexander von Humboldt 1859 starb – hochbetagt und hochgeehrt – da waren noch längst nicht alle Probleme aus seinen Lebenszeiten und noch weniger diejenigen von Jefferson und Bolívar gelöst. Die meisten davon begannen erst, sich auf ihren Kulminationspunkt hin zu bewegen.

In unseren Geschichtsbüchern wird der Beginn der **Industriellen Revolution** mit dem Jahre 1770 mit der Erfindung der Dampfmaschine in England angesetzt, also innerhalb der zwei Jahrzehnte, in denen die USA entstanden sind und die Französische Revolution ausbrach. Alle drei Ereignisse innerhalb dieser 19 Jahre bis 1789, markieren auch eigentlich schon das Ende der Neuzeit. Denn im 19. Jahrhundert ging es dann rasant und von den meisten Zeitgenossen wieder unerwartet und vielfach schlechter weiter (wie nach 1492 im Zeitalter der Entdeckungen, (vgl. Kap. 1).

Zum Beispiel: Die erste Eisenbahn 1821, wieder auf der dafür viel zu kleinen Insel Großbritannien; die erste Eisenbahn in Deutschland 1835 (nachgezuckelt ... und mit „deutschen Angstgegnern" wegen angeblicher Gehirnschäden); die Erfindung der Glühlampe durch Edison in den USA 1879 (... Aha! Europäer! Aufpassen! Die „Amis" haben schon Elektrizität! und wir ...?); und 1886 (endlich!) mit dem ersten Auto von Daimler/Benz in Deutschland (bei den Schwaben, wo denn sonst!).

Inzwischen ist ja das Auto zusammen mit dem Flugzeug und den Kreuzfahrtriesen zu den schlimmsten Umwelt- und Klimasündern erkoren worden. Also kann man sagen: Der „Schock" über die Neuerungen ist im 19./20. Jahrhundert erst viel später gekommen als im 16./17. Jhd. nach der Entdeckung „Amerikas".

Zur gleichen Zeit hatten sich aber einige Folgen der Industriellen Revolution schon längst sichtbar gemacht und angemeldet:

Verstädterung, Landflucht, Entstehung von Großunternehmen, Krupp, Borsig, AEG, Aktiengesellschaften, Rückgang von Handwerk und Bauerntum, Entstehung eines Industrieproletariats, Großbanken; kurz: der „Raubtier-Kapitalismus" mit seiner Konfrontation bzw. dem Klassenkampf, von Bürgertum/Unternehmer gegen das besitzlose Arbeitsproletariat; bei gleichzeitigem Rückgang des Feudalismus und der alten Standesherrschaft und Eigentumsmacht des Adels.

Daraus entstand die Soziale Frage, die es vorher in dieser Krassheit (nach Karl Marx: „Klassenkampf") noch nie gegeben hatte. Und es bildete sich ein neuer, der vierte Stand, nämlich mit dem Proletariat ohne Eigentum und nur abhängig von Löhnen. Diese waren am Anfang – besonders im Kohlebergbau in England und bei den Webern und anderen Heimarbeitern in Schlesien und ganz Europa – noch völlig ungeregelt und extrem ungerecht. Erst als der 4. Stand sich in kleinen, meist örtlichen „Gewerkschaften" (deutsches Wort: eher mittelalterlich; englisch genauer: „trade unions") zusammenschloss, sah die Obrigkeit sich genötigt, Schutzgesetze einzuführen. Diese waren anfangs unzureichende Regeln gegen die totale Ausbeutung der Menschen bei inhumanen Arbeitsbedingungen; außerdem gegen zu lange Arbeitszeiten, fehlenden Gesundheits- und Versicherungsschutz bei Krankheit und Tod, fehlende Alters- und Hinterbliebenenversorgung, unhygienische Wohnungen;

Mit den „Trade-Unions" kam in England auch die erste wirksame Gegenentwicklung zur industriellen Revolution und dem ausbeuterischen Kapitalismus in Gang. In Deutschland versuchte die evangelische Kirche mit ihrer „Inneren Mission" aus christlichem und humanitärem Antrieb Gegenmaßnahmen zu entwickeln. Die katholische Kirche tat das mit dem „Kolpingbund". In den USA wurde die soziale Frage zunächst noch durch die schlimmen Kriegsfolgen im Sezessionskrieg von 1861–65 überdeckt sowie durch die weitere, große Einwanderung von verarmten Menschen – Kleinbürgern, Bauern und Landarbeitern – aus ganz Europa in der Zeit zwischen 1850–1914. Außerdem lieferte das Erweitern der „Frontier" im „Wilden Westen" bis nach Kalifornien hinein neue Siedlungsräume für weitere Immigranten, allerdings auf Kosten der Ureinwohner.

In Deutschland entwickelten der Philosoph **Karl Marx (1818-1883)** und der mittelständische Unternehmer **Friedrich Engels (1820-1895)** zur gleichen Zeit eine Lehre, die als die kommunistische Theorie von Marx und Engels in die Geschichte eingehen und dann im 20. Jahrhundert noch unvorhersehbare Folgen haben sollte. Nach dieser „Philosophie" soll man die gesamte Weltgeschichte von den Anfängen bis zur Gegenwart nur als den „historischen und dialektischen Materialismus" (was nicht realistisch ist) betrachten. Das heißt: Die Geschichte sei immer und ständig ein Klassenkampf, in dem die „Ausbeuter" gegen die „Ausgebeuteten" kämpften, und zwar seit der Urgeschichte, aber besonders in der Antike und dem Mittelalter. Das wäre dann der permanente Klassenkampf. Marx verbindet diese Idee in seinem Hauptwerk „Das Kapital" (1867) hauptsächlich mit den modernen Problemen der Industrieländer in Europa im 19. Jahrhundert. Er konstruiert daraus den angeblichen Grundkonflikt der Bourgeoisie (Engl./Frz. Rev., USA) gegen das Proletariat. Kürzer definiert er diese „permanente Revolution" mit dem Ringen um einen „neuen Menschen" in seiner knappen, präziseren Schrift „Das Kommunistische Manifest" von 1848. Also im Jahr der deutschen „Paulskirchenrevolution", von der Marx und Engels sich jedoch enttäuscht abwandten, weil sie ihnen viel zu „bourgeois" war.

Als Heilmittel fordern Marx und Engels die völlige Abschaffung von Privateigentum, die Verstaatlichung aller Fabriken (Produktionsmittel), Unternehmen und des Großgrundbesitzes. Natürlich auch die völlige Abschaffung des Adels und die Enteignung der Gutsherren und Großbauern sowie der Börsen, der Banken und möglichst auch die Abschaffung des Geldes insgesamt. So erst sei die Entstehung eines „neuen Menschen" gewährleistet, in dem dann auch alle Menschen, ohne Trennung in Rassen, Sprachen, ohne Religionen oder Nationen sich vereinigen sollten unter dem Kampfruf „Proletarier aller Länder, vereinigt euch".

Leider haben später dann – längst nach dem Tode von Marx und Engels – die schrecklichen Kriege, Bürgerkriege und Diktaturen im grausamen 20. Jahrhundert gezeigt, dass alle diese Ideen des Kommunismus nicht langfristig zum Wohle des Menschen funktioniert haben, gerade auch nicht in einer modernen, industrialisierten Massengesellschaft.

In Deutschland gründete **Ferdinand Lassalle (1825-1864)** noch zu Lebzeiten von Marx und Engels im Jahre 1863 den „Allgemeinen Deutschen Arbeiterverein" ADAV. Dieser wurde dann zu der ersten, wirksamen Vertretung der deutschen Arbeiterbewegung, die sich schon an den „Trade-Unions" in England orientiert hatte. Wenige Jahre später setzte **August Bebel** im Jahre 1869 (also im Jahr von Humboldts Tod) das Fundament für die Gründung der „Sozialdemokratie" in Deutschland mit der Gründung der SDAP, einer „Sozialdemokratischen Arbeiterpartei", die bald darauf in SPD präzisiert wurde und bis heute Bestand hat. Sie versucht seitdem in der westlichen Welt einschließlich Amerika und Europa einen besseren Weg zwischen Kommunismus und einem Kapitalismus zu finden, der durch eine soziale und gerechte Marktwirtschaft (auch mit Eigentum, Geld und Bankenwirtschaft) gezähmt und eingegrenzt wird.

Auch eine kurze Phase der Verfolgung durch Reichskanzler Bismarck im sog. „Sozialistengesetz" konnte nicht die große Bereitschaft der Masse der deutschen Arbeiter verhindern, die sich auf eine Durchsetzung ihrer berechtigten Interessen in Frieden, Freiheit und mit starken Gewerkschaften verlassen wollten, also ohne permanenten Krieg und Klassenkampf. Am Ende des 1. Weltkrieges gab es dann in der „Weimarer Republik" mit **Friedrich Ebert** auch den ersten Kanzler der SPD und damit des einfachen Volkes in Deutschland. Nach der unseligen, 12-jährigen Hitlerei konnte diese friedliche und möglichst für alle sozialgerechte Politik in Deutschland ab 1949 mit dem Grundgesetz fortgesetzt werden.

***

In dieser 2. Hälfte des unruhigen 19. Jahrhunderts erlebten die Vereinigten Staaten von Nordamerika ihre erste große Prüfung. Fast wären sie dabei schon nach den ersten einhundert Jahren als Demokratie durchgefallen und daran zerbrochen. Es war der **Sezessionskrieg von 1861 bis 1865**. Das war tatsächlich ein Bürgerkrieg in einem freien, liberalen Staat mit demokratischer Verfassung, und zwar zwischen den Nord- und den Südstaaten, also ein Bruderkrieg innerhalb der USA, den die amerikanischen Bürger vorher wohl kaum in dieser Größenordnung erwartet hatten. Leider hatte der Konflikt schon langfristig geschwelt wegen der ungelöste Sklavenfrage auf den riesigen Plantagen in den Südstaaten, während im Norden bereits die industrielle Entwicklung große Fortschritte machte. Eine rechtzeitige Lösung und Aufgabe der Sklaverei hatte ja schon der anerkannte Weltbürger Humboldt ein halbes Jahrhundert vorher bei dem liberalen Präsidenten Jefferson angemahnt. Aber die Zeit in den USA – vor allem in den Südstaaten – war damals noch nicht reif dafür.

Das war ein halbes Jahrhundert später anders: **Abraham Lincoln (1809–65)** wurde im Jahre 1861 zum 16. Präsidenten der USA gewählt, und zwar eindeutig mit dem Versprechen, die Sklaverei in den Vereinigten Staaten abzuschaffen. Dem konnte oder wollte die mächtige Klasse der Plantagenbesitzer in den Südstaaten aber nicht einfach zustimmen. Sie rüsteten eine starke Südstaatenarmee für die sog. Konföderierten (die Roten) aus, die gegen die Unionisten der Nordstaaten (die Blauen) vier Jahre lang kämpften. Es ging primär um die Abschaffung der Sklaverei, aber auch sehr bald um die Frage der Bewahrung der Einheit der jungen Vereinigten Staaten von Nordamerika. Präsident Lincoln mit „den Blauen" siegte nur knapp. Er verlor aber nach dem blutigen Bürgerkrieg sofort sein Leben durch einen törichten Mordanschlag während eines Opernbesuches. Nicht nur dieser frühe Tod machte ihn (wie später Kennedy) zur Legende und zum Märtyrer in der US-Geschichte.

Dabei hatten die Amerikaner schon im Jahre 1823 die nach ihrem damaligen Präsidenten so genannte „Monroe-Doktrin" aufstellen lassen. Darin stimmte der Kongress einer langfristigen Außenpolitik der USA zu, die sich einerseits gegen die aggressive, spanische Kolonialpolitik in Mittel- und Südamerika richtete, aber andererseits auch gegen jegliche Einmischung von anderen europäischen Mächten, und zwar ausdrücklich im gesamten nord- und südamerikanischen Kontinent. So wollte Präsident Monroe auch den Freiheitshelden Simón Bolívar gegen Spanien unterstützen, aber er machte auch schon einen ersten, großen Schritt in eine weltpolitische Außenpolitik der USA, gleichzeitig mit dem indirekten Anspruch, dass „Amerika" der natürliche und damals einzige, demokratische Führungsstaat wäre. Das war auch schon die Meinung von Thomas Jefferson gewesen, welche dieser gegenüber dem Preußen Humboldt hatte anklingen lassen.

H. G. Winkler, der ja kenntnisreich seine historischen Blicke immer wieder „nach Westen" richtet, schreibt kritisch zum Sezessionskrieg: *„In den USA galten die Gründungsversprechen bis zum Ende des Bürgerkrieges der Jahre 1861 bis 1865 nur für die weiße Bevölkerung: ein Skandal, der bis heute nachwirkt." (Die ZEIT, 14. Sept. 2023, S. 17)*

Die europäischen Regierungen reagierten auf diese neuen, selbstbewussten Töne aus Amerika eher zurückhaltend. Einerseits nahmen sie die USA außenpolitisch noch längst nicht ernst, andererseits waren sie in den Jahren 1823 und danach noch viel zu sehr mit ihren eigenen, hausgemachten Problemen der „Heiligen Allianz" und des Napoleonerbes beschäftigt (s. Kap. 6).

Und selbst 40 Jahre später in der Zeit des Sezessionskrieges wurde dieser amerikanische Bürgerkrieg in Europa nur am Rande registriert. Sogar in Kreisen der europäischen Intellektuellen und Liberalen – Humboldt war ja schon verstorben – wurde der Krieg in Nordamerika fast belächelt angesichts des „eigenen, europäischen" Krimkrieges von 1853-1858. Die Sklavenfrage im Sezessionskrieg wurde als überfällig und in Europa als längst gelöst verstanden.

Dabei übersahen die Europäer gerne die Tatsache, dass in Nordamerika von 1861 bis 1865 ein schrecklicher und grausam „moderner" Bürgerkrieg vor sich ging, in welchem die Grenzen zwischen dem eigentlichen Kriegsgeschehen und dem Leiden der Zivilbevölkerung verwischt wurden.

Dass es in Amerika jedoch um eine grundsätzliche Frage des Weiterbestehens ihrer jungen Demokratie oder der Trennung der „Vereinigten Staaten" in zwei Teile zwischen Nord und Süd ging, gerade das verstanden besonders die monarchischen Obrigkeiten in Europa wohl kaum, beziehungsweise, es interessierte sie gar nicht. Denn diese sonnten sich ja noch immer in ihrem „Gottesgnadentum", welches schon längst nach der „Aufklärung" obsolet geworden war.

Dabei standen noch viele Europäer, auch die Deutschen, damals unter dem Erinnerungsdruck an die schlimmen, napoleonischen Kriege. Und nur fünf Jahre vor dem Beginn des US-Sezessionskrieges war Europa von dem verheerenden Krimkrieg erschüttert worden. So sah man in Europa auch leicht darüber hinweg, dass mit dem erbitterten Sezessionskrieg auch ein sehr böser, neuzeitlicher Krieg unter Einsatz der damals modernsten Waffen stattfand – und zwar mit Einbezug nicht nur des Militärs, sondern auch der gesamten zivilen Bevölkerung. In den Südstaaten, dort wo die entscheidenden Schlachten stattfanden, war es in gewisser Weise schon ein totaler Krieg mit hoher Opferzahl. Von der Kriegstechnik her gesehen bedeutet der Sezessionskrieg sogar eine böse Vorahnung auf den 1. Weltkrieg nur 50 Jahre später.

***

Die Amerikaner schafften es also noch einmal knapp, ihre „Vereinigten Staaten von Nordamerika" zu bewahren und damit ihren Vorbildcharakter als Demokratie nicht zu verlieren. Was die meisten Menschen – innerhalb und außerhalb von Amerika – noch nicht wussten, war die Tatsache, dass die USA damit auch ihren weiteren, steilen Aufstieg bis zur Weltmacht im 20. Jahrhundert auf den Weg brachten. Das konnten aber weder Lincoln – der ja ausgerechnet bei einer Opernsiegesfeier am Ende des Sezessionskrieges und dem Beginn einer Versöhnungszeit von einem Geisteskranken ermordet wurde – noch seine Nachfolger in den folgenden Jahrzehnten voraussehen. „Die Amerikaner" brauchten eine ganze Weile, um die materiellen Schäden in ihrer Wirtschaft und Gesellschaft, aber vor allem auch die geistigen Hypotheken abzubauen, die sich in ihren Köpfen festgesetzt hatten. Die gestärkte und zentrale Bundesregierung in Washington schaffte es allerdings, mit geduldiger Aufbauarbeit die Südstaaten für den Verzicht auf ihre Sklavenhaltung zu entschädigen, beziehungsweise gerechte Arbeitsverhältnisse auch im Süden der USA zu gestalten. Die Nordstaaten profitierten anfangs stark von ihrem schon vor dem Krieg errungenen Vorsprung in der wachsenden Industrie und Wirtschaft. Und sie setzten auch weitgehend neue Gesetze des Kongresses zur Förderung der alten konföderierten Staaten im Süden um.

Auf jeden Fall waren die Nordamerikaner so eine lange Zeit mit sich selbst beschäftigt, ebenso auch die Südamerikaner, die immer noch mit ungeklärten Fragen ihrer neuen Staatengründungen nach Auslaufen der spanischen und zum Teil auch der französischen Kolonialzeit zu tun hatten. Die Verletzung der seit 1823 bestehenden „Monroe-Doktrin" durch übermütig werdende Europäer mussten sie auch nicht befürchten, denn gerade in der zweiten Hälfte des 19. Jahrhunderts hatten fast alle Nationen in Europa selbst innen- oder außenpolitische kriegerische Probleme und massive Auseinandersetzungen untereinander.

***

Das begann schon ziemlich heftig beim **Krimkrieg 1854 bis 1856**: Er war der erste, große, europäische Krieg nach Napoleons Niederlage in Waterloo 1815. Dabei standen sich auf der einen Seite das zaristische und insgesamt noch sehr rückständige Russland unter Zar Alexander II. und auf der anderen Seite die

Verbündeten Großbritannien und Frankreich, (unter Napoleon III. dem Kaiser von Frankreich 1852–70, dem Neffen von Napoleon I.) gegenüber. Das Kaiserreich Österreich-Ungarn und die Königreiche Preußen und Bayern verhielten sich weitgehend neutral. Nach dem Ende des Krieges um die relativ unbedeutende Halbinsel der Krim im Schwarzen Meer war damit auch die Gemeinsamkeit der „Heiligen Allianz" (gegen Frankreich gerichtet und nach 1815 noch von Russland stark protegiert) endgültig gescheitert. Und das geschah ausgerechnet durch ein Bündnis zwischen den alten Feinden Frankreich und Großbritannien, die jetzt unbedingt beide verhindern wollten, das Russland eine Gebietserweiterung auf Kosten des schwachen Osmanischen Reiches am Schwarzen Meer vorantrieb.

Am Ende von zweijährigen, verbissenen Kämpfen lagen die Opfer auf der russischen Seite doppelt so hoch wie bei den Engländern und Franzosen.

Den blutigen Höhepunkt bildete die einjährige Belagerung der Festung Sewastopol auf der Krim durch die westeuropäischen Alliierten. Die russischen Verteidiger erlitten schwere Verluste, sowohl durch den gegnerischen Einsatz modernster Waffen als auch durch den Ausbruch von Krankheiten und schweren Seuchen in dem monatelangen Stellungs-, Festungs- und Belagerungskrieg. Am Schluss zwangen die verbündeten Engländer und Franzosen den russischen Zaren im Frieden von San Stefano zum Rückzug von der Krim und zur Aufgabe der russischen Expansionspläne gegenüber dem Osmanischen Reich. Immerhin kam Zar Alexander II. wenig später zu der Einsicht, dass nur die Abschaffung der Sklaverei („Leibeigenschaft") der russischen Bauern das riesige Russland wieder halbwegs auf die Beine bringen könne. Und das geschah damit sogar schon ein Jahr vor dem Kampf von Präsident Lincoln gegen die Sklavenhaltung in den Südstaaten der USA.

Die politischen Folgen für ganz Europa waren groß. Die Epoche nach dem Wiener Kongress mit der „Heiligen Allianz" war vorbei und damit auch die Führerschaft der Kaiser von Russland und von Österreich-Ungarn. Und vorbei war damit auch eine weitgehend friedliche, europäische Politik mit den Zielen einer Friedenssicherung unter den noch monarchisch regierten Staaten und nur schwach gerüstet für die jeweilige Landesverteidigung. Jetzt traten wieder (wie zur Zeit von Napoleon oder noch weiter zurück während des 30-jährigen Krieges) Angriffskriege von Großmächten unter und gegen einander in den Vordergrund. Folge davon war schließlich auch, dass Preußen-Deutschland sich ermutigt fühlte, die „kleindeutsche Lösung" mit einem deutschen Kaiserreich unter preußischer Führung und durch eine mehr oder weniger gewaltsame Trennung von Österreich-Ungarn weiter zu verstärken.

Dieses Ziel erreichte der preußische Ministerpräsident Bismarck dann tatsächlich nach zwei „kleinen" Kriegen gegen Dänemark 1864 und Österreich 1866 und einem „großen" Krieg gegen den „Erbfeind" Frankreich 1870/71. Er unterstrich und erreichte seine Ziele mit seinem berühmt-berüchtigten Kernsatz, wonach man nur mit „Blut und Eisen" erfolgreich nach außen sein könne. Und damit würde man dann auch leicht die Innenpolitik beherrschen.

Das Ergebnis war schließlich ein **„Wilhelminisches Kaiserreich" der Hohenzollern-Preußen** – nach dem Sieg über Frankreich und im Spiegelsaal von Versailles ausgerufen; an einem Ort also, wo ein tief gedemütigtes Frankreich das folgende halbe Jahrhundert den gefährlichen Stachel der „Revanche" in sich trug – bis zum „Versailler Friedensvertrag" 1919 nach dem 1. Weltkrieg. Danach erst hatte sich dann die tausendjährige, römisch-deutsche „Kaiservision" endgültig auch selbst ausgelöscht.

Und in Versailles, im Jahre 1871, war dann auch schon ein Eckstein für den 1. Weltkrieg 1914–18 gelegt, den Bismarck sicherlich niemals gewollt hat, den er aber auch durch seine diplomatische Glanztat, nämlich den Berliner Kongress 1878 mit seinem vielgerühmten Bündnissystem in Europa (siehe weiter unten: Tafelbilder), langfristig nicht verhindern konnte. Bismarcks Nachfolger als Reichskanzler haben diese komplizierte Politik mit fünf Bällen, die in nur zwei Händen jongliert werden mussten (d. h. nur von Bismarck selbst), nie beherrscht und dieses Kunststück dann endgültig im Weltkrieg Numero Eins verspielt. Der 1. Weltkrieg begann auch zunächst nur als sogenannter „Großer Europäischer Krieg", an welchem die „übrige Welt" – und vor allem die sich schon abzeichnende Großmacht USA – zuerst noch neutral verhielt und in den sie erst ab 1916/17 direkt eingriff (s. Kap. 12 u. 13).

Nach 1870/71 steigerten wichtige, europäische Mächte den Erwerb von **immer mehr Kolonien** (Frankreich, Großbritannien, Niederlande, Belgien, Italien; Deutschland erst gegen Ende des 19. Jh.) – und zwar fast nur noch in Afrika und Asien. Amerika war ihnen ja seit der Monroe-Doktrin von 1823 verschlossen und erstaunlicherweise respektierten die Europäer das auch, aber wohl weniger aus Furcht vor einer immer stärkeren und selbstbewussteren USA, sondern eher aus Schwäche nach den napoleonischen Kriegen (siehe 7. Kap.). Deutschland „verspätete" sich also auch in dieser aggressiven Phase des von Europa ausgehenden Kolonialismus und des Imperialismus zum Glück mit seinen nachgeordneten Kolonialplänen, welche Bismarck auch nur halbherzig unterstützte. Und das hatte später sogar die positive Auswirkung, dass Deutschland die Härte des blutigen Befreiungskampfes der Kolonien im 20. Jahrhundert nicht so scharf traf. Heute – wieder mit Verspätung – umso mehr.

Es bleibt aber erstaunlich und beinahe unbegreiflich, dass die imperialistischen Europäer in der zweiten Hälfte des 19. Jahrhunderts dieselben Fehler und Grausamkeiten aus völlig falsch verstandenen, missionarischen, christlichen und leider auch rassistischen Zielen heraus begingen, welche Jahrhunderte vorher schon die Spanier und Portugiesen in Südamerika gemacht hatten.

Erst nach dem Imperialismus im 19. Jahrhundert folgte dann am Beginn des 20. Jh. die Selbstzerfleischung der Europäer – einschließlich der Monarchien von Deutschland und Russland – und parallel dazu der Aufstieg der USA zur Weltmacht bei gleichzeitiger Entkolonialisierung der übrigen Welt. Diese zog sich allerdings noch bis zum Ende des 20. Jahrhunderts hin. Und eine schwierige Phase der Postkolonisierung mit schweren Konflikten und Vorwürfen gegenüber dem Europa des 19. Jhds. hält im dritten Jahrtausend heute immer noch an. Vergleiche dazu den Aufstieg der „BRICS-Staaten" in Afrika und Asien. Und nach dem 2. Weltkrieg gibt es immer noch fast unlösbare Hasskonflikte im Nahen Osten zwischen Israel und islamischen Staaten mit umstrittenen militärischen und politischen Unterstützungen auf Seiten der USA, der EU und anderer Staaten der UNO, die sich zu den westlichen, demokratischen Werten bekennen.

Hätte man da aus der „Alten Welt" nicht schon mal früher und rechtzeitig rüber in die „Neue Welt" schauen können und sollen? Hätte man dabei nicht viel aus den Fehlern, dem Schock und den Todsünden in der frühen Neuzeit in Nord- und Südamerika lernen können? Statt diese Verbrechen dann einfach zu imitieren?

Natürlich „hätte man können!" Aber wohl nur, wenn man auch in Europa die Fähigkeit und die Einsicht gehabt hätte, „aus der Geschichte zu lernen". Doch diese schlimme Zeit des europäischen Kolonialismus und Imperialismus im 19./20. Jahrhundert wollen wir hier nicht weiter vertiefen. Das wären weitere, riesige Themen, zu denen dann – leider auch – die Zeiten des Faschismus und des Stalinismus gehören, welche wir sowieso noch im 14. und 16. Kapitel mehr oder weniger ausführlich berühren müssen.

***

11. USA: Von der Monroe-Doktrin zum „Big Stick" (19. Jhd.)

Auch die USA waren gegen Ende des 19. Jh. leider nicht völlig gegen das Gift oder den Rausch des Imperialismus geschützt. Bis ca. 1890 waren zwar die früher noch sogenannten „Indianerkriege" in Nordamerika allmählich erlahmt und die „Frontier" von Osten bis weit in den Westen nach Kalifornien und Alaska hin vorgeschoben worden. Damit hatten dann auch die Vereinigten Staaten von Amerika ihre eigentlich schon von Anfang an angestrebte Größe eingenommen. Die **Monroe-Doktrin** hatte dabei wertvolleDienste gegen europäische Machtgelüste geleistet.

Aber unter ihrem 26. Präsidenten **Theodore Roosevelt (1901–09)**, dem Großonkel des späteren Hitlerbesiegers Franklin D. Roosevelt, veränderte sich auch die Außenpolitik von der Monroe-Doktrin am Anfang des 19. Jahrhunderts zur **„Big Stick"-Politik** am Beginn des zwanzigsten. Das erregte sogar in Europa Erstaunen und auch Argwohn. Es hieß nämlich, dass die USA sich jetzt nicht mehr nur auf die Bewahrung ihrer berechtigten Interessen in Nord- und Südamerika beschränkten, sondern dass sie auch eine aktive Außenpolitik in der ganzen Welt betreiben wollten. Dieser Kern eines „Antiamerikanismus" in Europa besteht ja sogar bis heute. Der Imperialismus und Kolonialismus wurden bisher (bis 1918 oder sogar 1945) als eine Art Vorrecht der Europäer mit „ihren" Kolonien angesehen. Und genau das scheinen die heutigen Anti-US-Demonstranten in Europa (vom Vietnam- bis zu den Irak-Kriegen) gerne übersehen zu wollen.

Der neue, ziemlich burschikose Präsident Theodore Roosevelt – Spitzname „Teddy" – drückte sein neues Selbstbewusstsein mit einem alten, amerikanischen Sprichwort aus der Frontier- und Wildwest-Zeit aus: „Speak softly and carry a big stick; you will go far!" („Sprich höflich, aber trage dabei einen großen

Knüppel in der Hand; dann wirst du weit kommen!"). Dieser alte Machospruch war natürlich nicht so höflich in diplomatischem Französisch formuliert, wie man es in früheren Zeiten von Bismarck gewöhnt war. Aber sinngemäß hatte der alte Preuße das auch schon geäußert – vgl. seine „Blut-und-Eisen-Rede"! Dennoch rümpfte man die Nase über „Teddy" aus Amerika in manchen europäischen Regierungskreisen und zog die Augenbrauen hoch.

Schon kurz vor der Wahl Roosevelts zum Präsidenten wurde diese Cowboy-Doktrin vor der Haustür von Washington im **Amerikanisch-Spanischen Kurzkrieg von April bis August 1898** angewendet, mit großen internationalen Folgen sowohl im atlantischen, als auch im pazifischen Raum. Die seit dem 18. Jahrhundert schwelenden Konfliktherde zwischen der alten Kolonialmacht Spanien und der neuen, aufstrebenden Macht der Vereinigten Staaten in Nordamerika gipfelten in einer militärischen Auseinandersetzung. Sie bezogen sich sowohl auf Mittelamerika (die Karibik mit Kuba, Puerto Rico) als auch auf Guam und die Philippinen vor Asien im Pazifik. Damit verlor Spanien (im Frieden von Paris 1898) seine letzten überseeischen Kolonien und das nach relativ kurzen Scharmützeln im Unterschied zu den anderen, verheerenden Kriegen seit dem Krimkrieg und auch dem Sezessionskrieg.

Die USA erreichten schnell die Kontrolle über die alten Überseegebiete von Spanien, was ja noch in Bezug auf Kuba und Puerto Rico mit der Monroe-Doktrin von 1823 in Einklang zu bringen war. Aber der erzwungene Verkauf von Guam und den Philippinen an die USA durch Spanien für nur 20 Millionen Dollar war schon ein deutliches Signal für den Anfang einer US-Weltpolitik. Man kann es auch deutlicher als Präventivschlag der USA bezeichnen, um kolonialen Bestrebungen des zaristischen Russlands und des Wilhelminischen Deutschlands in Fernost im pazifischen Raum zuvorzukommen. Die USA sicherten sich auf diese Weise nämlich schnell den Zugang zu asiatischen Rohstoff-Märkten über die Philippinen. Und die europäischen Regierungen rieben sich erstaunt die Augen über so eine Frechheit von einem bisher kaum wahrgenommenen, globalen Teamplayer, mit dem man bisher nur im Atlantik zu tun gehabt hatte. Jetzt tauchte die US-Navy aber auch im Pazifik auf.

Das ahnte man zu dem Zeitpunkt auch schon im Außenministerium in Berlin. So erwarb Deutschland vorsorglich im Deutsch-Spanischen Vertrag von 1899 die Karolinen, die Palauinseln und die Marianen von Spanien, die daran (klugerweise) inzwischen jegliches kolonialistisches Interesse verloren hatten. Auch an den Philippinen zeigten die Deutschen Geschmack. Dabei stießen sie aber sofort auf Widerstand bei den US-Amerikanern. Ein erster, noch kleiner, imperialistischer Machtkonflikt zwischen den USA und dem Wilhelminismus bahnte sich schon 1898 an. Der deutsche Gesandte in Manila, Friedrich Krüger, schlug sogar im hohenzollerschen Übermut die Begründung einer neuen, „philippinischen Monarchie" mit einem deutschen Prinzen unter dem Schutzschirm des deutschen Kaiserreichs vor.

Dabei hatte dieser kleine Diplomat Herr Krüger wohl ganz vergessen, dass sogar ein Bismarck fast 30 Jahre vorher schon einmal mit so einem ähnlichen Vorschlag (bei der „Emser Depesche" im Vorfeld des dt-franz. Krieges 1870/71) gescheitert war: Bismarck hatte im Sommer 1870 seinem preußischen König Wilhelm den verrückten und gefährlichen Vorschlag gemacht, dass ein kleiner, preußischer Prinz auf den gerade verwaisten, spanischen Königsthron gehievt werden sollte. Das ging schief und endete letztendlich im dt-franz. Krieg 1870/71.

Nun im Sommer 1898 entsandte die deutsche Marine tatsächlich ein Geschwader nach Manila. Dort wurde es schon von einem US-Geschwader unter Admiral George Dewey erwartet und die Deutschen – sehr erschrocken – traten gleich wieder den Rückzug an. Einige Augenzeugen wollten jedoch Warnschüsse gehört haben, die die US-Marine den Deutschen hinterher geschossen hätten. Diese Schande wurde natürlich in den deutschen Zeitungen damals verschwiegen. Vielleicht wurde sie auch nur von übermütigen US-Soldaten erfunden.

Damit endete dieser klägliche, deutsche Versuch, bei dem „**Manila-Zwischenfall**" eine imperialistische, kaiserliche Kolonialpolitik im Pazifik zu begründen. Denn die Deutschen waren hier ja wieder mal zu spät gekommen. Alle anderen „Happen" für Kolonien in Afrika und Asien waren schon weitgehend zwischen den vielen, europäischen Jägern aufgeteilt worden – zwischen England, Frankreich, den Niederlanden, Portugal, Belgien, Italien und Russland. Fürst Bismarck, der in diesem Jahr 1898 starb, hatte in seiner Dienstzeit als Reichskanzler (bis 1890) auch stets davor gewarnt, Kolonien zu erobern. Doch der junge, nassforsche Kaiser Wilhelm II. wollte ja mit seinem Marinehochmut nie auf den alten, weisen Landjunker hören.

Das Vorpreschen der Deutschen in den Philippinen führte zu einer deutlichen Entfremdung zwischen Deutschland und den USA, die bis in die Vorgeschichte des 1. Weltkrieges reichte. Die US-Navy erarbeitete sogar einen geheimen „War Plan Black", der auf die Möglichkeit eines deutsch-amerikanischen Krieges schon um die Jahrhundertwende abzielte. Ob dieser Plan auch auf den Eintritt der USA in den 1. Weltkrieg 1917 nach dem Lusitania-Untergang und der Eröffnung des unbeschränkten, deutschen U-Bootkrieges Einfluss hatte, lässt sich nicht mehr feststellen.

***

Bevor wir uns nun der „Urkatastrophe des 20. Jahrhunderts", nämlich dem 1. Weltkrieg von 1914–18 und seiner Vorgeschichte zuwenden, wollen wir noch einen Blick auf einen der berühmtesten Amerikaner des 19. Jahrhunderts werfen, der aber weder Politiker, Erfinder, Musiker, Maler, Kriegsheld oder Schauspieler und auch kein Lyriker gewesen ist. Allerdings ein begnadeter Schriftsteller und Journalist und Beobachter seiner Zeitgenossen. Sein Pseudonym war **MARK TWAIN**.

Der Südstaatler wurde unter seinem Geburtsnamen Samuel Clemens in Florida, Missouri geboren. Ab 1863 nannte er sich in seinen beliebten humorvollen Journalbeiträgen „Mark

Twain" – was so viel bedeutet wie „zwei Faden Wassertiefe auf dem Mississippi" – dort also, wo er als Flussschiffer eine Zeit lang gearbeitet hatte. Später verschlug es ihn auch in den Westen bis nach Nevada und San Francisco. Seine Biografie und seine Reiseberichte sowohl in Amerika als auch später in Europa prädestinieren ihn als einen kenntnis- und geistreichen Verbindungsmenschen zwischen den beiden Erdteilen auf beiden Seiten des Atlantiks, und zwar ausgerechnet beim schwierigen Übergang vom 19. in das 20. Jahrhundert.

In seinen noch ziemlich armen Jugendjahren schlug er sich als Schriftsetzer, Lotse auf dem Mississippi, Goldgräber und Soldat für die Südstaaten im Sezessionskrieg durch. Von dort setzte er sich aber bald unter dem Einfluss der liberalen Ideen von Präsident Lincoln und dessen Politik gegen die Sklaverei nach Nevada und den Nordwesten ab. Später lebte er lange mit seiner jungen Familie in Hartford, Connecticut. Er machte dort sogar die Bekanntschaft von Harriet Beecher Stowe, die ihn durch ihren berühmten Roman „Onkel Toms Hütte" in seiner Kritik an der Sklavenhaltung in den Südstaaten bestärkte. In dieser Zeit schrieb er seine auch in Deutschland berühmten Werke „Die Abenteuer des Tom Sawyer" (1876), „Leben auf dem Mississippi" (1883) und „Die Abenteuer des Huckleberry Finn" (1884).

Bevor the „Old Times on the Mississippi" (Titel einer Serie von erfolgreichen Erzählungen) im „Atlantic Monthly" im Jahre 1875 einen journalistischen Durchbruch für Twain bedeuteten, hatte er sich noch mit eher romantischen, auch lyrischen Stoffen versucht. Er merkte aber bald, dass diese seinem realistischen und humorvollen Stil nicht unbedingt entsprachen. Deshalb entwickelte er immer mehr seine eigenen, volksnahen Themen und Erzählformen, die sehr gut beim Publikum ankamen, wobei er auch politische Anspielungen, Meinungen und Probleme nicht ausklammerte. Als junger Mann hatte er die gemäßigte Partei der Girondisten in der Französischen Revolution von 1789 bewundert. Und er war sogar zeitweilig zu den radikalen Sansculotten um Marat und Robespierre übergeschwenkt. Er unterstützte auch die Revolution in Russland gegen den Zaren. Er schrieb dazu, dass er aufgrund seiner Herkunft und Erziehung zu den demokratischen Prinzipien immer auf Seiten der Revolutionäre stände, denn nur eine Revolution könne einen Zaren oder Kaiser absetzen und erst damit ungerechte und gewalttätige Lebensbedingungen für ein Volk beseitigen. (in: Maxwell Geismar, „Mark Twain and the Three Rs: Race, Religion and Revolution and Related Matters", Hrsg. Boobs-Merrill, 1973)

Dennoch war Mark Twain ein aufrechter Anhänger der amerikanischen, demokratischen Revolution von 1776 und seiner Liberty. Im Sezessionskrieg wechselte er die Seiten und unterstützte Abraham Lincoln und die „Unionisten" im Kampf gegen die Sklaverei in den Südstaaten. Er verlangte nicht nur die Freilassung der „black slaves", sondern auch die Freilassung von „weißen Sklaven" in den USA, nämlich die chinesischen und indianischen Ausgebeuteten in der amerikanischen Wirtschaft. Dabei konnte er sich aber von den zeitüblichen Vorurteilen im Verlauf der Kämpfe im „Wilden Westen" gegenüber den „american indians" nicht loslösen, wenn er diese mal als „falsch und betrügerisch" bezeichnet haben soll und mit „niederen Instinkten" behaftet. (Geismar, a. a. O.)

Später setzte er sich aber schon für ein gleiches Wahlrecht der weißen Frauen in den USA ein in einer „Votes for Women" im Jahre 1901. Und er unterstützte das taubstumme Wunderkind Helen Keller (geboren 1880) bei dessen Forderungen nach gerechter Ausbildung von finanziell oder körperlich benachteiligten Jugendlichen. Mit Helen Keller war er in seiner späteren Lebenszeit 16 Jahre lang benachbart und befreundet.

***

Mark Twains Engagement für „Civil Rights" in der amerikanischen, demokratischen Gesellschaft passte nach seiner Meinung durchaus zu seinen außenpolitischen Ansichten, mit denen er sich zu der neuen „Big-Stick-Policy" Ende des 19. Jahrhunderts hingezogen fühlte. Er wird sogar von einigen seiner Biografen als zeitweilig überzeugter, amerikanischer „Imperialist" bezeichnet. Er begrüßte nämlich frühzeitig die US-Interessen an Hawaii mitten im Pazifik und sprach dann auch beim Amerikanisch-Spanischen Krieg 1898 von einem völlig „gerechten Krieg". Später distanzierte er sich aber energisch davon. Und nach dem Pariser Frieden 1898 kritisierte er scharf die harten Bedingungen der US-Regierung, welche diese der philippinischen Regierung in Hinterasien auferlegt hatte. Von da an bezeichnete sich Twain selber als Antiimperialisten, auch in Bezug auf viele, verstörende Nachrichten aus Afrika, wo die europäischen, kolonialistischen Mächte schon lange eine offene Ausbeutung betrieben.

Twain ging mit seiner eigenen Wandlung vom „Imperialisten" zum „Antiimperialisten" hart ins Gericht, als er später dazu schrieb: *„I wanted the American eagle to go screaming into the Pacific … Why not spread its wings over the Philippines, I asked myself?… I said to myself, Here are a people who have suffered for three centuries. We can make them as free as ourselves, give them a government and country of their own, put a miniature of the American Constitution afloat in the Pacific, start a brand new republic to take its place among the free nations of the world. It seemed to me a great task to which we had addressed ourselves.*

But I have thought some more, since then, and I have read carefully the treaty of Paris (which ended the Spanish–American War), and I have seen that we do not intend to free, but to subjugate the people of the Philippines. We have gone there to conquer, not to redeem.

It should, it seems to me, be our pleasure and duty to make those people free, and let them deal with their own domestic questions in their own way. And so I am an anti-imperialist. I am opposed to having the eagle put its talons on any other land." ("Mark Twain Home, An Anti-Imperialist" (PDF). New York Herald. October 16, 1900. p. 4. Retrieved October 25, 2014.)

Sinngemäße Zusammenfassung auf Deutsch: Mark Twain bereut seine frühere Meinung, dass es für die Philippinen gut und geradezu ein Segen wäre, wenn die USA die Inselgruppe fern im Pazifik übernähmen und über das Land als ihre Kolonie die amerikanische Verfassung überstülpten, beziehungsweise diese einem ganz fremden Land aufpfropften. Er sei jetzt ganz anderer Meinung, nachdem er über den Spanisch-Amerikanischen Krieg „nachgedacht" habe: „Wir hatten ja gar nicht die Absicht, das Volk der Philippinen dort zu befreien, sondern wir sind hingegangen, um es zu unterdrücken." Deshalb ist Twain jetzt der Überzeugung, dass das Volk der Philippinen seine eigenen Hausaufgaben selbst lösen darf und muss. Er sei jetzt gegen jeglichen amerikanischen Imperialismus. Es sei grundfalsch, den amerikanischen Freiheitsadler über die fernen Philippinen kreisen zu lassen.

Diese Selbstkritik übertrug Twain – besonders nach seinen langen Reisen durch Europa im Jahre 1910 – auch auf die kolonialistischen, imperialistischen Staaten in Europa. Er ließ sich zum Vice President der „American Anti-Imperialist League" wählen und opponierte schriftlich und mündlich gegen den sog. Boxer-Krieg in China, durch den mehrere europäische Mächte, auch Deutschland, versuchten, sich in Asien festzusetzen. Er nannte Cecil Rhodes für England und König Leopold I. für Belgien unverbesserliche, menschenverachtende Kolonialisten in Afrika. Er verurteilte die Grausamkeiten der Weißen (Briten und Niederländer) im Burenkrieg in Südafrika als Völkermord an den Schwarzen. Er brandmarkte auch die „deutschen Schutzgebiete" in Südostafrika als Ausbeutungsobjekte. Er entlarvte sogar die christliche Mission in Afrika und Asien als Vorwand für rein wirtschaftliche und politische, auch rassistische Ziele.

Wenn man diese berechtigte Kritik des altersweisen Mark Twain gegen die Meinung von antiamerikanischen Kreisen in Deutschland von heute (meist wegen der Behandlung der Sklaven und Ureinwohner im 19. Jhd. oder wegen der Napalmbomben im Vietnamkrieg) mal einander gegenüberstellt, dann kann man dazu nur anmerken: Die Amerikaner waren in ihrer freiheitlichen Demokratie stets auch zur Selbstkritik willens und in der Lage.

***

Schon im Jahre 1891 – im Alter von 56 Jahren – reiste Mark Twain zum ersten Mal nach Europa. Kurz darauf blieb er sogar fast für neun Jahre auf Reisen und Vortragstourneen als schon bekannter, amerikanischer Autor in der „Alten Welt". Im Winter 1891/92 lebte er für mehrere Monate in Berlin und wohnte dort in Mitte/Tiergarten am Postamt in der Körnerstraße 7, wo heute eine Gedenktafel für ihn angebracht ist. In Berlin-Helmersdorf ist eine Straße nach ihm benannt worden und solche gibt es auch heute in Halle, Augsburg, Viernheim, Braunschweig, München, Delmenhorst und Heidelberg. Alle diese Städte hat Twain besucht und dort auch meist Vorträge gehalten. Das großstädtische und noch kaiserliche Berlin bezeichnete er in Briefen nach Hause als „luminous centre of intelligence, a wonderful city". Er lebte auch in den Jahren 1897/98 mehrere Monate in Wien, wohin er seine beiden Töchter zum Studieren nachkommen ließ. In Österreich und Wien verabscheute er das antisemitische, politische Klima unter dem Bürgermeister Karl Lueger, der später ein Vorbild für Hitler und dessen Rassenhass wurde. Er verbrachte auch einen Sommerurlaub in Bad Ischl. Und dort überwand er einmal seine Abneigung gegen die europäischen Monarchen und ließ sich zu einer Audienz beim österreichischen Kaiser Franz Joseph I. – dem traurigen, gescheiterten, ungeliebten Sissi-Kaiser – einladen.

***

Deutschland hat Mark Twain gerne und ausführlich bereist und sich dabei immer wieder über „die schreckliche deutsche Sprache" aufgeregt. Er weigerte sich, diese überhaupt gründlich zu lernen. Nichtsdestotrotz brachte der amerikanische Erfolgsautor einen guten und erfrischenden Blick von außen auf die jahrhundertealte und eingeschliffene Standardsprache des Hochdeutschen. Die zahlreichen Dialekte in Süddeutschland und das Platt- und Niederdeutsche als postfriesische, eigene und ältere Sprache in Norddeutschland übersah er dabei geflissentlich. „Lower German" war ihm wohl doch zu schwierig, oder seinem geliebten Hochenglischen doch zu nahe und … ungeschliffen?

Allerdings hat er unsere hochdeutsche Standardsprache gerade im Vergleich mit der zukünftigen Weltsprache Englisch recht klar und fundiert aufs Korn genommen. Er formulierte dazu eine markante Schlussthese seiner sprachlichen Erkenntnisse – typisch Mark Twain – und folgerte daraus: **Englisch kann man in 30 Stunden lernen, Französisch in 30 Tagen, aber Deutsch nur in 30 Jahren!** Deshalb riet er seinen Töchtern in Berlin und Wien auch dringend davon ab, Deutsch an der Uni zu studieren.

Nichtsdestotrotz – wieder typisch Mark Twain – machte er sich in humorvoller Weise die Mühe, die **„deutsche Sprache in acht Punkten zu stutzen und sie auszubessern."** Er verfasste darüber eine eigene, ausführliche Schrift, die sich besonders auf einen längeren Aufenthalt bei den Burschenschaften an der Universität von Heidelberg berief:

(Mark Twain, The Awful German Language – die schreckliche deutsche Sprache, 1880, (zweisprachige Ausgabe) Nikol, Hamburg 2009)

Hier nur vier seiner vielen Kritikpunkte, die er sicher nicht als ausgereiften, sprachwissenschaftlichen Beitrag verstand. Aber man sollte sie doch nicht nur als die humoristische Meinung eines der berühmtesten amerikanischen Schriftsteller im 19. Jahrhundert verstehen, sondern auch als Stoßseufzer eines Amerikaners, der Deutsch lernen musste:

1. **Den Dativ abschaffen!** Der Dativ sei eine römisch-lateinische Verzierung, auf die man im Englischen ja schon lange verzichtet habe. (Und übrigens auch im „Lower German", was Mark Twain gar nicht bemerkt hat.)
2. **Das Verb im Satz nach vorne schieben!** Keine Aufspaltung von Verben mehr in riesigen Umklammerungssätzen, bei denen man unterwegs einschlafe oder den Sinn und die Handlung verliere.
3. **Die Geschlechter reorganisieren!** Unsinnige und unrealistische Beispiele sind bekanntlich: „das Mädchen, das Weib, die Sonne, der Mond".

4. **Komposita beseitigen!** Es gebe eine deutsche Sucht nach zusammengesetzten Riesenwörtern. Beispiel: „Unabhängigkeitserklärungsfeier", Twain hält die amerikanische Umschreibung für viel besser und klarer: „Memory of the Declaration for Independence".

Was Twain leider nicht bemerkt hat: Im Niederdeutschen (Lower German, Platt) gibt es kaum Komposita, dafür aber auch viele, anschauliche und verständliche Umschreibungen wie im Englischen! Beispiel für Hoch- und Niederdeutsch: Hoch (Standard): „Vergleichssprachenanalyseergebnisse über den Liberty-Freiheits-Differenzmodus". Platt (ostfriesisch): „Proten, Schrieven un Nadenken öwer dat Wöör Freeheit".

Mark Twain starb 1910 in Redding, Connecticut, als berühmter Schriftsteller. Vor allem wurde und wird er auf beiden Seiten des Atlantiks als ein toleranter und humorvoller Betrachter und Erzähler von Menschen und ihrer unterschiedlichen Geschichte, Kultur und Lebensweise geachtet. Sogar mit seiner doppelten und humorvollen Kritik am lässigen „American Way of Life" und der damaligen, europäischen Eigenliebe und an dem Imperialismus und Kolonialismus in der Alten Welt traf er einen Nerv der Epoche vor dem 1. Weltkrieg. Ernest Hemingway schrieb über ihn: „All of American literature comes from one Book by Mark Twain called Huckleberry Finn." Dasselbe bekräftigte auch T.S. Elliot über Huckleberry Finn: „One of the permanent symbolic figures of fiction". Die Yale University verlieh Mark Twain – dem ehemaligen, kleinen Lotsen vom Mississippi – schon 1901 einen Ehrendoktorhut. Mehrere Maler und Bildhauer verewigten ihn mit künstlerischen Darstellungen, einer Bronzestatue in Lüneburg und vielen Straßennamen. Seine Geschichten um „Tom Sawyer und Huckleberry Finn" gehören in Deutschland seit über hundert Jahren zum klassischen Fundus der Schul- und Jugendbuchliteratur.

***

12. USA/Europa: Am Beginn des 1. Weltkrieges

Mark Twain hatte also das Glück – oder besser: die Gnade – dass er als alter, weiser und weißer Mann nicht mehr die Welturkatastrophe des 1. Weltkrieges miterleben musste. Wahrscheinlich hätte er sehr darunter gelitten, ebenso wie seine Sympathien für Deutschland und die Europäer insgesamt. An der Entstehung der zwei verhängnisvollen Bündnisblöcke, die sich schließlich am Beginn des 20. Jahrhunderts zornig gegenüberstanden, hätten sein Reden und Schreiben aber wohl auch wenig ändern können.

Auf der einen Seite standen: das Vereinigte Königreich, Frankreich, Russland (ab 1917 auch die USA); auf der anderen Seite die sog. Mittelmächte: Deutschland, Österreich-Ungarn, die Türkei, Italien (später abgesprungen);

In der sog. **„Julikrise" 1914** schlitterten alle diese Mächte in den „Großen Europäischen Krieg" hinein, so wie er (bis zum Eingreifen der USA 1917) noch offiziell genannt wurde. Bei dieser Schlitterpartie spielten verschiedene Faktoren mit:

URSACHEN:
- Ein verknöchertes Bündnissystem auf allen Seiten, wodurch Kompromisse und Ausgleiche zwischen fünf europäischen Großmächten verhindert wurden: England, Frankreich, Russland gegen Deutschland, Österreich-Ungarn.
- Neid und Gier im Kolonialismus und Imperialismus im gesamten 19. Jahrhundert und auf allen Seiten, Nationalismus und teils Chauvinismus in allen Ländern.
- Ein gigantisches Flottenrüsten und ehrgeiziger Wettlauf zwischen England und Deutschland um die Seeherrschaft und Hochrüstungen aller Mächte.

ANLASS:
- Ein tragisches, dummes und überflüssiges Attentat in Sarajewo in Serbien auf den österreichischen Thronfolger Franz Ferdinand, der eigentlich nur vermitteln wollte.
- Das Säbelrasseln („Blankoscheck") von Kaiser Wilhelm II., der Österreich-Ungarn zur „Rache" und zum Krieg gegen Serbien und damit auch gegen Russland drängte (der Zar war eigentlich sein Vetter.)
- Die vorschnelle Mobilmachung der russischen Armee, Angst vor langen Wegen bis zur deutschen und österreichischen Grenze.

DIE BÜNDNISPROBLEMATIK:
Das erste, große **Europäische Bündnissystem zwischen 1887 und 1890 (s. unten Tafelbild a)** war noch das Werk von Reichskanzler Bismarck, für welches er (bis heute) in der Geschichtsschreibung teils gelobt, teils kritisiert wird.

Gelobt wird Bismarck bis heute, weil es ihm wenigstens zwischen 1887–90 mit seinem **„Rückversicherungsvertrag"** gelang, den unsicheren, östlichen Nachbarn Russland vorsichtig und friedlich an Deutschland zu binden und den unsicheren, östlichen Nachbarn Österreich auch auf Frieden einzuschwören. Das gelang für drei Jahre, weil der Reichskanzler im **„geheimen Zusatzprotokoll"** dem Rivalen Russland zunächst versprach, Österreich-Ungarn bei einem Angriff auf Russland **nicht** (mehr) zu unterstützen (auf der Grundlage des schon bestehenden Zweibundes mit Österreich), sondern (also „Rückversicherung" für Russland) bei einem Angriff von Österreich auf Russland **neutral** zu bleiben. Dabei konnte Bismarck zu Recht davon ausgehen, dass Russland einen Angriff von Österreich-Ungarn gar nicht mehr befürchten müsse (und werde), wenn es (Russland) doch jetzt wisse (durch diese „Rückversicherung"), dass Österreich in dem Falle seines Angriffs auf Russland keine deutsche Unterstützung mehr erhalten würde.

War das nun aber ein gefährliches Spiel von Bismarck gegenüber Österreich, dem er ja schon im früheren „Zweibund" von

1879 versprochen hatte, das Kaiserreich Österreich vorbehaltlos zu unterstützen (siehe unten: Tafelbild a)?

Nein! Denn Bismarcks kluger Gedanke dabei war ja, dass er mit zwei Zügeln (oder Ketten) in der Hand die zwei kriegerischen „Kampfrösser" (Öst. u. Russl.) festhalten und bändigen könne, so dass sie auf jeden Fall **den Frieden** wahren würden, ja, müssten! Mit der einen Hand (**Zügel: Zweibund**) hielt Bismarck Österreich von einem Angriff auf Russland ab und mit der anderen Hand (**Zügel: Rückversicherung**) verhinderte er einen Angriff von Russland auf Österreich!

Das war Bismarcks an sich ganz einfacher Trick, der nur einen Haken hatte: Der Trick funktionierte nur, wenn alle beteiligten Mächte – Österreich, Russland und Deutschland –, wirklich alle drei (und nicht alleine Bismarck) zur selben Zeit absolut Frieden halten wollten. Und genau dies war in der Julikrise 1914, als Bismarck (leider) schon längst nicht mehr deutscher Reichskanzler, sondern schon lange tot war, nicht mehr der Fall.

In der Julikrise 1914 waren alle drei Kaiserreiche – deutsches, russisches und österreichisches – wirklich alle drei hochgerüstet und geradezu kriegslüstern und der „Rückversicherungsvertrag" schon lange aufgekündigt.

Dieser raffinierte Rückversicherungsvertrag (Bismarcks „Ei des Columbus" ...) bestand zwischen Deutschland und Russland also nur drei Jahre von 1887 bis 1890. Bei Kanzler Bismarcks Entlassung durch den nur militärisch und nicht diplomatisch ausgebildeten, jungen Kaiser Wilhelm II. wurde der geheime Vertrag sofort „gecancelt", bzw. nicht mehr erneuert, obwohl Russland dazu schon bereit war. Dafür betonte Kaiser Wilhelm aber sofort und übereifrig seine „Nibelungentreue" zu Österreich im Zweibund und die doppelte Friedenskette von Bismarck hatte einen schweren, nicht mehr zu reparierenden Bruch erlitten.

Kritisiert wird Bismarck bis heute zum Teil, weil er Österreich angeblich getäuscht (verraten?) habe, welches sich ja durch den Zweibund von 1879 eng mit Preußen-Deutschland verbunden hatte. In Wahrheit wollte Bismarck aber wohl doch auch Österreich in dessen Aggressivität gegenüber Russland (z. B. auf dem Balkan, Serbien) nur zügeln. Vielleicht plagten ihn noch ein bisschen Wiedergutmachungsgefühle gegenüber Österreich wegen des „Bruderkrieges" von 1866, den Preußen ja gewonnen hatte.

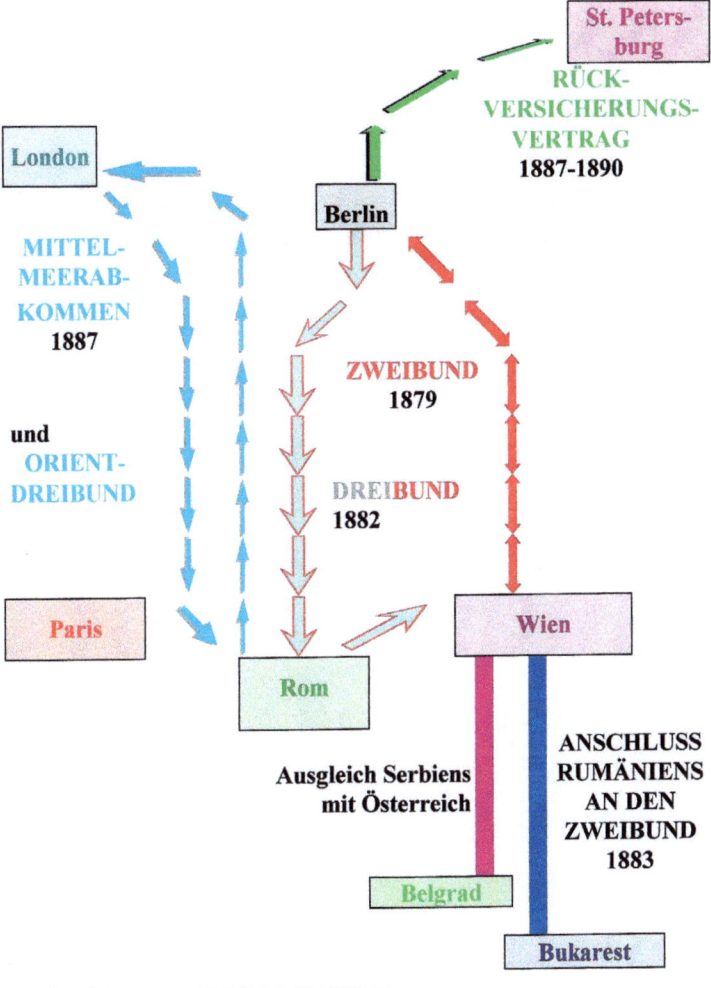

Bündnissystem, „Tafelbild a)" 1887-90
E. Brüchert, Park-Körner-Verlag, München

EUROPÄISCHES BÜNDNISSYSTEM 1894-1914

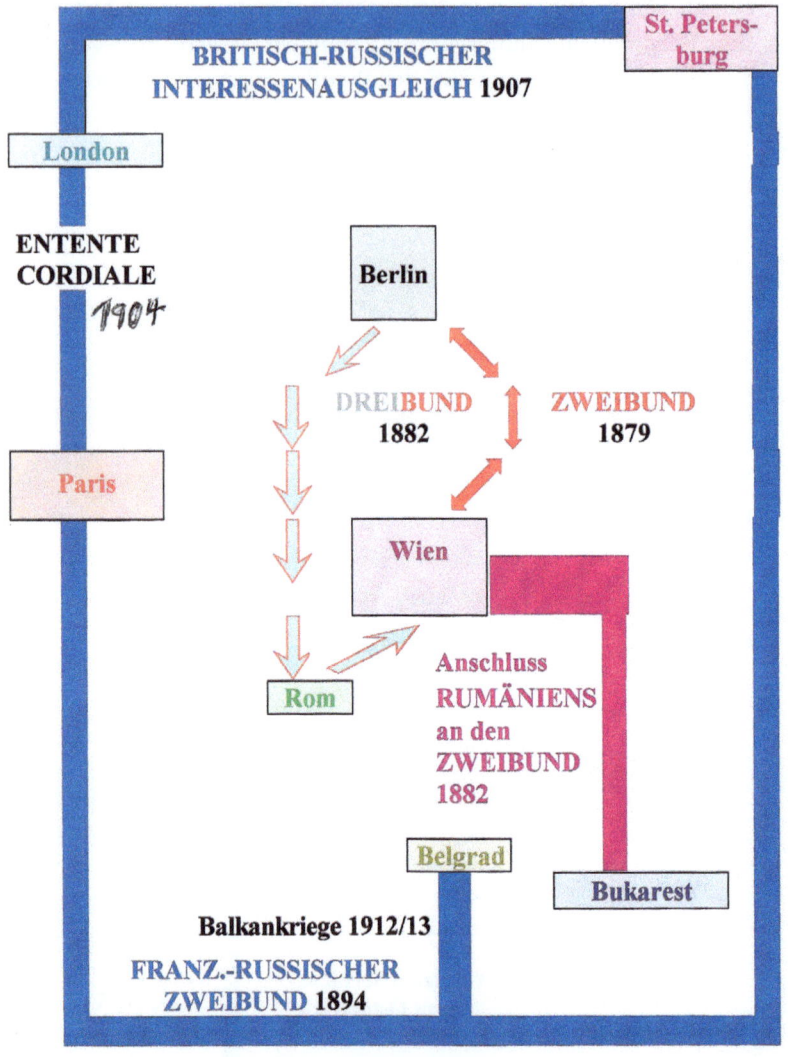

Bündnissystem 1894-1914: „Tafelbild b)"
Grafik: E. Brüchert, Park-Körner-Verlag, München

Das **zweite, große Europäische Bündnissystem zwischen 1894 und 1914 (s. oben Tafelbild b)** erklärt vor allem die misstrauische Reaktion der nicht deutschen Mächte auf das Bismarck'sche Bündnissystem bis 1890, die ja alle (außer Russland) von dem „Rückversicherungsvertrag" nichts wussten oder daran gar nicht glauben mochten, wenn sie es auf geheimen Wegen doch erfahren hatten. Darin liegt natürlich auch ein tragisches, historisches Missverständnis gegenüber dem diplomatischen Friedenswillen vom „eisernen Kanzler" Bismarck. Und das geschah außerdem in dem äußerst kritischen Moment, als der große preußische Diplomat nicht mehr direkt (und wahrscheinlich vermittelnd) darauf hätte reagieren können.

Die Einkreisung, die Bismarck sein Leben lang verhindern wolle, trat also tatsächlich von 1890 bis 1914/18 ein. Bismarck wurde nämlich im Jahre 1890 nach dem Tod des alten Kaisers Wilhelm I. von dessen Nachfolger, seinem nassforschen, nur militärisch-preußisch ausgebildeten Enkelsohn Wilhelm II. ins Abseits bzw. in „die Pension" als Reichskanzler gedrängt. Der Vater von Wilhelm Zwo, der unglückliche Kaiser **Friedrich III.**, hatte das Amt nur 99 Tage ausgeübt, dann starb er an Kehlkopfkrebs; nicht nur zu Bismarcks großer Trauer und dessen Entsetzen, sondern auch zum tiefen Leid von Friedrichs Gemahlin, einer Tochter von Queen Victoria von England. In diesem tragischen, unglücklichen Todesfall liegt sicherlich einer der Kipppunkte der Vorgeschichte des 1. Weltkrieges, fast noch 25 Jahre vor der Julikrise 1914. Mit einem liberalen und englandfreundlichen Kaiser **Friedrich III.** und einem Reichskanzler Bismarck – beide möglicherweise noch viele Jahre im Amt – hätte es nie eine Flottenrüstung mit England bis zum Untergang des „Zweiten Deutschen Kaiserreiches" gegeben. Schließlich war ja Queen Victoria die Schwiegermutter des deutschen Kaisers und sehr deutschfreundlich.

Schon ein kurzer Blick auf das „Tafelbild b) zeigt: Wilhelm Zwo kündigte 1890 leichtsinnig und überflüssigerweise sofort den „Rückversicherungsvertrag" mit Russland genau parallel zur Entlassung von „Fürst Bismarck", der sich schmollend in den

Sachsenwald bei Hamburg zurückzog und 1898 starb. Wilhelm II. war nämlich der Meinung, man könne nicht gleichzeitig Österreich und Russland zum Freunde haben. Er hatte nämlich nicht Bismarcks diplomatischen Trick verstanden: Wenn man – wie Bismarck – eben als Realpolitiker nur die wirkliche Friedenssicherung im Sinn hatte und keinen neuen Krieg plante, dann würde Deutschland ja auch niemals in die Nötigung kommen, sich zwischen Russland und Österreich-Ungarn entscheiden zu müssen. Die **doppelte Zügelhaltung von Bismarck für den Frieden in ganz Europa** gegenüber einem kriegsbereiten Russland und/oder Österreich haben viele Zeitgenossen damals, vor allem auch Kaiser Wilhelm II., an entscheidender Stelle nie begriffen.

Also nahm das Unglück der Vorgeschichte des 1. Weltkrieges seinen Lauf: französisch-russischer Zweibund von 1894, die „Entente Cordiale" 1904 zwischen London und Paris gegen Berlin, britisch-russischer Interessenausgleich 1907;

Und damit war spätestens 1907 in Verbindung mit dem jahrelangen Flottenwettrüsten von England und Deutschland die „Einkreisung" der beiden Mittelmächte Deutschland und Österreich-Ungarn (mit seinen schwächeren Partnern Italien und Rumänien) perfekt. Jetzt mussten alle Nationen nur noch mehr oder weniger freiwillig in den Großen europäischen Krieg „schlittern".

Trotz aller Kritik an Bismarcks innenpolitischen Versäumnissen (Kulturkampf gegen die kath. Kirche, Kanzelparagraf, Sozialistengesetz, Missachtung gegenüber der „Paulskirche"), muss man anerkennen, dass nur Bismarck wirklich das Jonglieren der Bündnissysteme mit den fünf Bällen im 19. Jahrhundert beherrschte. Das war schwierig, beinahe unmöglich in einer Epoche des Imperialismus, in der Deutschland, Österreich, England, Frankreich und Russland alle nach dem Recht des Stärkeren gierten. Wahrscheinlich nur Reichskanzler Bismarck hätte das diplomatische Format und den Friedenswillen gehabt, um vielleicht den 1. Weltkrieg tatsächlich noch zu verhindern.

Die Automatik der Kriegserklärungen:

28. Juli   Kriegserklärung Österreichs an Serbien.
1. August Kriegserklärung Deutschlands an Russland.
3. August Kriegserklärung Deutschlands an Frankreich.
4. August Deutscher Einmarsch in Belgien (Schlieffenplan).
4. August Kriegserklärung Englands an Deutschland.
6. August Kriegserklärung Österreichs an Russland.
6. August Kriegserklärung Serbiens an Deutschland.
11. August Kriegserklärung Frankreichs an Österreich.
12. August Kriegserklärung Englands an Österreich.

??

In den Krieg
"hineingeschliddert"
(Lloyd George)

!!

DER 1. WELTKRIEG 1914-1918

1914, Sept.		*Marneschlacht*: Deutscher Vormarsch kommt an der Marne zum Stehen. Paris nicht umzingelt. Scheitern des Schlieffenplans ("Sichelschnitt" durch Belgien).
		Bei *Tannenberg* werden die russischen Armeen geschlagen (Feldmarschall von Hindenburg).
		Alle Fronten erstarren allmählich zum Stellungskrieg.
1914, Nov.		Die britische *Blockade* führt in Deutschland zu Materialknappheit und Versorgungsnot der Bevölkerung.
1915		Deutschland antwortet mit dem *U-Boot-Krieg* und provoziert damit die Neutralen, besonders die USA:
1915, Mai		Versenkung der "Lusitania" durch deutsches U-Boot mit US-Opfern.
1915		Italien erklärt Deutschland den Krieg.
1916		Schlacht von *Verdun*: Ohne Entscheidung. Größte und blutigste Schlacht im Stellungskrieg. Ohne Entscheidung. Ca. 800.000 Tote und Verwundete auf beiden Seiten. Neue OHL: Hindenburg/Ludendorff.
1917, Feb.		Deutschland. eröffnet den *uneingeschränkten U-Boot-Krieg*. Folge:
1917, 06.04.		*Kriegserklärung der USA* an Deutschland und die Mittelmächte.
1917, 08.03.		"Februar-Revolution" in Russland. Abdankung des Zaren.
1917, 07.11.		"Oktober-Revolution" in Russland durch Lenin und die Bolschewiki. Russland wird Kern der Sowjetunion.

Vorgeschichte 1. WK., Tafelbild c)
Erhard Brüchert, in: CD Park-Körner-Verlag – München

Die obigen Tafelbilder über die beiden sich ausschließenden – und damit leider konfrontativen – Bündnissysteme –
a) 1887–1890: Friedenssytem von Bismarck und
b) 1894–1914 Kriegsvorbereitungssystem nach Abdankung von Bismarck – erklären sich eigentlich schon von selbst, wenn man sie langsam und geduldig studiert. Man sollte dabei einen guten historischen Atlas zur Seite haben. Dazu das alte, bewährte Datenwerk „Ploetz" mit seinen historischen Fakten und Jahreszahlen.

Und dann geschieht der eigentliche **Kipppunkt** des „Europäischen Krieges" zum **1. Weltkrieg** am 6. April 1917, als die Vereinigten Staaten von Amerika den beiden alten Kaiserreichen Deutschland und Österreich-Ungarn den Krieg erklären. Dieser zog sich dann leider noch bis zum November 1918, also mehr als eineinhalb Jahre lang, hin.

***

Die Ereignisse von April 1917 bis November 1918 sind dann schon alle von den USA entscheidend beeinflusst worden, also im Moment der sich abzeichnenden Niederlage der Monarchien Deutschland und Österreich-Ungarn. Nur der Sturz des Zaren in Russland geschah schon im Februar 1917, also knapp vorher, und damit wurde auch die Niederlage von Russland sogar offiziell schon unter Lenin (Anfang 1918) gegen die Mittelmächte beim **Friedensvertrag von Brest-Litowsk** besiegelt. Und dieser verspätete „Sieg" von Deutschland und Österreich über den dritten, großen Monarchen (Zar Nikolaus II.) war allerdings nichts weiter als ein klassischer „Pyrrhussieg": überflüssig, zu spät, nicht mehr kriegsentscheidend, falsche Hoffnungen beim Heer und im Volk weckend, die starke USA völlig ignorierend;

Daraus muss man ja wohl schlussfolgern, dass von Bismarcks früheren „fünf Spielbällen" die drei Monarchien Deutschland,

Russland und Österreich sich selbst im 1. Weltkrieg und weitgehend durch eigene Schuld abgeschafft haben.

***

Aber das ist wiederum ein zu wichtiges Thema, welches hier mit der ausgewählten Blickrichtung auf die Amerikaner nicht weiterverfolgt werden soll.

Tatsächlich hatten die Nordamerikaner ja auch schon mit dem Verlassen der Monroe-Doktrin den ersten Schritt zu einer eigenen Weltpolitik eingeleitet. Nur, der Ruf der Deutschen als Kultur-, Literatur-, Philosophie- und Wissenschaftsnation war zu gut und zu groß gewesen, als dass man sich in den USA schon am Beginn des 20. Jahrhunderts die Deutschen als Weltkriegsgegner hätte vorstellen können, auch Mark Twain hat das wohl nicht getan. Das Imperialismusgift, verbunden mit einem monarchistischen Großmachtgehabe und Staatsaufbau, ließ dann aber in der Julikrise 1914 einen großdeutschen Chauvinismus Überhand nehmen, der schließlich in einer Hybris enden musste. Die Selbstüberschätzung drückte sich aus in einer überdimensionierten Marine-Rüstung (in Wilhelmshaven und Kiel) und einer leichtsinnigen Gläubigkeit an die U-Bootwaffe als angebliche Entscheiderin des gesamten Krieges.

Da hatte man in Deutschland wieder einmal die wirtschaftliche und politische Rolle der USA – welche 1917/18 noch gar keine einsatzfähigen U-Boote besaßen – und ihre kriegsentscheidende Bedeutung völlig übersehen.

Diese deutsche Hybris (Todsünde: „Übermut") kommt immer noch am besten im Titel des Bestsellers von Historiker **Fritz Fischer** aus Hamburg zum Ausdruck mit der Überschrift(„**Der Griff nach der Weltmacht**" (schon aus dem Jahre 1961). Dieser „Griff" war zweifellos für die übrige Welt bedrohlich und man fürchtete sich davor – sogar in den fernen USA jenseits des Atlantiks – auch wenn manch andere Historiker heute schreiben, alle am 1. Weltkrieg beteiligten Mächte seien damals „wie Schlafwandler" in die Katastrophe hineingetrudelt, so der Titel des „Gegenbuches" zu Fischer aus dem Jahre 2013 von dem – im Übrigen sehr kompetenten – Prof. Christopher Clark aus Australien. Das hatte übrigens ja auch schon der Engländer und liberale Premierminister Lloyd George nach Kriegsende ganz ähnlich gesagt – mit seiner These vom „Hineinschlittern" – ohne damit die Hauptschuld von den Schultern der deutschen, kaiserlichen Regierung (in der Zeit nach Bismarck) nehmen zu wollen.

Nun, wir wollen diesen Historikerstreit hier nicht weiter verfolgen, sondern den Eintritt der USA als Großmacht in die Weltpolitik – vor allem im Verlauf und dann als Ergebnis des 1. Weltkrieges – exakter beleuchten.

***

13. Das stufenweise Aufgeben der US-Neutralität (1914-1918)

Dieses Kapitel über den 1. Weltkrieg von 1914–18 – die **„Urkatastrophe des 20. Jahrhunderts"**, wie er oft genannt wird – enthält aus der Sicht der Vereinigten Staaten von Amerika drei Hauptteile:

A.) Der Untergang des englischen Passagierdampfers **„Lusitania"** am 7. Mai 1915 durch einen Torpedo des deutschen U-Boots U 20 vor der irischen Küste und das Ertrinken von 128 amerikanischen, also neutralen, Bürgern/Innen;
B.) Der Kampf um die Berechtigung eines **„uneingeschränkten U-Bootkrieges"** im Januar/Februar 1917 am Beispiel des „Zimmermann-Telegramms;
C.) Die **Kriegserklärung der USA** gegen Deutschland am 6. April 1917.

***

Eher resigniert als erstaunt stellte Graf von Bernstorff – umsichtiger, deutscher Botschafter in Washington von 1908 bis 1917 – in seinen Memoiren 1920 fest, dass im Jahre 1914 niemand in Deutschland im Traum daran gedacht habe, die USA könnten in einem europäischen Krieg einmal zu einem entscheidenden Faktor werden.

Dazu passt das große Erstaunen in Öffentlichkeit und Regierung in den USA, als der Krieg nach der Julikrise 1914 tatsächlich ausbrach. Insofern sind auch die Amerikaner in den 1. Weltkrieg „wie Schlafwandler" hineingeraten, allerdings langsamer als alle Europäer. Die Amerikaner begriffen nur allmählich und mühsam, ja, geradezu widerwillig, was da auf der anderen Seite des Atlantiks vor sich ging, wo ja die meisten Einwohner des Landes ihre Wurzeln hatten. Zwar reagierte die zentrale Börse an der Wallstreet in New York sofort mit einem panikartigen Kurssturz, als aber **Präsident Woodrow Wilson (1913–1921)** sofort und offiziell die Neutralität der Vereinigten Staaten im August 1914 proklamierte, schien die nordamerikanische Welt wieder in Ordnung zu sein.

Zu A.)Wilsons erste Vermittlungsversuche (bis zum U-Bootkrieg)

Bereits am **4. August 1914 sandte Präsident Wilson ein Vermittlungsangebot an alle beteiligen Mächte in Europa.** Dieser Schritt fand jedoch in der Hitze des Kriegsanfangs wenig Beachtung in Europa und zunächst auch kaum in Amerika. Am 18. August 1914 erfolgte dann aber schon die offizielle, amerikanische Neutralitätserklärung des Präsidenten, gewissermaßen an das eigene Volk und die kriegführenden Mächte in Europa gleichermaßen gerichtet. Noch im selben Monat wurde die Ernsthaftigkeit dieser Erklärung schon auf eine Probe gestellt, als die französische Regierung um ein Darlehen von 100 Millionen Dollar von dem New Yorker Bankhaus J.P. Morgan bat. Nach kurzem Zögern verbot die amerikanische Regierung dieses Geschäft und demonstrierte damit ihren unbedingten Neutralitätswillen. Doch schon wenige Wochen später, im Oktober, lockerte sich diese strikte Haltung, als das State Departement (also das Außenministerium der USA) vorsichtig den Wink gab, man werde künftig Darlehen für kriegführende Nationen – und das waren für die Wallstreet nur die traditionellen Kunden England und Frankreich – nicht mehr verbieten. Die Banken reagierten jedoch zunächst zurückhaltend und erst im März 1915 gewährte J.P. Morgan der französischen Regierung einen „Handelskredit" über 50 Millionen Dollar.

Über den New Yorker Bankier James Speyer, der ein guter Freund des deutschen Botschafters Graf von Bernstorff war, wurde im September 1914 von Präsident Wilson ein weiterer Vermittlungsversuch gemacht. Dieser scheiterte aber sofort an der deutschen Ablehnung. Im Kaiserreich war man zu diesem Zeitpunkt – weder im Reichskanzleramt noch in der Obersten Heeresleitung – an einem Verhandlungsfrieden interessiert. Noch war die anfängliche Siegeseuphorie nicht abgeklungen. Man träumte schon von einem „Siegfrieden". Das deutsche Heer stand in Nordfrankreich und hatte gerade „little Belgium" (... so schon kritisch die US-Zeitungen) überrannt und begann seinen „Sichelschnitt" durch Nordfrankreich (Plan der Obersten Heeresleitung) exakt nach Paris, welches jedoch nie erreicht wurde.

Der Krieg selbst berührte die Interessen der USA zunächst nur im Zusammenhang mit dem internationalen Seekriegsrecht und mit den Fragen des freien Handels auf den Weltmeeren. Und auf diesem Gebiet waren es als erste die Engländer, die mit ihrer <u>Blockade der Nordsee</u> und mit restriktiven Maßnahmen bezüglich des deutschen Seehandels mit den Neutralen gegen die Erklärung von London verstießen. Diese **Londoner Seekriegserklärung von 1909** (von England nicht ratifiziert) sah folgende Normen für eine Seekriegsführung vor: Blockade nur unmittelbar vor feindlichen Häfen, Freiheit der Meere, Beschlagnahmung von Handelsgütern auf neutralen Schiffen nur, wenn es sich um Konterbande (Güter und Materialien für den Feind) handelte.

Am **2./3. November 1914 teilte England** nun allen neutralen Staaten mit, dass **die Nordsee als Kriegsgebiet** zu betrachten sei (Verstoß gegen die Londoner Seerechtserklärung). Damit war die Nordsee für einen jeden Seehandel der Mittelmächte mit neutralen Ländern (vor allem also mit den USA) blockiert. Bis zum Februar 1915 hielt sich die deutsche Regierung noch strikt an die Bestimmungen der Londoner Konferenz. Das trug ihr zumindest offiziell den Beifall der Amerikaner ein. Mit den Engländern bekam die US-Regierung dagegen zunächst Ärger wegen der sogenannten „Liste der Konterbande" und dann auch wegen des Status von amerikanischen Schiffen, die bei Kriegsbeginn noch unter deutscher Flagge registriert gewesen waren und schließlich wegen des Aufbringens und Durchsuchens von US-Handelsschiffen durch britische Kriegsschiffe im Atlantik.

Die britische Regierung hatte schon am 20. August 1914 damit begonnen, Deutschland den Weg in neutrale Häfen zur Beschaffung von Kupfer, Öl, Lebensmitteln, Baumwolle und anderen kriegswichtigen Rohstoffen zu versperren. Aber die Engländer handelten stets unter sorgfältiger Beachtung der amerikanischen Reaktionen. Man wollte die britisch-amerikanische Freundschaft auf keinen Fall gefährden. Zu Beginn des Jahres 1915 hatten die Engländer ihre maritime Kontrolle im Atlantik und in der Nordsee im Wesentlichen durchgesetzt. Präsident Wilson versuchte zwar, auch das Foreign Office in London zur ausdrücklichen Anerkennung der Erklärung von London 1909 zu veranlassen, doch er wollte es dabei nie zu einer ernsthaften Belastung des Verhältnisses zwischen England und den USA kommen lassen. Am 18. Dez. 1914 sandte jedoch das State Departement eine Protestnote an das britische Foreign Office, weil die Engländer anfingen, im Atlantik auch neutrale Schiffe zu durchsuchen, also nicht nur in der Nordsee. Doch war diese Note im Ton durchaus vorsichtig gehalten.

Dabei wurde Wilson vor allem aus den Wirtschaftskreisen der Südstaaten gedrängt, gegenüber England energisch aufzutreten. Dort war 1914/15 eine antibritische Haltung weit verbreitet, da die Engländer mit ihrer Blockade gegen die Mittelmächte die auf Baumwollmonokulturen beruhende Wirtschaft des Südens gefährdeten, welche stark vom Export nach Mitteleuropa abhängig war.

Am **18. Februar 1915** erklärte jedoch plötzlich Deutschland die Gewässer nicht nur in der Nordsee, sondern auch rings um Großbritannien und Irland seinerseits zum Kriegsgebiet und eröffnete damit gleichzeitig **den U-Bootkrieg auch als „legitimen" Handelskrieg**. Und das geschah im Bewusstsein, dass die Alliierten bei der Ausrüstung mit modernen U-Booten noch weit unterlegen waren. Ein „U-Bootkrieg" („Submarine") war in der Londoner Erklärung von 1909 auch noch gar nicht berücksichtigt worden. Damit begann eine neue, entscheidende Eskalation des Krieges durch Deutschland auf hoher See. Alle feindlichen Schiffe der Alliierten in der Kriegszone um England, Irland, Schottland, in der Nordsee und im Kanal sollten angegriffen und zerstört werden können. Neutrale Schiffe, so die Warnung, seien in dieser Zone von nun an höchst „gefährdet", weil sie als „falsch", d. h. „neutral" beflaggte, „englische" Frachtschiffe jederzeit angegriffen werden könnten. Es sei den deutschen U-Bootkommandanten ja einfach unmöglich, zwischen einem „korrekt" oder „falsch" beflaggten Schiff auf hoher See zu unterscheiden, so schon einige Stimmen in amerikanischen Zeitungen.

Die amerikanische Regierung antwortete schon auf die Ankündigung dieses deutschen U-Boothandelskriegs am 10. Februar 1915 mit einer energischen Protestnote, in der Deutschland die volle Verantwortlichkeit („a strict accountability") für die Folgen zugesprochen wurde. Die Note sagte allerdings noch nichts darüber aus, falls amerikanische Staatsbürger als Reisende oder als Seeleute auf englischen Schiffen zu Schaden kommen sollten.

Dieses Problem wurde jedoch schon am **7. Mai 1915** brennend aktuell, als **die Versenkung** des britischen Passagierdampfers **„Lusitania"** auf der Rückreise von New York nach Liverpool vor der Küste Irlands durch das deutsche U-Boot U 20 auch 128 US-Staatsbürger/innen in den Tod riss, und damit erlitten sofort die amerikanische Neutralität und Wilsons gut gemeinten Vermittlungsversuche schwere Rückschläge.

Im Dezember 1914 hatte Präsident Wilson ja noch seinen Sonderbotschafter und Vertrauten **Colonel House zu Friedensgesprächen** nach Europa geschickt. Die Gespräche dort verliefen jedoch im Sande. Und wenige Wochen danach fuhr **Colonel House** noch einmal **am 30. Januar 1915 nach London, und anschließend nach Paris und Berlin** in dieser bemerkenswerten Reihenfolge. Auch diese Gespräche verliefen an mehreren Tagen ergebnislos. Alle kriegführenden Mächte in Europa fühlten sich eben noch zu siegessicher. Niemand wollte schon ernsthaft über einen Frieden verhandeln. Präsident Wilson und Colonel House fühlten sich deprimiert und hilflos.

Die Fahrt über den Atlantik machte Colonel House ausgerechnet auf der – noch heilen, unbeschädigten – „Lusitania". Dabei soll House sich, wie er später berichtete, gewundert haben, dass mitten auf dem Atlantik die britische Flagge gegen eine amerikanische, also neutrale, ausgetauscht worden sei. Nach dem Krieg kamen in Deutschland auch Gerüchte auf, dass die „Lusitania" – nach dem Untergang der „Titanic" 1912 das größte, britische Passagierschiff der Welt – auf ihren regelmäßigen Fahrten zwischen Amerika und England auch geheime, militärische Rüstungsmittel von Amerika für England transportiert habe. Das wurde aber nie zweifelsfrei bewiesen.

Die Torpedierung der „Lusitania" und die neue Unsicherheit

Die Versenkung der **„Lusitania" am 7. Mai 1915** und der Tod amerikanischer Passagiere, verursacht durch ein deutsches U-Boot, stellten dann sehr rasch alle Ansätze für eine erfolgreiche amerikanische Vermittlung im „Europäischen Krieg" in Frage, der nun schon fast ein Jahr lang wütete. Und das sowohl auf der Ebene der Regierungspolitik als auch in der öffentlichen Meinung der freien, demokratischen Presse in Nordamerika.

Zeitgenöss. Presse-Zeichnung: Presse-Archiv Universität Berkeley, 1915; Versenkung der „Lusitania" vor Irland am 7. Mai 1915

Nach mehreren **Protestnoten** der amerikanischen Regierung an Deutschland wegen des „barbarischen" U-Bootkrieges und des Untergang der „Lusitania" mit ersten US-Opfern, unternahm **Colonel House** im Auftrag von Präsident Wilson erneut im Winter 1915/16 eine Europareise, allerdings nur noch nach England und Frankreich. Im **geheimen Grey-House-Memorandum vom 22. Febr. 1916** (also fast schon ein ganzes Jahr nach dem Lusitania-Untergang) versprach House dem englischen Außenminister Grey sogar, dass die USA auf der Seite der Alliierten in den Krieg eintreten würden, falls der Vorschlag zu einer Friedenskonferenz scheitern sollte. Es ist unklar geblieben, ob dieses wichtige, frühe Zugeständnis der USA schon mit ausdrücklicher Zustimmung und Wissen von Präsident Wilson gemacht worden ist.

Erst über ein halbes Jahr später erklärte ein sorgenvoller, nachdenklicher **Reichskanzler Bethmann Hollweg am 12. Dez. 1916** die Bereitschaft Deutschlands, in einer neutralen Hauptstadt mit den Alliierten Friedensgespräche zu führen. Zu diesem Zeitpunkt war die größte Vernichtungsschlacht des Krieges um **Verdun** an der Westfront gerade für Deutschland gescheitert, weil sie nicht mit einem deutschen Sieg geendet hatte, sondern nur mit größter Erschöpfung auf beiden Seiten der Front im Stellungskrieg.

Die Alliierten lehnten das Angebot des Reichskanzlers sofort ab. Präsident **Wilson** versuchte dennoch, in einer an alle Kriegführenden gerichteten **Note vom 18. Dez. 1916,** die Kontrahenten an den Verhandlungstisch zu bringen, wobei er bereits sein Wunschbild eines Völkerbundes („League of Nations") ausmalte. Die Deutschen mit ihrem durchaus vom Krieg erschöpften Reichskanzler erklärten daraufhin ihre Bereitschaft, sich ohne Vorbedingungen mit den Alliierten zu treffen. Darin wurde er aber weder vom Kaiser noch von der Obersten Heeresleitung um Hindenburg und Ludendorff unterstützt. **Die Alliierten** dagegen übermittelten Wilson am **10. Jan. 1917** eine Reihe von Forderungen, ohne deren Anerkennung sie nicht mit Deutschland verhandeln wollten. Dazu gehörten die Räumung aller besetzten Gebiete, Reparationen von Deutschland und Österreich und die Reorganisation Europas, was auf eine Auflösung Österreich-Ungarns als Vielvölkerstaat hinauslief.

Am **29. Jan. 1917** teilte dann **Bethmann Hollweg** – unter dem Druck von **Kaiser Wilhelm II.** und der obersten **Generäle Hindenburg und Ludendorff** – dem amerikanischen Präsidenten auch die deutschen Friedensvorstellungen mit, die eine Räumung Belgiens und Frankreichs mit Sicherheitsgarantien, finanzielle Kompensationen, Einbeziehung Polens in deutsche Interessen, Neuverteilung der Kolonien und die Freiheit des Handelns und der Meere umfassten.

Ein Kompromiss zwischen diesen diametralen Kriegszielen der Mittelmächte und der alliierten Entente war so nicht abzusehen. Beide Seiten versprachen sich immer noch mehr Erfolg mit ihrer Waffengewalt als durch Verhandlungen. Die USA und Russland – also die beiden Mächte, die dann bald das gesamte 20. Jahrhundert in Europa und der Welt beherrschen würden – wurden dazu noch nicht einmal befragt. Präsident **Wilson** versuchte noch einmal in einer **Rede am 22. Jan. 1917** (eine Woche vor Deutschlands offiziellem „Nein") vor dem Senat mit einem leidenschaftlichen Appell für einen „Frieden ohne Sieg" zu retten, was nicht mehr zu retten war.

Zu B.) Der „uneingeschränkte U-Bootkrieg" ab Januar 1917

Denn die Würfel waren ja auch in Deutschland schon längst gefallen. Nicht die politische Führung unter dem Reichskanzler, sondern die militärische Gewalt vom Kaiser und seinen Generälen hatte schon am **9. Jan. 1917 beim Kronrat in Pleß** einen folgenreichen Entschluss gefasst, und zwar den **uneingeschränkten U-Bootkrieg wieder aufzunehmen**, wovon die Weltöffentlichkeit aber **erst am 31. Januar 1917** in Kenntnis gesetzt werden sollte (und wurde). Dass diese riskante Entscheidung den Kriegseintritt der USA an der Seite der Entente-

Mächte geradezu provozierte, darüber waren sich die Militärs der Obersten Heeresleitung durchaus im Klaren. Den verzweifelten Versuch des Reichskanzlers Bethmann Hollweg, diesen verhängnisvollen Befehl noch rückgängig zu machen, beschied die Marineleitung mit dem Hinweis, technische Gründe ständen dem entgegen: Die Militärs verwiesen darauf, dass die deutschen Kampf-U-Boote schon ihre Einsatzbefehle erhalten hätten und – im Geheimen – schon auf der Fahrt zu ihren Einsatzgebieten im Atlantik wären. Der Zivilist und Reichskanzler Bethmann Hollweg war frustriert und deprimiert, aber er konnte nichts mehr machen gegen das Militär und gegen den Willen des Kaisers. Innerhalb der verfassungsmäßigen Exekutive (Armee/Regierung) hatten die Falken in der Armee/Marine den Reichskanzler ausgetrickst. Das hätte sich ein Bismarck niemals bieten lassen.

Und wie in Pleß geplant, gab Deutschland am **31. Januar 1917 die Aufnahme des uneingeschränkten U-Bootkrieges** für alle Welt bekannt, also für die Kriegführenden wie für die Neutralen, zu denen sich ja erstaunlicherweise immer noch die USA zählten. Am **3. Febr. 1917 brachen die USA deshalb** die diplomatischen **Beziehungen zum Deutschen Reich ab.**

Doch der nachdenkliche Bethmann Hollweg – im vollen Bewusstsein der Tragweite des Beschlusses in Pleß – und sein Auswärtiges Amt gaben noch nicht ganz auf. Statt sich aber weiter um Friedensverhandlungen zu bemühen, machten sie einen weiteren, schweren, diplomatischen Fehler, der sich verheerend auf die Stimmung in den Vereinigten Staaten auswirken sollte: Das war **die Affäre** um das sog. **„Zimmermann-Telegramm",** gerichtet an den US-Nachbarn Mexiko.

***

Der **Staatssekretär Arthur Zimmermann** im Auswärtigen Amt in Berlin (also der „Außenminister" nach der noch gültigen Bismarckverfassung) hatte schon **am 16. Jan. 1917** folgendes

Telegramm an den deutschen Botschafter im neutralen Mexiko Heinrich von Eckardt übermittelt:

„Telegramm Nr. 1. Ganz geheim. Selbst entziffern. Wir beabsichtigen, am 1. Februar uneingeschränkten U-Boot-Krieg zu beginnen. Es wird versucht werden, Amerika trotzdem neutral zu halten. Für den Fall, dass dies nicht gelingen sollte, schlagen wir Mexiko auf folgender Grundlage Bündnis vor: Gemeinsame Kriegsführung. Gemeinsamer Friedensschluss. Reichliche finanzielle Unterstützung und Einverständnis unsererseits, dass Mexiko in Texas, Neumexiko, Arizona früher verlorenes Gebiet zurückerobert. Regelung im Einzelnen Euer Hochwohlgeboren überlassen. Euer Hochwohlgeboren wollen Vorstehendes Präsidenten (... Carranza) streng geheim eröffnen, sobald Kriegsausbruch mit Vereinigten Staaten feststeht, und Anregung hinzufügen, Japan von sich aus zum sofortigen Beitritt einzuladen und gleichzeitig zwischen uns und Japan zu vermitteln. Bitte Präsidenten (...Carranza) darauf hinweisen, dass rücksichtslose Anwendung der U-Boote jetzt Aussicht bietet, England in wenigen Monaten zum Frieden zu zwingen." (in: Politisches Archiv des Auswärtigen Amtes, Berlin, 1590736)

Ob dies alles mit oder ohne Wissen von Kanzler Bethmann Hollweg geschehen ist, das ist bis heute immer noch eine unsichere Frage in der Geschichtsforschung.

Der Leichtsinn, ja, die Dummheit dieses Telegramms, zeigt sich schon im ersten Satz: „... gemeinsame Kriegsführung ..." wo sollte die denn passieren? Mit deutschen Soldaten in Mexiko, nahe der Grenze nach Texas und Florida? Oder mit mexikanischen Soldaten an der Westfront (Verdun?) oder sogar an der Ostfront (Ukraine)? Dann geht es rein spekulativ weiter: „... gemeinsamer Friedensschluss ..." nach einem völlig illusorischen Sieg der Mexikaner über die USA? Oder nach dem ebenso illusorischen „Siegfrieden" der Deutschen in Europa? „... sobald Kriegsausbruch mit den Vereinigten Staaten feststeht ...", das stand also offensichtlich für Zimmermann am 16. Januar 1917 schon fest? Und dann noch die Einbeziehung von Japan in eine Art Dreibund zwischen Deutschland, Mexiko und Japan. Das war natürlich eine irre, diplomatische und militärische Traumtänzerei, zumal sich dieser „Bund" über drei Kontinente und den halben Globus erstrecken musste: vom Atlantik bis zum Pazifik. Und das alles wollte man nur mit ein paar Dutzend „Kampf-U-Booten" beherrschen sowie einer Handvoll von mexikanischen Soldaten? Und außerdem stand Japan zu diesem Zeitpunkt Deutschland eher feindlich gegenüber, weil das fernöstliche Kaiserreich schon ein gieriges Auge auf die (winzigen) Kolonien Deutschlands im Pazifik geworfen hatte.

Nach diesen Überlegungen muss man doch Professor Fritz Fischer aus Hamburg Recht geben: Herr Staatssekretär (Außenminister) Arthur Zimmermann versuchte hier einen ziemlich unmöglichen „Griff nach der Weltmacht". Schon die Entstehung und Übermittlung dieses kuriosen Telegramms, das schließlich zum Funken am Pulverfass der gespannten deutsch-amerikanischen Beziehungen werden sollte, wirft ein bezeichnendes Licht auf die Leichtfertigkeit der damaligen, deutschen Diplomatie. Nach den Quellen des Auswärtigen Amtes kam anscheinend zuerst der Referent Arthur von Kemnitz auf die Idee, die drohende amerikanische Kriegserklärung durch ein Bündnis zwischen Deutschland und Mexiko (damals dem krisengeschüttelten, südlichen Nachbarn der USA) zu kompensieren. Kaiser Wilhelm II. „höchstselbig", fand Gefallen an dem Gedanken, im Falle eines Krieges mit den USA die Mexikaner für einen „Waffengang" gegen ihren mächtigen Nachbarn im Norden „zu gewinnen". Und so ließ sich auch der verantwortliche Außenminister Zimmermann von der Wunschvorstellung begeistern, ein mexikanisch-nordamerikanischer Parallelkrieg würde die USA vom entscheidenden Einsatz ihrer ökonomischen und militärischen Kräfte auf dem europäischen Kriegsschauplatz abhalten.

Arthur Zimmermann war im November 1916 als Nachfolger von Gottlieb von Jagow zum Staatssekretär des Auswärtigen Amtes bestellt worden. Im westlichen Ausland galt er als ein Mann des Volkes, da kein „von" seinen Namen zierte. In den

USA erhoffte man sich von ihm sogar anfangs eine Verbesserung der bilateralen Beziehungen. Die New Yorker Zeitung „Evening Post" begrüßte seine Ernennung zum Außenminister mit einem freundlichen Artikel unter der Überschrift: „Our Friend Zimmermann". (s. Barbara Tuchman, „Die Zimmermann-Depesche", a. a. O. Literaturverzeichnis).

Tatsächlich war Zimmermann jedoch nur das typische Produkt der nichtadligen Aufsteigerklasse aus dem Bürgertum im kaiserlichen Deutschland. Und das hieß im Umkehrschluss: Er bemühte sich angestrengt, das scheinbare Manko seiner Herkunft durch ein überforsches, konservatives und betont kaisertreues Auftreten auszugleichen. Er gehörte zu der sozial führenden, aber politisch versagenden Schicht des wilhelminischen Bürgertums, die ihren gesellschaftlichen Auftrag und Aufstieg nur ihrer politischen Unterwerfung unter die Monarchie verdankte. Längst waren die bürgerlich-liberalen Ideale von 1848 ins Unterbewusstsein der deutschen, gegenwärtigen Politik verdrängt worden. Der bekannte Soziologe Max Weber hat ja schon in seiner berühmten Freiburger Antrittsvorlesung vom Mai 1895 diese Vorgänge analysiert und deren Folgen für die gesellschaftliche Struktur und Politik der Wilhelminischen Zeit beklagt. (Siehe Literaturverzeichnis).

Zimmermann war also ein erklärter Anhänger des uneingeschränkten U-Bootkrieges. Er erkannte zwar die damit verbundene Gefahr eines amerikanischen Kriegseintritts, verdrängte sie jedoch durch die Vision einer Allianz zwischen Deutschland, Mexiko und Japan. Wenn diese Allianz zustande käme, so hoffte er, hätte Deutschland endlich zwei neue Verbündete in einem sich wider Erwarten lange hinziehenden Krieg gewonnen. Es war der Traum eines gesellschaftlichen Aufsteigers, der unter der Arroganz des aristokratisch geprägten Auswärtigen Amtes litt – Zimmermann hatte ja kein „von" vor seinem Namen – und nun durch einen großen politischen Entwurf auf Anerkennung und einen Durchbruch hoffte.

***

Die Sorge, die Zimmermann dabei nach dem 9. Januar 1917 (Kronrat in Pleß) am meisten plagte, war die Frage, wie schnell, möglichst noch weit vor dem 31. Januar 1917, die mexikanische Regierung von seinem Vorschlag Kenntnis erhalten könnte. Der Botschafter Mexikos in Berlin, derzeit irgendwo in der Schweiz reisend, war nicht erreichbar. Der Plan, die Depesche mit einem U-Boot nach Mexiko zu bringen, war denkbar, aber faktisch unmöglich und wurde schnell verworfen; die Fahrtzeit eines U-Bootes von rund 20 Tagen über den Atlantik erschien dem ungeduldigen Außenminister auch viel zu lange.

Stattdessen kam Zimmermann auf die ebenso leichtsinnige wie unverfrorene Idee, das für Mexiko bestimmte Telegramm in verschlüsselter Form ausgerechnet der amerikanischen Botschaft in Berlin zu übergeben, und zwar mit der höflichen Bitte, das chiffrierte Telegramm an die deutsche Botschaft in Washington zu senden. Die US-Diplomaten in Berlin taten gutgläubig genau das und schickten sofort das **„Zimmermann-Telegramm"** an den deutschen Botschafter Graf von Bernstorff in Washington. Zimmermann gewann die Amerikaner auch leicht für diesen seltsamen, riskanten Kurierdienst, weil das deutsche Transatlantikseekabel nach Amerika schon längst von den Engländern zerstört worden war. Und Zimmermann behauptete nun dreist, dass dieses neue Telegramm in Zusammenhang mit den Friedensbemühungen von Präsident Wilson stände. Für genau den Zweck hatten die US-Diplomaten den Deutschen schon angeboten, ihre Korrespondenzen zwischen dem Auswärtigen Amt und der deutschen Botschaft in Washington über ihre eigene Botschaft in Berlin abzuwickeln. Dieses Angebot bedeutete jetzt für den deutschen Außenminister eine erhebliche Zeitersparnis. Denn der Weg nach Mexiko führte jetzt über den Landtelegrafen von Berlin nach Kopenhagen und von dort durch das noch intakte, amerikanische Atlantikkabel – das allerdings auch England berührte – zum State Department in Washington. (s. Barbara Tuchman, a. a. O.)

Botschafter Graf von Bernstorff empfing also die „Zimmermann-Depesche", dechiffrierte sie, war höchst erstaunt und gleich besorgt, aber er leitete es nach Mexiko weiter. Das geschah – wie üblich, aber wieder ziemlich leichtsinnig – über die Western-Union-Gesellschaft als Telegramm Nr. 130 an die deutsche Botschaft in Mexiko. Dort traf es schon am **19. Januar 1917** ein, also nur zehn Tage nach dem deutschen Kronrat in Pleß. Zimmermann war sehr zufrieden, sein Plan, die Depesche noch vor dem 31. Januar den Mexikanern anzubieten, schien also gelungen. Zur Sicherheit hatte er aber noch sein Telegramm von Berlin aus auf drahtlosem Wege über die Funkstationen Nauen und Sayville sowie über eine schwedische Funklinie direkt nach Amerika gesendet.

Natürlich waren alle diese Depeschen streng verschlüsselt. Und die Deutschen waren ihres Funkgeheimnisses so sicher, dass sie immer wieder dieselben Chiffren verwendeten, obwohl das mehrfache Verschwinden von Codebüchern ein Alarmsignal hätte sein müssen. Tatsache war nämlich, dass der **englische Geheimdienst** unter Admiral Hall zu diesem Zeitpunkt längst den deutschen Code geknackt hatte und **alle feindlichen Telegramme nach Amerika abfing und entschlüsselte.**

So geschah es denn auch prompt mit dem Zimmermann-Telegramm, und zwar auf allen drei Übermittlungswegen, ohne dass die Deutschen davon etwas ahnten. Die Engländer – im Zwiespalt darüber, ob man die Sensation des Zimmermann-Telegramms ausschlachten und damit gleichzeitig ihr Geheimnis des Funkabhörens preisgeben sollte – warteten bis zum 24. Februar 1917. An diesem Tage übergaben sie den Text der Depesche dem in London akkreditierten amerikanischen Botschafter Page. Wenige Tage später, **am 1. März 1917,** überließ der in seinen Friedensbemühungen schwer **enttäuschte Präsident Wilson** das „Zimmermann-Telegramm" einer schockierten und empörten amerikanischen Presse und damit auch der Weltöffentlichkeit.

***

Das Zimmermann-Telegramm markiert also einen völligen Fehlschlag der deutschen Diplomatie in einem entscheidenden

Augenblick des Ersten Weltkrieges. Abgesehen von der Frage, ob das alte – oft ausprobierte – Prinzip, mit dem Feind des Feindes ein Bündnis einzugehen über zwei Kontinente hinweg überhaupt hätte wirksam werden können, zeugt Zimmermanns Taktik von einer unrealistischen, ja dummen Einschätzung der historischen Zusammenhänge der amerikanischen Politik.

Die Monroe-Doktrin von 1823 war auch 1917 durchaus noch gültig. Sie war und blieb konstitutiver Bestandteil der Politik aller Präsidenten, auch wenn sie durch gewisse Ereignisse der „Big-Stick-Politik" inzwischen erweitert worden war. Eines der wesentlichen Prinzipien dieser Doktrin, die Abwehr von Einmischung europäischer Staaten im gesamten Kontinent Amerika, sah die US-Regierung mit Präsident Wilson an der Spitze nun durch das deutsche Außenministerium nachhaltig und eindeutig gefährdet. Auch wenn das Weiße Haus seinerseits seine eigene Einmischung in den „Europäischen Krieg" zu Gunsten Englands immer deutlicher machte und damit selbst in gewisser Weise seine eigene Doktrin – reziprok gesehen – verletzte, hatte Berlin etwas fundamental missverstanden: Man gab sich in Deutschland offensichtlich – so mussten es die Amerikaner sehen – der Illusion hin, man könne den alten Dauerkonflikt zwischen den zwei freien amerikanischen Staaten USA und Mexiko ausnützen, um daraus im aktuellen europäischen Krieg einen entscheidenden Nutzen für die Mittelmächte zu ziehen.

Um einen Dauerkonflikt in Amerika handelte es sich in der Tat, wobei eine sorgfältigere Analyse im Auswärtigen Amt hätte erkennen lassen können, dass das innenpolitisch krisengeschüttelte Mexiko gegen den mächtigen Nachbarn im Norden nie eine militärische Chance gehabt hätte.

Der Krieg in den Jahren 1845 bis 1848 endete mit der Eingliederung von Texas, New Mexiko und Kalifornien sowie von Utah, Nevada und Teilen von Wyoming und Colorado in den nordamerikanischen Bundesstaat. Fünf Jahre später, 1853, musste Mexiko aus wirtschaftlicher und politischer Schwäche den Südteil von Arizona an den Nachbarn verkaufen. Das mexikanische Abenteuer des österreichischen Erzherzogs Maximilian, der schließlich als „Kaiser von Mexiko" von seinen republikanischen Feinden erschossen wurde, war von Washington nachhaltig beeinflusst worden. Im Sinne der Monroe-Doktrin wurde Frankreich – welches den „Kaiser von Mexiko" nur als Galionsfigur seiner überspannten Weltmachtpolitik unter Napoleon III. benutzt hatte – auf diplomatischem Wege isoliert und zum Rückzug gezwungen. Auch in den folgenden Jahrzehnten, vor allem nach dem Sturz des Präsidenten Diaz 1911, nahmen die USA immer wieder Einfluss auf die chaotische Innenpolitik Mexikos, zumal durch sozialrevolutionäre Unruhen eine Befriedung des Landes aus US-Sicht kaum zu erhoffen war. Nach einem Gefecht zwischen mexikanischen Aufständischen und US-Truppen bei Carrizal am 21. Juni 1916 blieben die US-Soldaten sogar bis zum 5. Februar 1917 als Besatzungsmacht auf dem Territorium von Mexiko, also auch noch zum Zeitpunkt des Zimmermann-Telegramms. Wie hätte Mexiko da noch einen Krieg gegen die USA beginnen können? Vielleicht mit Unterstützung von einigen Schüssen aus den schwachen Bordkanonen von ein oder zwei deutschen U-Booten, die es gewagt hätten, vor Florida zu ankern?

Die Beziehungen zwischen Mexiko und den USA waren auch quasi traditionell belastet. In Washington war keineswegs vergessen, dass Deutschland im April 1914 – also noch vor der Julikrise – versucht hatte, einen mit Waffen beladenen Dampfer, die „Ypiranga" der Hamburg-Amerika-Linie, nach Mexiko zu dirigieren. Dort sollte die brisante Ladung den „aktuellen" Revolutionär Huerta unterstützen, dessen Politik von den USA mit großem Argwohn betrachtet wurde. Nur die rasche Besetzung von Veracruz durch amerikanische Seestreitkräfte verhinderte die Entladung der „Ypiranga". Allerdings konnten sowohl die „Ypiranga" als auch ein zweites Schiff, die „Bavaria", wenig später ihre Fracht – deutsche Maschinengewehre und Munition – heimlich und ungestört löschen und an die Soldaten des Generals Huerta übergeben. (s. Barbara Tuchman, a. a. O.)

Das wurde bald aufgedeckt und war in den USA bis 1917 noch längst nicht vergessen. Und auch deshalb musste nun die

"Sache" mit dem Zimmermann-Telegramm als Versuch von Deutschland angesehen werden, den amerikanisch-mexikanischen Konflikt zu verschärfen, um dadurch die USA von Europa und seinen Problemen abzulenken. Immer wieder hatten ja seit Kriegsbeginn deutsche Diplomaten im Hintergrund agiert, um auf die mexikanische Innenpolitik gegen die USA einzuwirken, sei es durch die heimliche Unterstützung von Guerillabanden, sei es durch Kontakte zu der neuen Regierung des Präsidenten Carranza. So gesehen, kam Zimmermanns Bündnisinitiative keineswegs ganz überraschend, die deutsche Kriegsdiplomatie schien vielmehr ihre Position in Übersee auf Kosten der USA folgerichtig auszubauen.

Hinzu kam noch erschwerend, dass Zimmermann in seinem Telegramm auch Japan in seine Kalkulation einschloss. Das Telegramm forderte in einem Schlussabsatz den Botschafter von Eckhardt ja sogar auf, beim Präsidenten Carranza von Mexiko noch den folgenden, irrsinnigen Vorschlag zu machen: *"... Japan von sich aus zu sofortigem Beitritt einzuladen und gleichzeitig zwischen uns und Japan zu vermitteln."* Sollte da etwa unter Einschluss Mexikos und Japans nebst Deutschlands (und Mittelmächten) ein neuer Dreibund gegen die USA konstruiert werden? Das war ein kühner, verwegener Gedanke von Zimmermann, denn seit dem 23. August 1914 standen Deutschland und Japan schon im Kriegszustand, der sich aber bisher nur im Fernen Osten im Pazifik in begrenztem Rahmen abspielte. Nach deutscher Ansicht kämpften die Japaner dabei auf der "falschen" Seite, bedrohten doch der englische und russische Kolonialismus weitaus stärker die imperialen Anstrengungen Japans in Ostasien als die dortigen, kolonialen Träume des Deutschen Kaiserreiches. Und wie es zu erwarten war, eroberte Japan relativ schnell schon 1914/15 – in einem fiktiven Bündnis mit England – die erst am Ende des 19. Jh. von Deutschland besetzten Gebiete: die Marshallinseln, die Marianen, die Palauinseln, die Karolinen und die chinesische Hafenstadt Tsingtau; und bald stellten sich die USA im Pazifik den Japanern schon als ernsthafte Konkurrenten in den Weg: bei den Midway-Inseln, Hawaii, Guam und den Philippinen. War es da so günstig für Deutschland, einen zukünftigen, möglichen Feind – nämlich die starken USA – mittels eines früheren, kleinen Feindes, nämlich Japan, zu provozieren?

***

Die Veröffentlichung des Zimmermann-Telegramms

Am 5. Februar 1917 sprach Botschafter von Eckhardt gemäß der Anweisung des Auswärtigen Amtes bei dem mexikanischen Staatspräsidenten Carranza vor und unterbreitete das Bündnisangebot seiner Regierung. Es war kein glücklich gewählter Termin. Die Würfel waren schon gefallen: Am 31. Januar gab Deutschland die Aufnahme des uneingeschränkten U-Boot-krieges weltweit (also auch gegen alle Neutralen) bekannt. Und am **3. Februar 1917** brachen die USA sofort alle Beziehungen zum deutschen Kaiserreich ab. Damit war also die Übergabe des Zimmermann-Telegramms schon gescheitert, weil der ursprüngliche Zeitplan nicht mehr eingehalten werden konnte.

Nur zwei Tage später, am 5. Februar 1817, verließen die letzten US-Truppen das Land Mexiko, welches sie seit dem Juni 1916 teilweise besetzt gehalten hatten. Carranza hatte den Abzug mit Washington nach langwierigen Verhandlungen erreicht und wertete das als seinen persönlichen Erfolg.

Der mexikanische Präsident hörte nun überrascht und erstaunt den deutschen Botschafter an. Erfreut war er aber in keiner Weise. Er dankte Herrn von Eckhardt höflich für die so unerwartete Offerte aus Deutschland. Aber er war Realist und erkannte gleich, welche gefährliche Sprengkraft für sein Volk sich in diesem Bündnisangebot von Deutschland gegen die USA verbarg. Mehr als unverbindliche Worte bekam Herr von Eckhardt vom mexikanischen Präsidenten nicht zu hören. Und so ging es die folgenden Wochen weiter. Eckhardt konnte somit keinen Bündnis- oder sogar Kriegspartner Mexiko aus der direkten Nachbarschaft der USA nach Berlin zur großen Enttäuschung von Staatssekretär Zimmermann und wohl auch des Kaisers Wilhelm II. melden.

Dafür nahm der Sturm in der amerikanischen, freien Presse und Öffentlichkeit immer mehr zu über die Frage, ob die USA jetzt auch Deutschland und den Mittelmächten den Krieg erklären müssten. Bis Ende Februar kamen immer wieder neue Meldungen in die USA, dass neutrale Frachtschiffe im Atlantik weiter von deutschen U-Booten angegriffen würden. Nur das Konvoi-Geleit-System mit Marine-Kreuzern konnte schlimmere Verluste für die Amerikaner verhindern. Und am **25. Februar 1917** wurde dann endlich dem Präsidenten Wilson der vom Geheimdienst entschlüsselte Text des Zimmermann-Telegramms vorgelegt. Man hatte in den USA auf Wunsch des englischen Geheimdienstes so lange gewartet, weil dieser sein Geheimnis der Entschlüsselung nicht früher aufgeben wollte.

Präsident Wilson reagierte sofort: Er trat einen Tag später vor den Kongress und beantragte – ohne mit einem Wort die Depesche zu erwähnen – die Bewaffnung aller amerikanischen Frachtschiffe. Es sollten zudem Maßnahmen getroffen werden, die einen geordneten, sicheren Seehandel gewährleisteten. **Bewaffnete Neutralität der USA** hieß Wilsons Schlagwort, dass jetzt in den beiden Kammern des Senats und des Repräsentantenhauses heftig diskutiert wurde. Die Meinungen dazu gingen immer noch auseinander.

In diesen wenigen Tagen, als auch die gesamte Öffentlichkeit in den USA noch heftig um die Frage der Neutralität rang, veröffentlichte am **1. März 1917 die** „New York Times" eine weitere Sensation, die wie eine Bombe einschlug:

„Deutschland schmiedet Bündnis gegen die USA, bittet Japan und Mexiko um Beistand; vollständiger Text des Vorschlags veröffentlicht."

Mit einem Schlag war die Sache damit für (fast alle) US-Amerikaner sonnenklar: Den USA wurde jetzt ein „Casus Belli" wie auf einem Tablett vom Feind selbst serviert. Die Meinungen über die Konsequenzen für die USA gingen selbst jetzt noch – wie es in einem Land mit demokratischer Presse- und Meinungsfreiheit sein sollte – weit auseinander. Viele US-Amerikaner reagierten ungläubig und hielten den Text anfänglich für eine arglistige Fälschung. Erst als Präsident Wilson die Echtheit des Dokuments bestätigte, wandelte sich das öffentliche Erstaunen in Empörung und Zorn.

Davon wurde schließlich fast die ganze Nation erfasst; und die Stimmung im Volk gegen die früher so beliebten deutschen Einwanderer schlug schlagartig um: die „German Americans" nannte man nun, oft sogar mit Hass, „**Hyphen-Americans**", also abfällig nur noch die „Bindestrichamerikaner". Mochten die zahlreichen Konflikte seit 1914 das deutsch-amerikanische Verhältnis gefährlichen Belastungen ausgesetzt haben, nie hatten sie ausgereicht, eine einheitliche antideutsche Front in allen US-Einzelstaaten aufzubauen, die so weit ging, den Status der offiziellen Neutralität aufzugeben und den Kriegseintritt der USA zu fordern. Das hatte sich aber mit dem veröffentlichten Zimmermann-Telegramm gründlich geändert. Die veröffentlichte Meinung in den USA sprach jetzt nur oft von der „**preußischen Angriffsverschwörung**". Selbst langjährige Isolationisten aus dem Mittelwesten, wo viele wohlhabende, aus Deutschland eingewanderte Farmer lebten (z. B. in Michigan und Minnesota), änderten über Nacht ihre politische Meinung. Zeitungen, die eben noch vehement für den Fortbestand der Neutralität der USA im „europäischen Krieg" eingetreten waren, hielten einen Kriegseintritt nun für unvermeidlich.

Das Repräsentantenhaus trug dieser Stimmung sofort Rechnung und votierte mit 403 gegen nur noch 13 Stimmen für die „**Armed-Ship-Bill**", ein Gesetz, das die Bewaffnung der Handelsschiffe legalisierte. Als der Senat sich kurzfristig sträubte, musste er in den Zeitungen für diese Haltung bittere Kritik einstecken.

Die bekannte, amerikanische Historikerin Barbara Tuchman resümiert: „Zimmermann (...) schoss einen Pfeil in die Luft und herunter fiel die Neutralität wie eine tote Ente." (s. a. a. O. Literaturverzeichnis).

***

Während seine Kabinettsmitglieder fast alle zum Krieg drängten, zögerte Wilson noch immer. Was ihm in den stürmischen, kalten Tagen des Winters 1917 als Unsicherheit und Zaudern ausgelegt werden konnte, spiegelt allerdings die Haltung eines Menschen und gereiften Geschichtsprofessors wider, der Kenner der Philosophie von Immanuel Kant war und der sich seinen Entschluss zum Kriege hin bestimmt nicht leichtgemacht hat. Krieg bedeute, so schrieb er einmal, *„dass wir, genauso wie die anderen den Kopf verlieren und uns nicht mehr um Recht und Unrecht kümmern würden. Es würde bedeuten, dass eine Mehrheit des Volkes in dieser Hemisphäre, vom Kriegstaumel gepackt, das Denken aufgeben und ihre ganze Energie auf Zerstörung richten würde."* (Manfred Berg, Woodrow Wilson, Amerika und die Neuordnung der Welt, München 2017, a.a.O. Literaturverzeichnis). Doch keiner wusste wohl besser als Wilson, dass diese melancholisch warnenden Überlegungen nach der Zimmermann-Depesche nichts mehr auszurichten vermochten.

Zu C.) Die Kriegserklärung der USA gegen Deutschland am 6. April 1917

Erst auf einer **Sondersitzung des Kongresses am 2. April 1917** „betreffend ernste Angelegenheiten der nationalen Politik" bat Präsident Wilson um Zustimmung zur **Erklärung des Kriegsstatus der Vereinigten Staaten** mit allen Konsequenzen für die Rüstung, Politik und Wirtschaft des Landes. Wilson feierte zunächst auch die gerade gemeldete russische Februarrevolution, welche die autokratische, jahrhundertelange Zarenherrschaft hinweggefegt hatte, und er begrüßte die neue sozialrevolutionäre Regierung unter dem neuen, jungen Ministerpräsidenten Alexander Kerenski.

(**Übrigens: Kerenski** flüchtete nach Lenins Putsch in der „Oktoberrevolution" 1917 über Finnland in die USA. Und dort wurde er ein Geschichtsprofessor, der noch im Jahre 1967 (zum 50-jährigen Tag der Oktoberrevolution) als alter Mann in der Universität von Berkeley einen Gastvortrag hielt, den ich als deutscher Austauschstudent mithören konnte. Ich erinnere mich gut daran, dass er Lenin „würdigte" und Stalin total „verdammte").

Wilson setzte den sozialdemokratischen Umsturz von Kerenski – der schon im Herbst 1917 durch die bolschewistische Revolution von Lenin beendet wurde – als wirkungsvollen Kontrapunkt gegen die kaiserliche Regierung in Berlin ein und bezeichnete die Hohenzollernautokratie als „einen natürlichen Feind der Menschheit".

Und dann kam Wilson auf das Zimmermann-Telegramm zu sprechen: *„Die aufgefangene Note an den deutschen Botschafter in Mexiko City ist der eindeutige Beweis dafür, dass die deutsche Regierung versucht, Feinde direkt vor unserer Haustür aufzuhetzen und anzustacheln. Wir nehmen die Herausforderung durch feindliche Absichten auf, weil wir wissen, dass wir in solch einer Regierung, die solche Methoden benutzt, niemals einen Freund sehen können und dass es niemals eine dauerhafte Sicherheit in der Welt geben kann, solange solche, autokratischen Regierungen an der Macht sind und wer weiß nicht, was sie noch alles anstellen könnten."* (in: The New York Times. 1917, a. a. O.)

Und dann formulierte Präsident Wilson den hohen Anspruch, der dem Kriegseintritt der USA die eigentliche Legitimation geben sollte:

„Wir sind froh, jetzt, da wir die Tatsachen ohne einen Schleier trügerischen Scheins sehen, dass wir so für den endgültigen

Frieden der Welt und die Befreiung ihrer Völker, die deutschen Menschen eingeschlossen, kämpfen: Für die Rechte der Nationen, ob groß oder klein, und das Vorrecht der Menschen überall, sich ihre Art und Weise des Lebens und der staatlichen Ordnung auszusuchen. <u>The world must be made safe für democracy!</u> Ihr Friede muss auf den erprobten Grundlagen politischer Freiheit errichtet werden. Wir haben keine uneigennützigen Ziele, denen wir dienen. Wir verlangen nach keiner Eroberung, keiner Herrschaft (…). Wir sind lediglich einer der Vorkämpfer für die Rechte der Menschheit. (…) Für die Demokratie, für das Recht jener, die der Autokratie unterworfen sind, für ein Mitspracherecht bei ihrer Regierung, für die Rechte und Freiheiten kleiner Nationen, für eine allgemeine Herrschaft des Rechts durch ein Konzert der freien Völker, das allen Nationen Frieden und Sicherheit bringt und die Welt selbst endlich frei machen wird. (…) Mit dem Stolz derer, die wissen, dass der Tag gekommen ist, da Amerika die Auszeichnung erfährt, sein Blut und seine Macht für die Prinzipien darzubringen, denen es seine Geburt und sein Glück und den Frieden verdankt, den es wertschätzte. Gott helfe ihm, es kann nicht anders!"
(in: The New York Times Current History: The European War. Volume XI, New York Times, 1917)

Auf das Pathos dieser Rede – am Schluss wirkungsvoll ein Lutherwort abwandelnd wie gleichsam aus dem Munde des gesamten, amerikanischen Volkes – folgte der donnernde, minutenlange Applaus in den Hallen des Kongresses von stehenden Senatoren und Abgeordneten.

Am **4. April 1917** nahm der **Senat** mit 82 gegen 6 Stimmen die Kriegsresolution des Präsidenten an. Am **6. April 1917** folgte das **Repräsentantenhaus** mit einem Votum von 373 gegen 50 Stimmen. Noch am gleichen Tag unterzeichnete Präsident Wilson die Kriegserklärung an Deutschland und die Mittelmächte und schickte sie per Funk und Draht um die Welt. Das Weiße Haus betonte dabei, dass die USA nicht als alliierte, sondern als assoziierte Macht in den Krieg auf Seiten der Entente eintreten würden.

Eine neue Epoche der Weltgeschichte begann. Bei Beginn der letzten, großen deutschen Offensive im Frühjahr 1918 – also nur ein Jahr nach dem Kriegseintritt der USA und im vierten Kriegsjahr insgesamt – standen bereits ca. 300 000 amerikanische Soldaten auf europäischem Boden. Bei dem alliierten Gegenangriff im Sommer 1918 – ein Vierteljahr später nach dem 6. April – waren es ca. 600 000. Und im Oktober 1918 – kurz vor der Niederlage und der Annahme des **Wilson-Ultimatums der „14 Punkte"** durch Deutschland – waren es etwa 1,8 Millionen Amerikaner, die auf Seiten der Engländer und Franzosen kämpften und den deutschen, vierjährigen Traum von einem „Siegfrieden" unwiderruflich zerstörten.

***

Erstaunlicherweise träumten große Teile der **„öffentlichen Meinung" in Deutschland in diesem dritten Kriegsjahr 1917** – also in dem Jahr der amerikanischen, endgültigen Aufgabe ihrer Neutralität – noch immer und geradezu leichtsinnig und unverdrossen von einem Siegfrieden. Das zeigt ein Leitartikel in dem **„Ostfriesland-Kalender – für Jedermann 1918"**, geschrieben wohl schon im Sommer und Herbst 1917 und erschienen Anfang 1918 im Soltau Verlag in der ostfriesischen Kleinstadt Norden, also weit westlich im damaligen Nordwestzipfel des Landes Preußen. Dieser, man darf wohl sagen, damals typisch deutscher und zeitgenössischer Leitartikel einer Regionalzeitung mit einer Länge von 24 eng bedruckten Seiten gibt sicherlich die zeitgenössische Stimmung noch in großen Teilen der deutschen Bevölkerung, vor allem auch in der Provinz weit ab von Berlin, wieder.

Er trägt die Überschrift **„Der wild weiter wütende Weltkrieg"** und ist verfasst worden von Gustav Goedel, Geheimer Konsistorialrat in Kiel, also von einem wohl höheren Zivilbeamten, aber keinem Militär. Und er ist auch gerichtet an die allgemeine Zivilbevölkerung in Ostfriesland, die einen solchen eigentlich ganz unpolitischen „Jahreskalender" (gibt es übrigens bis heute) am Anfang von jedem neuen Kalenderjahr dort empfängt und liest.

Gustav Goedel resümiert hier am Anfang des neuen Jahres 1918 für „Jedermann" seitenlang über die angeblichen Siege des deutschen Heeres in West und Ost, und das, wie er mehrfach feststellt, in einem „Verteidigungskrieg". Immerhin nennt er den Krieg nicht mehr nur „europäisch...", sondern schon „**Weltkrieg ... wir können's nicht ändern. Es kann der Beste nicht in Frieden leben, wenn es dem bösen Nachbarn nicht gefällt.**" Mit keinem Wort erwähnt er den Seekrieg und die Probleme des deutschen U-Bootkrieges, obwohl er doch aus Kiel kommt (und damit dem Heimathafen der U-Boote). Und dieser Krieg hat um diese Zeit schon international alle Welt, vor allem auch die seefahrende neutrale, beeinflusst und beunruhigt. Kein Wort davon, dass die USA sich jetzt – Sommer bis Herbst 1917 – schon längst im Krieg gegen Deutschland und die Mittelmächte befanden und zwar vor allem wegen des uneingeschränkten U-Bootkrieges der Deutschen. Kein Wort von der Entwicklung dorthin seit der Lusitania-Versenkung!

Erst gegen Schluss seiner Ausführungen kommt Goedel auf die Rolle der USA zu sprechen, aber nur im Rahmen einer Beschimpfung und Verhöhnung von Präsident Woodrow Wilson: „**Auf Amerika und seinen elenden Wilson brauchen wir zum Glück keine Rücksicht mehr zu nehmen. Der hat endlich die Maske des Friedensfreundes fallen lassen und uns den Krieg erklärt. Warum? Das sagt er natürlich nicht. Deswegen bringt er allerlei Redensarten und Vorwände bei. Es lohnt nicht, auf seine Dummheiten einzugehen. Er war von vornherein mit Haut und Haaren an England verkauft, hat auch dem Vielverband viel zu viel Geld vorgeschossen, das er gerne wieder haben möchte. Einstweilen nur mit Geld und großspurigen Versprechungen gewaltiger Kriegshilfe, aber deren Erfüllung können wir mit Ruhe zusehen und sehen wir mit solchem Gleichmut entgegen, dass nicht einmal** *die feinfühlige Berliner Börse bei dieser Kriegserklärung irgendwelche Bewegung zeigte. Hunderttausend Flugzeuge wollen sie neben ungezählten anderen schrecklichen Sachen schicken. Zukunftsmusik. Indessen nützen unsere Flieger trefflich die Gegenwart aus. (...)"*

Ziemlich genau ein Jahr später – November 1918 – wird der Geheime Konsistorialrat Goebel wohl eine andere „Zukunftsmusik" als diese hier im Kopf gehabt haben.

Er konnte wohl auch nicht mehr verhindern, dass seine Beschimpfung von Präsident Wilson und der Amerikaner im deutschen Volk nach 1918/19 von einem unaufgeklärten Teil des deutschen Volkes als „anti-Americanism" und „antisemitism" aufgesogen wurde und damit schon wieder ein nächster Konflikt (von den Nationalsozialisten) in die deutschen Gehirne gepfropft wurde ...

***

Exkurs I.: Die öffentliche Meinung in den USA von 1914 bis 1917

Bisher lag unser Schwerpunkt bei den gegnerischen Regierungen, ihren Diplomaten und Militärs, und auch den Neutralen im 1. Weltkrieg. Wie aber dachten die öffentliche Meinung und die unabhängige Presse in den Vereinigten Staaten selbst über den „europäischen Krieg", der für sie ja bis 1917 nur auf der östlichen Seite des Atlantiks stattfand? Vor dem Juni/Juli 1914 rückten Themen aus Europa nur selten in den Blickpunkt des amerikanischen Interesses. Man kann das in dem umfangreichen Pressearchiv der Universität Berkeley in Kalifornien gut verfolgen.

Sogar die Ermordung des österreichischen Thronfolgers Franz Ferdinand und seiner Gemahlin am 28. Juni 1914 war für die amerikanischen Zeitungen zunächst kaum mehr als eine spannende, terroristische Mordgeschichte aus dem Balkan. Nur wenige Amerikaner kannten diese südöstliche Gegend in Europa überhaupt und fragten auch nicht nach den politischen Hintergründen und den möglichen Folgen dieses Attentats direkt im Spannungsgebiet zwischen Bosnien und der Herzegowina. Die Rollen des Kaiserreichs Österreichs-Ungarn und die des Zarentums Russland sowie des mit diesem befreundeten, kleinen Serbiens interessierten noch weniger US-Bürger. Kaum jemand wusste, dass Bismarck schon Jahrzehnte vorher den Balkan als „Pulverfass" bezeichnet hatte.

Die damals schon in den USA führende Zeitung **„New York Times"** behandelte dann aber am 29. Juni 1914 den Mordfall von Sarajevo ausführlich auf der ersten Seite unter einer dicken, dreizeiligen Schlagzeile. In vier Spalten auf der Titelseite und auf der gesamten Seite zwei berichtete sie über die Tragödie, bei welcher der durchaus als Friedensfreund bekannte österreichische Thronfolger getötet wurde. In ihrem redaktionellen Teil bewertete die „Times" das Attentat als einen Racheakt für die Besetzung Bosniens und der Herzegowina durch Österreich. Ein Professor Michael Pupin von der Columbia Universität wurde ausführlich interviewt und er machte, weil er aus Serbien eingewandert war, für den Mordanschlag in Sarajevo die Politik von Österreich auf dem Balkan voll verantwortlich, ohne auf die vielfältigen Konflikte auf dem Balkan weiter einzugehen.

Die **„New York Tribune"** bezeichnete das Habsburgerreich wenige Tage später auch als einen unsicheren und instabilen Vielvölkerstaat, verneinte aber eine Kriegsgefahr zunächst nur zwischen Serbien und Österreich. Die **„New York Sun"** sah im Tod des Erzherzogs sogar eine neue Chance für den Balkan, und der **„Los Angeles Examiner"** bemühte sich, noch weitere politische Hintergründe aufzuzeigen. Doch dann war das Thema passé, und die Zeitungen widmeten sich ausführlich dem Freundschaftsbesuch des französischen Staatspräsidenten Poincaré in Russland.

Welche folgenreiche Entwicklung dieser, im Übrigen schon lange geplante, Besuch einleiten würde, das musste dem Korrespondenten natürlich verborgen bleiben. Erst im Nachhinein fanden die Historiker heraus, dass Poincaré damals bei seinem Besuch in Petersburg die schon lange beschlossene „Tripel-Allianz" zwischen Frankreich, England und Russland ausdrücklich bekräftigte, nämlich alle Verpflichtungen des Bündnisses im Kriegsfalle mit Österreich und Deutschland zu erfüllen. Und das bedeutete im <u>Klartext, dass Paris für Petersburg eine ähnliche Vollmacht ausstellte, wie sie früher schon Berlin (nach 1890 und Bismarcks Rücktritt) gegenüber Wien eingegangen war</u>. (Kaiser Wilhelm II. war zeitlebens stolz darauf und bezeichnete das als „Nibelungentreue" zwischen Deutschland und Österreich-Ungarn.) Und damit konnte sich jetzt das kleine Serbien – im Falle eines drohenden Krieges mit Österreich – der Hilfe von Russland und möglicherweise auch Frankreichs ziemlich sicher sein.

Und nun setzte **eine Automatik** ein, die der englische Premier Lloyd George später so bezeichnet hat, dass alle europäischen Mächte **„in den großen Krieg hineingeschlittert"** seien, also gewissermaßen in eine „Eisschnelllaufautomatik"! Deutschland, beziehungsweise Kaiser Wilhelm II. persönlich, stellte Österreich schon Anfang Juli einen **„Blankoscheck"** aus für den <u>Fall eines Krieges mit Serbien</u>. Österreich zögerte noch bis zum <u>28. Juli 1914</u>. Aber dann <u>erklärte das K.u.K.-Kaiserreich Serbien den Krieg</u>, nachdem die serbische Regierung ein Ultimatum ablaufen ließ, in welchem Österreich gefordert hatte, dass das selbstständige Land alle gegen die Donaumonarchie gerichteten „terroristischen" Aktionen unterlassen müsse.

Von diesem Tage an erschienen auch in den USA Berichte unter dicken Balkenüberschriften über die Lage in den europäischen Hauptstädten. Gerüchte von einer **Teilmobilmachung Russlands**, die am darauffolgenden Tag denn auch tatsächlich vom Zaren Nikolaus II. befohlen wurde, machten die Runde. Eine Karikatur zeigte Österreich als einen Wolf, der nach einem Lamm, Serbien, schlägt. In einem Kommentar unter der Überschrift „Mediation or War" zeigte der Chefredakteur der **„New Yorker World"** Sympathie für Serbien, sah in England einen möglichen Friedensvermittler und schloss mit dem Hinweis, dass Österreich nichts unternehmen könne, falls Deutschland sich auch zur Vermittlung bereit halte. Aber genau das geschah ja nicht in Berlin und im altpreußischen Königs-/Kaiserschloss an der Spree. Deutschland goss weiter unverdrossen Öl ins Feuer und ermutigte Österreich, endlich gegenüber Serbien zu handeln. Nach der Devise: „Jetzt oder nie!"

***

Wie sich die widersprüchlichen Nachrichten und Ereignisse aus der Julikrise dann am **Anfang August 1914** durch die **verhängnisvolle Automatik der Kriegserklärungen** überschlugen (siehe: Kap. 12 mit Tafelbildern u. Grafiken), in Verbindung mit den bestehenden zwei gegensätzlichen Bündnissystemen, das machen die folgenden **Schlagzeilen in der „New York Times"** deutlich (in deutscher Übersetzung):

#2. August 1914: *„Deutschland erklärt Russland den Krieg, erste Schüsse gefallen; Frankreich macht mobil und wird wohl morgen hineingezogen werden; Pläne zur Rettung der 100 000 Amerikaner in Europa."*
#3. August 1914: *„Russland überfällt Deutschland; Deutschland überfällt Frankreich, aber erklärt nicht den Krieg; Englands Entscheidung heute; Belgien bedroht, Luxemburg und Schweiz angegriffen; deutsche Grenzer schießen französisches Flugzeug ab."*
#4. August 1914: *„England will französische Küste schützen und Belgien verteidigen; Deutschland ruft Gesandten zurück; zögert an der französischen Grenze; sein Heer besetzt russische Stadt; Flotte erringt einen Sieg; deutscher Dampfer verlässt New York in Tarnfarbe."*
#5. August 1914: *„England erklärt Deutschland den Krieg; britisches Schiff versenkt; französische Schiffe zerstören deutsche; Belgien angegriffen;*

17 000 000 Mann beteiligt am großen Krieg von acht Nationen; die großen englischen und deutschen Flotten stehen kampfbereit; gegnerische Kriegsschiffe lauern vor dem New Yorker Hafen, als „Lusitania" in See sticht."(a. a. O., Archiv E. Brüchert)

Es ist wahrhaft bemerkenswert, wie die Times-Reporter es schafften, in diesen Schlagzeilen die Dramatik und den Irrsinn der Ereignisse am Beginn des 1. Weltkrieges aus der (noch) neutralen Perspektive von New York aus aufzulisten.

Und dass sie dabei am 5. August am Schluss auch noch den **englischen Luxusdampfer „Lusitania"** im Hafen von New York beobachteten und erwähnten, das wirkt heute, aus der historischen Distanz, wie ein biblisches Menetekel oder sogar eine amerikanische Vorahnung:

Titelseite der *New York Times* vom 5. August 1914 mit der englischen Kriegserklärung an Deutschland und den Schlagzeilen über die ersten Kriegshandlungen.

Archiv des Verfassers

Presse: „The New York Times" 1914, August 1914
New York Times, Aug. 1914, Presse-Archiv Universität Berkeley

Exkurs II.: Amerikanisches Nachdenken über den Krieg in Europa

Schon am 2. August 1914 fand sich in der **„Magazine Section"** der **„Times"** eine detaillierte Analyse von **Prof. Hart**, in welcher Österreich die Schuld am Kriege zugeschoben wurde: *„Die österreichische Furcht vor einem serbischen Reich ist der wirkliche Kriegsgrund. Eine Untersuchung von Prof. Hart zeigt, dass die antislawischen Strömungen in Österreich stark und besorgniserregend zugenommen haben seit dem Balkankrieg wegen der wachsenden Macht Serbiens."*

Prof. Hart führte weiter aus, dass das österreichische Ultimatum an Serbien am 28. Juni 1914 in einer *„arroganten und verächtlichen Sprache"* gehalten sei, mit einer beleidigenden Forderung nach Antwort innerhalb von 48 Stunden: *„Serbien war weder auf einen Krieg vorbereitet, noch wollte es Krieg; und es ist so weit gegangen, wie man überhaupt nur gehen kann, um einen wilden Feind zu beschwichtigen und gleichzeitig dabei seine nationale Selbstachtung zu bewahren."* Als freie Nation hätten die Serben unmöglich der Forderung Österreichs Folge leisten können, dass österreichische Offiziere in Serbien eine Untersuchung über den Mord an Thronfolger Franz Ferdinand hätten durchführen dürfen.

Am 5. August schrieb der bekannte **englische Autor H. G. Wells** (1866–1946) in einem Kommentar, dass Deutschland jetzt dabei sei zu ernten, was Bismarck gesät habe:

„Diese trampelnde, exerzierende Albernheit im Herzen Europas, welche seit 40 Jahren die Zivilisation eingedämmt und die Hoffnungen der Menschheit verdüstert hat – deutscher Imperialismus und deutscher Militarismus – hat ihren unvermeidlichen Schlag getan. Der Sieg Deutschlands würde die ständige Herrschaft des Kriegsgottes über alle menschlichen Angelegenheiten bedeuten. Die Niederlage Deutschlands kann den Weg öffnen zur Abrüstung und zum Frieden in der ganzen Welt. Für alle, die den Frieden lieben, kann es in dem gegenwärtigen Konflikt keine andere Hoffnung geben

als Deutschlands Niederlage, die äußerste Bloßstellung der deutschen Legende – ein für alle Mal – von Blut und Eisen, von Kruppaberglauben, von flaggenschwingendem, deutschem ‚Kiplingismus' und von jener verbrecherischen, geheuchelten Tüchtigkeit, die ihr Zentrum in Berlin hat. Niemals war ein Krieg so gerecht wie dieser Krieg jetzt gegen Deutschland."

H. G. Wells betonte dann zwar, dass man den deutschen Staat und das deutsche System, nicht aber das deutsche Volk bekämpfen wolle; die alte, deutsche Tradition sei friedlich und zivilisiert und die Mehrzahl der Deutschen sei freundlich, gesund und liebenswürdig; England müsse jetzt aber kämpfen, wenn es seinen Stolz nicht verlieren wolle.

Wells scheint hier ziemlich genau das unklare Denken und Fühlen des/der Durchschnittsamerikaners/-in getroffen zu haben, der/die sich angesichts der fernen, verworrenen Ereignisse in Europa von diesem angloamerikanischen Denkschema angezogen fühlen musste, sofern er/sie nicht als „Hyphen-Americans" galt, d. h. als ein mehr oder weniger argwöhnisch betrachteter „Bindestrichamerikaner" mit deutschen Wurzeln.

Und auch am 5. August 1914 schloss sich die „**Times**" in ihrem langen **Editorial-Artikel** dem Urteil von H. G. Wells an, dass Deutschland die Hauptschuld am Ausbruch des Krieges trage. Deutschland habe praktisch ganz Europa herausgefordert.

Doch im Mittelwesten und im Osten der USA, also weiter entfernt von der atlantischen Küste, gab man sich gelassener, so wie der „**Kansas City Star**" schon am 3. August 1914, also noch zwei Tage vor der englischen Kriegserklärung: *„Wer schließlich im Kampf zwischen Deutschland, Russland und Frankreich gewinnen wird, das wird wahrscheinlich Kansas City herzlich weniger angehen als die Frage, mit welchen Persönlichkeiten unser Gerichtshof und unsere legislativen Bezirksämter besetzt werden."*

In den folgenden Wochen nach Kriegsausbruch versuchten manche amerikanischen Zeitungen durchaus zu einer genaueren Untersuchung der Kriegsursachen zu kommen. Viele, darunter auch die führende „New York Times", druckten neben eindeutig

probritischen Artikeln auch prodeutsche ab. Die werbenden Bemühungen des besonnenen, deutschen Botschafters Graf Bernstorff in Washington scheinen hier wirksam geworden zu sein.
Am 9. August 1914 forderte die **„Times"** in New York sogar schon eine strikte Neutralität der USA. Am 21. August befürchtete sie allerdings, dass ein siegreiches Deutschland möglicherweise ein Auge auf den Panamakanal, die Philippinen und andere amerikanische Interessengebiete in der Welt werfen könnte. Und am 23. August zitierte die „Times" das britische Weißbuch mit dem Kommentar, dass England sein Äußerstes getan habe, um den Krieg zu verhindern und dass Österreich wegen seines Ultimatums an Serbien entschieden zu verurteilen sei. Am 24. August wurde dann auch das deutsche Weißbuch veröffentlicht. Dazu las man den Kommentar, das Deutsche Reich habe Österreich zum Handeln gedrängt und der Krieg sei eigentlich ein dynastischer Konflikt, für den die drei alten Monarchien der „Habsburger, der Hohenzollern und der Romanoffs" die Hauptschuld trügen. Am 7. September wurde Deutschland noch einmal eindeutig die Schuld zugeschoben und um Sympathie und moralische Unterstützung der Amerikaner für die Entente-Mächte geworben.

Während die führenden New Yorker Blätter „Times", „World" und „Tribune" also eine vorwiegend proalliierte Haltung einnahmen, bezog die Hearst-Presse an der Westküste und in San Francisco eine betont neutrale pro-american Position, die sogar oft prodeutsch war – allerdings nur bis Anfang 1917 bzw. bis zum Zimmermann-Telegramm. Dabei ist zu bedenken, dass für den an Europa in der Regel eher desinteressierten Durchschnittsamerikaner diese frühen Eindrücke über den „europäischen Krieg" – Eindrücke aus zweiter Hand durch US-Reporter und Kommentatoren – sehr wichtig, wenn nicht gar entscheidend für seine/ihre eigene Meinungsbildung waren. Während die britischen Handelsbeschränkungen, die auch die amerikanischen Wirtschaftsinteressen betrafen, noch im Herbst und Winter 1914/15 bei allen Zeitungen, sogar bei eindeutig proalliierten

Blättern, ziemlichen Ärger verursachten, ließ die Ankündigung des uneingeschränkten U-Bootkrieges durch Deutschland das Pendel der Pressekritik eindeutig zu Ungunsten der Mittelmächte zurückschwingen. Selbst die prodeutsch orientierten Zeitungen stellten nunmehr ihre Bedenken gegen die alliierten Beschränkungen des amerikanischen Handels zurück und zeigten Besorgnis oder gar Entrüstung über die deutschen „U-Bootwölfe" im Atlantik.

***

Neben den täglichen Pressemeldungen spielten immer mehr aktuelle **politische und historische Bücher** eine Rolle für die Meinung der Menschen in den USA vom Krieg in Europa und das natürlich besonders unter den Intellektuellen. Man fragte sich erstaunt und entsetzt unter nachdenklichen Amerikanern, wie so ein Kriegshass in Europa schon im 19. Jhd. und an der Wende zum 20. entstehen konnte.

In der Diskussion stand dabei sofort das Buch des deutschen Militärhistorikers **General von Bernhardi: „Deutschland und der nächste Krieg",** welches der General schon **im Jahre 1911** veröffentlich hatte. In diesem Buch gibt es so aggressive Kapitelüberschriften wie: „Das Recht, Krieg zu führen"/„Weltmacht oder Untergang"

Der deutsche General Bernhardi verherrlicht hier eindeutig den Krieg als „biologische Notwendigkeit", als „Verwirklichung eines obersten Naturgesetzes", als „Kampf ums Dasein", den er primitiv und vulgär auf den Menschen überträgt, angeblich nach der neuartigen Evolutionstheorie des englischen Naturforschers Charles Darwin. Für Nationen gebe es danach nur Fortschritt oder Verfall, niemals jedoch Stillstand, schreibt Bernhardi, und so müsse Deutschland zwischen Weltmacht oder Untergang wählen. Da Deutschland, nach Bernhardi, an der Spitze allen kulturellen und zivilisatorischen Fortschritts stehe, habe es auch das „moralische Recht", sich politischen Machtzuwachs und Ausdehnung in neue Gebiete zu „erkämpfen".

Diese imperialistische Scheinlogik wird von Bernhardi denn auch schnurgerade weiterentwickelt bis hin zum deutschen „Recht" eines Präventivkrieges. Er nennt auch das erste Opfer eines deutschen Angriffs, nämlich den „Erbfeind Frankreich", denn es sei ja undenkbar, dass Deutschland und Frankreich „jemals" ihre Konflikte durch Verhandlungen bereinigen könnten. Frankreich müsse demnach völlig zerschmettert werden.

Dieses schlimme, ja bösartige Buch wurde auch schon 1913 in England und 1914 in den USA auf Englisch publiziert. In Deutschland war es schon vor dem Kriege ein <u>Kultbuch des Bundes der „Alldeutschen"</u>, aber ansonsten wurde es nicht immer ganz ernst genommen, vor allem nicht in nationalliberalen und sozialdemokratischen Kreisen. In England und den USA hatte es verheerende Folgen für den Ruf der Deutschen. Gerade in den ersten Monaten des 1. Weltkrieges bestimmte es im Wesentlichen die öffentliche – zumindest akademische – Diskussion vor allem in universitären und literarisch-politischen Kreisen über Motive, Ziele und Mittel Deutschlands.

Schon am **9. August 1914** behandelte die **„New York Times"** in einem langen Artikel in ihrer Magazine Section Bernhardis Buch. Es wurde darauf hingewiesen, wie exakt der Verfasser bereits vor mehr als drei Jahren den Verlauf des jetzt beginnenden Krieges vorausgesagt habe. Bernhardi bezeichne spöttisch jegliche Neutralität als nichts weiter als ein Bollwerk aus Papier. Und entsprechend behandele Deutschland jetzt ja auch das „little Belgium". Gegen England fordere Bernhardi einen zurückhaltenden Kampf zur See, gegen Frankreich aber einen starken Angriff auf dem Lande, also die Taktik, welche das Deutsche Reich derzeit ja tatsächlich anwende. Schien der Kommentator der „Times" vorwiegend militärisch-strategisches Interesse für Bernhardis Buch zu entwickeln und wurde die drängende Frage in den USA nach Kriegsschuld auch nicht direkt angesprochen, so blieb diese aktuelle Frage nach der Julikrise 1914 dennoch stets zwischen den Zeilen der „Times" erkennbar.

Am **11. Okt. 1914** setzte sich der <u>Historiker Walter Littlefield</u> in der „Magazine Section" ausführlich mit dem geistigen

Lehrmeister des Generals Bernhardi auseinander. Er bezog sich nämlich auf den deutsch-preußischen **Historiker Heinrich von Treitschke** (1834-96). Dieser habe großen Einfluss auf den Generalstab in Berlin und die Hohenzollernmonarchie gehabt. Treitschkes Entwicklung und Gedankenwelt gipfele in der Verherrlichung von Absolutismus, Preußentum, Antisemitismus und dem Hass auf England. Und Walter Littlefield nannte auch eine Stelle, die Treitschkes Verachtung „für Deutschamerikaner", also die Millionen Auswanderer, zeige. Danach soll Treitschke schon im Jahre 1884 geschrieben haben: „*... Unter Deutschen ist man sich einig, dass die Gesittung der Menschheit jedes Mal leiden muss, wenn ein Deutscher sich in einen Yankee verwandelt.*" Littlefield schließt daraus, dass der General Bernhardi ein Exeget und Fortsetzer dieser elitären, preußisch-deutschen Ideologie sei und der gegenwärtige Krieg die schreckliche Folgerung der Gedanken von Treitschke wäre.

In der Ausgabe vom **14. Oktober 1914** beschäftigt sich die „**Times**" erneut mit Bernhardis Buch unter der Überschrift: „*Germanys place in the sun*". Damit spielt die Zeitung auf die Forderung von Kaiser Wilhelm II. und der „Alldeutschen" auf „einen Platz an der Sonne" an. Die „Times" fragt sich, wo denn nun, falls Deutschland in dem gegenwärtigen Kriege gewinnen sollte, die deutschen, territorialen Ansprüche ein Ende finden würden. Könnte das Kaiserreich nicht auch versuchen wollen, Besitz von den Philippinen, von Puerto Rico oder vom Panamakanal zu ergreifen, also von amerikanischen Interessengebieten in der Welt? Damit wurde zum ersten Mal das Problem der zukünftigen Beziehung zwischen den Vereinigten Staaten und dem Deutschen Reich aufgegriffen: „*Die Deutschen behaupten, sie seien tief enttäuscht von unserem Mangel an Sympathie für sie in diesem Krieg. Sie haben versucht, uns davon zu überzeugen, dass England verdorben ist, Russland barbarisch, die Franzosen nur neidisch und rachsüchtig. Aber sie haben uns auch die Doktrin einer deutschen Kultur gepredigt, das Recht der Deutschen, ihre Weltmachtziele zu verfolgen gemäß ihren hochgesteckten Erwartungen. Ihre offiziellen*

Sprecher verschaffen uns unmissverständliche Warnungen über das, was die Durchsetzung ihres Ehrgeizes für die Welt bedeuten müsste, und wir können nicht fehlgehen in der Erkenntnis dessen, was es auch für uns bedeuten würde." Sind das nicht schon ernsthafte Gedanken und Sorgen der Amerikaner noch vor ihrer Aufgabe der eigenen Neutralitätspolitik?

Am **15. November 1914** ließ die Redaktion der „Times" allerdings eine gedämpftere Stimme zu Worte kommen, und zwar den bekannten, in Dublin, Irland, geborenen, englischen Dichter **George Bernard Shaw (1856--1950)**. Shaw betonte darin, dass es sowohl in England als auch in Deutschland „Junker" gäbe, General von Bernhardi sei zwar der berühmteste Militarist der Gegenwart, „*... dank des Eifers, mit dem wir seine Bücher gelesen und zitiert haben",* aber er sei nicht der erste und einzige Militarist. Sarkastisch wies Shaw auf die Scharfmacher auch in den Reihen der Alliierten hin. Und er bestritt auch die uneingeschränkte Rechtmäßigkeit der alliierten Seite: *„Wenn Europa und Amerika sich auf einen Vertrag einigen werden, der diesen Krieg beendet – denn Amerika ist davon genauso betroffen wie wir –, dann werden sie uns nicht wie liebenswürdige und unschuldige Opfer eines betrügerischen Tyrannen und einer betrügerischen Soldateska behandeln. Sie werden darüber nachdenken müssen, wie diese beiden unverbesserlich kampfeslustigen und hartnäckig hochmütigen Völker, die einander 40 Jahre lang angeknurrt haben mit gesträubten Haaren und mit gefletschten Zähnen und die sich nun gegenseitig mit ihren Zähnen die Kehlen zerfleischen; wie diese beiden Völker endlich gezähmt werden können zu vertrauenswürdigen Wachhunden des Weltfriedens."* (hier übersetzt aus dem Englischen)

Der gebürtige Ire Shaw machte hier also in seinem langen Artikel den Versuch, der tiefen Verwicklung und Schuld aller europäischen, imperialistischen Mächte – besonders aber der von Deutschland und England – am Ausbruch des großen Krieges seit Juli 1914 auf den tieferen Grund zu gehen. Und es entsprach der vorbildlichen Pressefreiheit in den USA, dass dieser

Gastaufsatz eines Ausländers zu diesem Zeitpunkt in New York veröffentlicht wurde.

Am **28. Februar 1915**, also noch zum Zeitpunkt des deutschen U-Boothandelskrieges gegen England, meldete sich der englische Militärhistoriker **Norman Angell** unter folgender Überschrift zu Wort: **„America and a New World State"**. Er hatte schon im Jahre 1910 das Buch „**Die große Illusion**" veröffentlicht, in welchem er zu beweisen versuchte, dass ein großer Krieg unmöglich geworden sei, weil bei der herrschenden finanziellen und wirtschaftlichen Verflechtung der Nationen ein Krieg für Sieger und Besiegte unrentabel wäre. In dem Times-Artikel zeigte Angell nun aber eher nüchtern auf, dass Amerika – wie sehr es auch versuchen sollte, sich von Europa und dessen Krisen fernzuhalten – doch die Wirkungen der gegenwärtigen Umwälzungen in der Alten Welt spüren werde, und zwar sowohl in materieller als auch in moralischer Hinsicht. Angell sprach vom „Ende der Ära der amerikanischen Isolation". Denn selbst wenn Amerika nicht direkt angegriffen werden sollte, zwinge die Militarisierung Europas auch die Amerikaner zu einer militärischen Verstärkung und Weiterentwicklung. Am besten könnten die Vereinigten Staaten diese Gefahren vermeiden und ihre eigene Sicherheit bewahren, indem sie die Führung in einer neuen Weltpolitik übernähmen. Denn die USA seien in der Lage, ihre Position so zu nutzen, dass sie einen Zusammenschluss aller zivilisierten Nationen einleiten könnten mit dem Ziel, jedes einzelne Mitglied gegen einen Angriff zu schützen. Die Position der geographischen und historischen Entfernung von dem europäischen Konfliktherd verleihe gerade den USA eine besonders günstige Stellung, um die Weltorganisation einzurichten. Dadurch würden sie zugleich in gewissem Sinne die moralische Führerschaft der westlichen Welt übernehmen und das Zentrum eines Weltstaates der Zukunft werden.

Erstaunliche Stichwörter, die schon weit in die Zukunft des 20. Jahrhunderts vorausweisen: „Führung einer neuen Weltpolitik ... Zusammenschluss aller zivilisierten Nationen ... Weltorganisation einrichten ..." Wollte der Engländer Angell damit nur die USA aktuell aus der Neutralität an die Seite der Entente ziehen oder entwarf er hier schon in der Tat eine visionäre, utopische Zukunft, vielleicht sogar mit einer „UNO" oder „NATO", damals natürlich leider noch ohne Deutschland und den ganzen mittleren Teil Europas?

(Alle Zitate in deutscher Übersetzung von Erhard Brüchert, aus: „Zeitungsarchiv der Universität Berkeley", Kopien gesammelt in: Archiv, priv. E. Brüchert)

***

Dieses Nachdenken über die Konsequenzen, die die Vereinigten Staaten aus dem noch „europäischen Krieg" zu ziehen hätten, geschah zwischen August 1914 und Mai 1915 in der unabhängigen Presse naturgemäß viel lauter und konkreter als in den offiziellen Stellungnahmen des Weißen Hauses. Die US-Regierung war – zumindest bis zum Lusitania-Untergang im Mai 1915 – noch durchaus kritisch eingestellt gegenüber der Blockade der Nordsee durch die britische Navy, wodurch Deutschland abgeschnürt wurde, zumal dadurch auch amerikanische, neutrale Handelsinteressen verletzt waren. Bei allem Ressentiment von Präsident Wilson und seinem engen Berater Colonel House gegenüber dem ungeliebten, preußischen Militarismus und einer provozierenden, deutschen Kriegspolitik, bemühten sich doch beide mehrfach um Friedensversuche. Allerdings geschah das aus einer durch Zugeständnisse an die Alliierten abgesicherten Position heraus, <u>durch welche eine echte Neutralität Schritt für Schritt aufgegeben wurde.</u> In der amerikanischen Öffentlichkeit zeigten sich aber schon sehr früh entschiedene, probritische Haltungen. Das beweist die Erörterung der Kriegsursachen, der ersten Geschehnisse, der Kriegsziele und besonders der Bücher von (und über) Professor Treitschke und General Bernhardi in führenden US-Zeitungen. Hier wurden auch schon die Weichen für die entschiedene Unterstützung für die Alliierten gestellt.

Als am Morgen des 8. Mai 1915 dann die Zeitungen die Versenkung des englischen Superdampfers „Lusitania" mit US-Bürgern an Bord meldeten, da musste eine antideutsche Grundstimmung nicht erst noch entfacht werden.

Freilich reicht diese Schiffskatastrophe eben nicht aus, als alleinige Ursache für Washingtons Kriegserklärung gegen die Mittelmächte zwei Jahre später zu gelten. Es bedurfte noch weiterer Schiffsversenkungen, gescheiterter Friedensbemühungen, des uneingeschränkten U-Bootkrieges und schließlich des leichtsinnigen Zimmermann-Telegramms, um <u>ein wachsendes, amerikanisches Sendungsbewusstsein für eine demokratische Welt</u> zum Siede- und Kipppunkt zu bringen. Mit der Kriegserklärung **am 6. April 1917** an Deutschland und seine Verbündeten machten die USA dann einen der folgenreichsten Schritte ihrer (und unserer) Geschichte: **Die Vereinigten Staaten von Nordamerika traten in die Weltpolitik ein.**

***

Exkurs III.: Missverständnisse und verpasste Chancen

Tatsächlich war **Präsident Wilson**, der die historische Entscheidung schließlich zu verantworten hatte, nicht unempfänglich für die Stimmungen in der öffentlichen Meinung. Und doch kann seine Politik nicht eindeutig auf eine starre Haltung für die Alliierten und gegen die Mittelmächte ausgelegt werden. Man kann Wilson nicht das ehrliche Bemühen absprechen, im bismarckschen Sinne eines ehrlichen Maklers einen Ausgleich zwischen den Kriegsgegnern herbeiführen zu wollen. Zwischen Deutschland und den USA hatte es vor 1914 nur wenige Interessengegensätze gegeben. Gleichwohl waren die Beziehungen zum deutschen Kaiserreich denen zu Great Britain stets untergeordnet gewesen, was sich bereits aus den gemeinsamen, angloamerikanischen Gefühlen einer großen Einheit und Verbindung, auch schon in der Sprache und Geschichte, ergab. Zudem hatte England als Weltseemacht inzwischen toleriert, dass die Vereinigten Staaten ihre hegemonialen Interessen in Mittelamerika, in der Karibik und im Pazifik durchsetzen konnten. Wie sich aber konträr dazu das Verhältnis zwischen Deutschland und England vor 1914 abkühlte, geschah dies zum Teil auch in einer gewissen Umkehr zwischen Deutschland und den USA.

Gleichwohl machten all diese Präferenzen für die englische Seite nicht <u>Wilsons Friedensvermittlungen</u> a priori zur Illusion; auch nicht die völkerrechtswidrige Besetzung von Belgien durch Deutschland oder die Gefährdung der amerikanischen Neutralität allein durch den U-Bootkrieg. Die Illusion entstand eher durch die unüberbrückbare Gegensätzlichkeit zwischen den Friedensangeboten und Vermittlungsversuchen, also durch die <u>diametralen Kriegsziele aller Kriegsparteien</u>, welche vielfach noch in ihren imperialistischen Träumen verhaftet blieben.

Wilson versuchte wenigstens einen „**Frieden ohne Besiegte**" – die <u>Mittelmächte und ebenso die Entente</u> wollten dagegen bis zur Erschöpfung weiterkämpfen – bis schließlich in Deutschland der liberale **Prinz Max von Baden** gemeinsam mit dem sozialdemokratischen Politiker **Friedrich Ebert** den allerletzten Hohenzollernkaiser Wilhelm II. im November 1918 in die Wüste („nach Holland ...") schickte. Aber auch daran hatte kurz vorher noch Präsident Wilson mit dem **Ultimatum seiner „14 Punkte"** einen maßgeblichen Anteil.

Welche Macht die öffentliche Meinung und die freie Presse in einem demokratischen System auf einen an sich doch friedliebenden Präsidenten Wilson auszuüben vermochte, das war den politischen und militärischen Eliten im kaiserlichen Deutschland ein recht fremder Gedanke. Nur der schließlich doch abgesetzte Reichskanzler Bethmann Hollweg macht da eine kleine Ausnahme. Der Glaube an die neue Wunderwaffe der U-Boote war in leichtfertiger Weise gekoppelt an eine völlige Unterschätzung der Möglichkeiten und der Macht der US-Wirtschaft und Rüstung. Die deutsche Annahme, dass man England und Frankreich binnen weniger Monate schon im Jahre 1917 niederringen könnte, bevor auch nur ein einziger US-Soldat europäischen Boden betreten hätte, war nicht nur trügerisch, sondern fast schon selbstmörderisch. Das erwies sich schon ein bis zwei Monate nach dem 6. April 1917. Sollte dieses deutsche Nichtwissen, ja, diese Blindheit noch einer Steigerung bedurft haben, dann war es eben das dilettantische Bündnisangebot an Mexiko und an Japan.

Der amerikanische Kriegseintritt war nichtsdestotrotz keine Zwangsläufigkeit, die der Obersten Heeresleitung in Deutschland aufgezwungen wurde. Es war ein tödliches Spiel Deutschlands mit dem weltpolitischen Risiko, das hätte vermieden werden können, wenn die deutsche Führung – an der Spitze der Kaiser und die Heeresleitung mit der Doppelspitze der Generäle Ludendorff und Hindenburg – von ihrem Siegfriedenstraum zurückgetreten wäre. Und die Deutschen hätten endlich ihre Scheuklappen von den Augen reißen müssen und die Möglichkeiten der Amerikaner erkennen sollen, dass diese neue Macht in wenigen Wochen bereit und fähig sein würde, eine schlagkräftige Armee gegen die Mittelmächte über den Atlantik zu bringen, trotz aller deutschen U-Bootwölfe.

***

Am 9. Januar 1917, schon beim verhängnisvollen Kronrat in Pleß, hat der **Reichskanzler Bethmann Hollweg** als einziger gegen den Beschluss des uneingeschränkten U-Bootkrieges im Atlantik gestimmt. Als ein hoher kaiserlicher Hofbeamter nach der Kronratssitzung dem niedergeschlagenen Reichskanzler auf dem Flur begegnete, soll jener erschrocken gefragt haben: „Oh Exzellenz! Was ist mit Ihnen, haben wir eine Schlacht verloren?"

Darauf soll Bethmann Hollweg nur geantwortet haben: „Nein, aber die heutige Entscheidung bedeutet: **Finis Germaniae!**"

Dies ist allerdings nicht schriftlich überliefert, aber es passt zu dem seltenen Bild von einem der Vernunft und dem Verstand (im Sinne von Immanuel Kant) zugeneigten, deutschen Politiker in der damaligen Zeit.

***

Im Herbst dieses wichtigen Jahres 1917 und an der Wende zu einem der größten Entscheidungsjahre des 20. Jahrhunderts schrieb die Redaktion des (schon oben zitierten) **„Ostfriesland-Kalenders" für das Jahr 1918** noch folgende, gleichzeitig zufriedene und belehrende Übersicht:

„Das kommende Jahr 1918 ist ein Gemeinjahr von 365 Tagen oder 52 Wochen und 1 Tag und zählt von der Geburt unseres Heilandes Jesu Christi an. Es ist ferner:
- *das 5679ste Jahr der Jüdischen Zeitrechnung,*
- *das 1337ste Jahr der Mohammedaner,*
- *das 1848ste Jahr der Zerstörung Jerusalems,*
- *das 401ste Jahr der Reformation unseres Martin Luthers,*
- *das 718ste Jahr der Erfindung des Schießpulvers,*
- *das 478ste Jahr der Erfindung der Buchdruckerkunst,*
- *das 426ste Jahr der Entdeckung Amerikas durch Columbus,*
- *das 105ste Jahr der Völkerschlacht von Leipzig,*
- *das 47ste Jahr der Neuerrichtung des deutschen Kaiserreichs,*
- *das 59ste Jahr der Geburt Sr. Maj. des Kaisers und Königs Wilhelm II.*
- *das 60ste Jahr der Geburt Ihrer Maj. der Kaiserin Königin Auguste Viktoria"*

Im folgenden Jahr 1918 wurden im „Ostfriesland-Kalender" mehrere dieser Zeitangaben einfach nicht mehr weitergerechnet; und die banale Einschätzung als „Gemeinjahr" wurde auch nicht wiederholt. Die kaiserliche Gesinnung, auch der Redaktion in Ostfriesland, hatte sich wohl am Ende des Jahres 1918 schon aufgelöst nach der Flucht von Kaiser Wilhelm II. in das nahe Nachbarland Holland.

***

DIE USA IM EPOCHENJAHR 1917

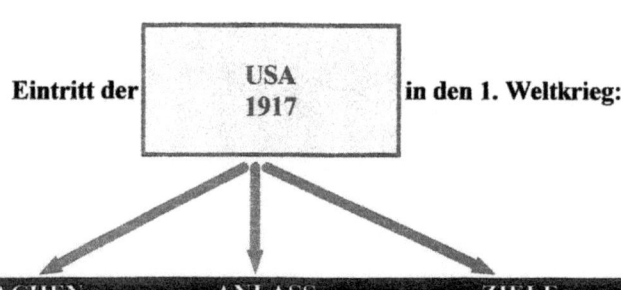

Eintritt der **USA 1917** in den 1. Weltkrieg:

URSACHEN:
- Demokratie gegen "Autokratie"
- Freiheit der Meere (Schutz)
- Anglo-amerik. Freundschaft
- Völker- und Menschenrechte (Verteidigung)
- Gefahr für US-Seefahrt und Wirtschaft

ANLASS:
- Dt. U-Boot-Kieg (uneingeschränkt)
- Zimmermann-Telegramm

ZIELE:
- "The world must be made safe for democracy" (Wilson)
- Freiheit der Völker durch Demokratie
- Zerschlagung des dt. Militarismus
- "Herrschaft des Rechts"
- "Bund freier Völker"
- "Weltfrieden"

USA im Epochenjahr 1917, Tafelbild
Grafik: E. Brüchert

14. Entkolonisierung/Faschismus: Zwischenkriegszeit 1918–45

Bevor die Fratze des Faschismus in den beiden „alten Kulturnationen" Italien und Deutschland auch das Verhältnis zwischen ihnen und Amerika vergiftete, wollen wir nur relativ kurz einen Blick auf die Zwischenkriegszeit von 1918 bis 1939 und den 2. Weltkrieg bis 1945 werfen. Denn dieses Thema „Faschismus in Italien und Nationalsozialismus in Deutschland" ist zu wichtig und komplex und würde deshalb hier jetzt unseren Rahmen sprengen. Warum das? Weil ein gewisser Adolf Hitler aus Österreich, später halblegal eingedeutscht, sich als „Führer" und später illegaler Reichskanzler (Ermächtigungsgesetz usw.) über alle diplomatischen Regeln und Kanäle hinwegsetzte und eine Angriffspolitik auch gegenüber den USA betrieb, die weit aggressiver, rassistischer und bösartiger war als dasjenige, was chauvinistische Kreise in Deutschland schon im 1. Weltkrieg und davor nur angedacht hatten. Und das alles hatte auch mit einer unglaublichen, historischen Nichtbildung und Unkenntnis von dem „Gröfaz" Hitler über die Geschichte der Neuzeit allgemein und die Stärke Amerikas, seiner Werte und seiner Demokratie insbesondere zu tun.

Wir wollen jetzt auch hier die so wichtige und gleichzeitig so traurige Geschichte des Scheiterns unserer „Weimarer Republik" von 1919 bis 1933 nur am Rande berühren. Leider auch in dem traurigen Bewusstsein, dass dies die erste, wirkliche deutsche Republik gewesen ist, nach dem leider noch schnelleren Scheitern der hochfliegenden und demokratischen Pläne der „Paulskirche" in der Mitte des 19. Jahrhunderts. (Siehe Kap. 8)

Aber es lohnt sich doch hier die Feststellung, dass die Verfassung der Weimarer Republik vom 31. Juli 1919 wesentliche Teile der Paulskirche und auch Grundlinien der amerikanischen Verfassung enthielt. Und genau das ist auch dem Einfluss der Mehrheits-SPD (gegen die später aufgelöste USPD mit ihrem Rätesystem) mit dem ersten Reichspräsidenten **Friedrich Ebert** zu verdanken. Dieser einfache und kluge Mann wusste, dass Deutschland mit der Hohenzollernmonarchie unwiderruflich am Ende war, den Weltkrieg 1914–18 auch wirklich verloren hatte entgegen der „Dolchstoßlüge" der Monarchisten, Konservativen und bald auch der Faschisten. Und Eberts Politik war getragen von der Gewissheit, dass Deutschland nun nur noch eine neue Zukunft mit einer freiheitlichen Republik besaß.

Die gültige, aber ständig gefährdete **Verfassung der Weimarer Republik zwischen 1919 und 1933** (siehe unten: **Tafelbild**) kann sich sehen lassen und verdient es, immer wieder studiert zu werden, auch wenn sie von ihren Kritikern damals (Altmonarchisten, Alldeutsche und Faschisten) und heute (Altkommunisten und Neonazis) erbittert bekämpft wurde und wird.

Leider war dieser „Silberstreifen am Horizont" in der Weimarer Republik schon nach zehn Jahren im Jahre 1929 besonders durch die erste **Weltwirtschaftskrise** gefährdet und letztlich zum Verdämmern verurteilt. Das soll das anschließende **Tafelbild über das Jahr 1929** illustrieren. Auch daran waren sowohl die USA mit ihrer wirtschaftlichen Großmacht in der Welt als auch Deutschland mit Europa und mit allen den schwer kriegsgeschädigten Nationen beteiligt. Hitler und seine rassistischen Anhänger schoben dabei nur „jüdischen Kriegsgewinnlern" völlig irrational und unhistorisch die Schuld an allen Problemen in Deutschland und der Welt damals zu.

VERFASSUNG DER WEIMARER REPUBLIK 1919-1933

LEGISLATIVE: | **EXEKUTIVE:** | **JUDIKATIVE:**

Der Reichspräsident (auf 7 Jahre)

Verfassungsgerichtsbarkeit
Direktwahl d. deutsches Volk

Der Reichsrat
66 Vertreter der 18 Länderregierungen
§§ Mitwirkung bei Gesetzgebung §§

Ernennung und Entlassung

Staatsgerichtshof

Auflösungsrecht:
Notverordnung Art. 48

Die Reichsregierung:
Der Reichskanzler
bestimmt die **Reichsminister**

Reichsgericht in Leipzig

Ober-Landesgerichte

Vertrauen d Abgeordneten

Der Reichstag
1949 = 421 Abgeordnete
1933 = 647 Abgeordnete
§§ Gesetzesinitiative, -beschluss, Etatbewilligung §§
*KPD*SPD*Z*DVP*DNVP/NSDAP*

Die Reichswehr

Oberbefehl: Reichspräsident

Landgerichte

Amtsgerichte

Verhältniswahl ohne 5 % Klausel

DIE LÄNDER
18 Landtage/Regierungen

Reichstagswahl alle 4 Jahre

Volksentscheid + Volksbegehren durch 1/10 der Wahlberechtigten

Landtags-Wahlen

DAS DEUTSCHE VOLK
(allgemeines, gleiches, unmittelbares u. geheimes Wahlrecht)   Männer und Frauen ab 20 J.

GRUNDRECHTE ART. 109-164 (mit Einschränkungsmöglichkeit durch Art. 48)

Verfassung Weimarer Rep. Tafelbild
Grafik: E. Brüchert

Dabei ergibt die ökonomisch-politische Analyse des **„schwarzen Freitags 1929"** (siehe unten, Tafelbild) klar, dass die USA damals durchaus ihr riesiges Kreditangebot einigermaßen gerecht auf die siegreiche Entente und die besiegten Mittelmächte aufteilten und dass sie damit eher dem Frieden als einem weiteren Krieg dienen wollten; übrigens sogar passend zu Kants prophetischer Schrift „Zum ewigen Frieden". England und Frankreich erhielten Mittel zur Rückzahlung ihrer großen Kriegskredite während des Krieges und auch Deutschland wurden „Reparationskredite" gewährt, zur Abzahlung der großen Schadensrechnungen, die sich aus dem Versailler Friedensvertrag ergeben hatten.

Trotzdem gefiel es konservativen Kreisen in Deutschland überhaupt nicht, dass die verachteten und demokratischen USA so plötzlich die Rolle einer wirtschaftlichen und finanziellen Entscheidungsmacht in der Welt einnahmen. Die Gegenmittel, die es heute (auch erst nach 1945) zur Verhinderung einer solchen Weltwirtschaftskrise gibt – staatliche Geldpolitik durch die Bundesbank oder die EU-Zentralbank, Inflationsbekämpfung durch Kontrolle der Geldmenge, zentrale Arbeitsbeschaffung und Arbeitslosenbetreuung, Steuerpolitik, Kontrolle der Banken, internationale Absprachen zur Geld- und Konjunkturpolitik – gab es leider damals noch nicht. Die verheerenden Kriegsfolgen aus dem 1. Weltkrieg konnten leider auch nicht durch die – noch immer vorherrschenden – Formen eines „ungezügelten" Kapitalismus´ verhindert werden.

***

Daran gleich anschließend muss die tragische Schlussphase der „Weimarer Republik" von 1930–33 mit seinen **„Präsidialregierungen"** aufgezeigt werden. Das war eine Untergangszeit der Republik a) durch die Anwendung von **„Notverordnungen" nach § 48** durch einen völlig unfähigen „Reichspräsidenten" Hindenburg, der sich nur als „Ersatzkaiser" fühlte und b) durch die anschließende, putschartige **„legale Machtergreifung"** von „Adolf Nazi" (... so nannte unser Exbundeskanzler Helmut Schmidt später nur noch Adolf H.).

Das alles muss hier jetzt aufgezeigt werden durch zwei integrierte **Tafelbilder,** welche die Parallelität, die Ungeheuerlichkeit und den Widersinn dieser dreijährigen, deutschen Ereignisse von ca. 1930–33 aufzeigen können.

Weltwirtschaftskrise 1929, Tafelbild
Grafik: E. Brüchert

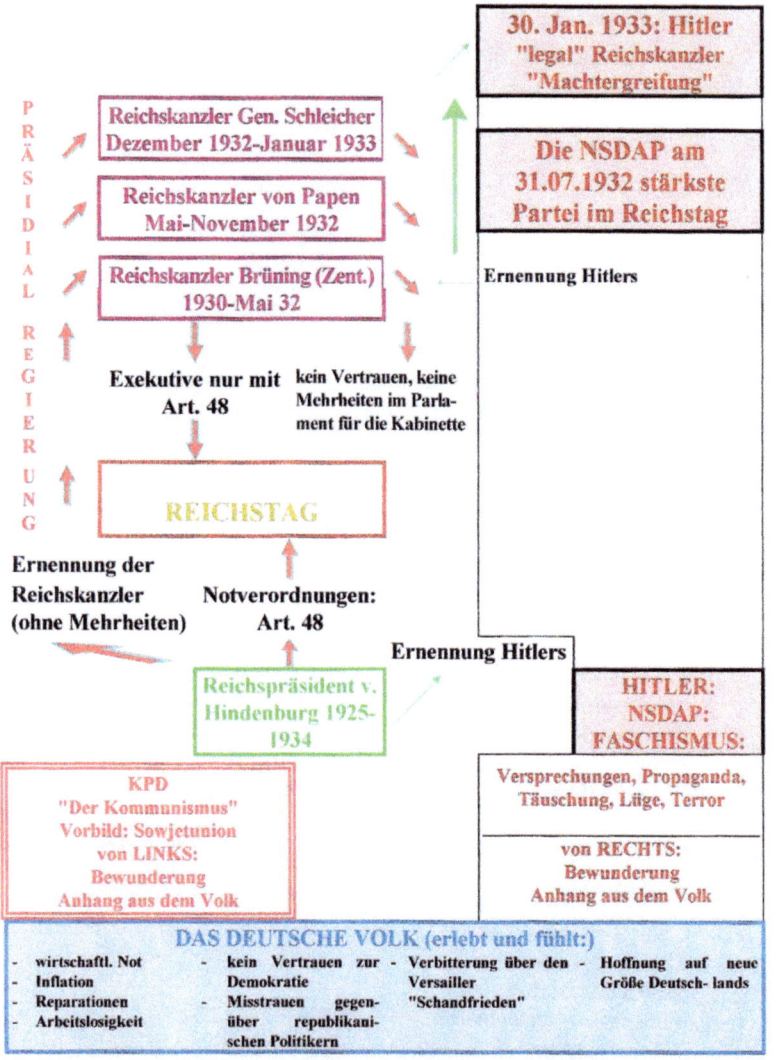

Präsidialregierungen und leg. Machtergreifung, Tafelbild
Grafik: E. Brüchert

Daran anschließend kommen wir nicht darum herum, das „Tausendjährige" oder **„Dritte Reich"** wieder einmal mit Abscheu zu betrachten, um dieses „Krebsgeschwür der deutschen Historie" zu begreifen oder zumindest einzuordnen. Vergessen und verstehen dürfen wir das nie, vor allem nicht wegen des **Holocaust,** einem einmalig entsetzlichen und systematischen Völkermord an Juden, Sinti, Roma, Oppositionellen, Kriegsgefangenen und Menschen mit Behinderungen in der Weltgeschichte.

Übrigens: Das ursprünglich reine und positive deutsche Wort „einmalig" hat durch die Juden- und Rassenmorde der Nazis seinen romantischen und klassischen Klang verloren. Darf man denn heute noch die Sonnenauf- und -untergänge in Gedichten von Eichendorff oder von Heinrich Heine oder bei Gemälden von Caspar David Friedrich mit dem Wort „einmalig" bewundern, wenn wir das Wort auch bei der Shoah anwenden?

***

Jetzt müssen wir also – die überlebenden Deutschen – hier ohne weitere Einleitung in die schlimmste Epoche unserer Geschichte springen:

Die „Lebensziele" Hitlers waren nach Prof. Eberhard Jäckel, Stuttgart (a. a. O. Literaturverzeichnis):

Lebensziele Hitlers
1. Eroberung von Lebensraum im Osten
2. Vernichtung der Juden

Teilziele:
1933–34 Eroberung der Staatsmacht >>>Weg zur Macht
1935–39 Entfesselung des 2. Weltkrieges >>>Weg zur Herrschaft

mit williger Unterstützung von:

PARTEI / BEAMTENSCHAFT / WIRTSCHAFT / WEHRMACHT

In den beiden Teilzielen (Eroberung der Macht und Entfesselung des 2. Weltkrieges) spielten die Vereinigten Staaten noch keine besondere Rolle. Hitler ist in Deutschland an die Macht gekommen ohne direkten oder indirekten Einfluss der USA, sondern „nur" durch „hausgemachte", deutsche Probleme, Kriegsfolgen, innere Konflikte und „Fakes" (d. h. Verleumdungen und Lügen im eigenen Volk), die sich zum größten Teil aus dem Kaiserreich und dem verlorenen 1. Weltkrieg ergeben hatten.
Auf der amerikanischen Seite des Atlantiks hatten sich die USA vor und besonders nach der für sie ebenfalls ruinösen Wirkung des Börsenkrachs von 1929 auf eine längere Periode der Isolation und des Fernhaltens von europäischen Problemen und Konflikten eingestellt. Nach dem schwachen Präsidenten Herbert Hoover (1929–1933) von der Republikanischen Partei in der Krisenzeit nach der Weltwirtschaftskrise wurde der **Demokrat Franklin Delano Roosevelt** (ein jüngerer Verwandter und Großneffe von Theodore Roosevelt) gewählt. Und das erwies sich bald als historischer Glücksgriff.

Roosevelt
Leon A. Perskie, 1944

Präsident Franklin Delano Roosevelt hatte auch im Jahre 1933 und natürlich völlig unabhängig von den Geschehnissen in Deutschland seinen ersten (von drei) Wahlkämpfen in Amerika gewonnen. Er war dann Präsident vom 4. März 1933 bis zu seinem vorzeitigen Tode am 12. April 1945. (Seine Lebenszeit:

1882 bis 1945) Seine triumphale, dreimalige Wahl zum demokratischen Präsidenten der USA begann also schon im Herbst 1932, als Hitler noch mehr oder weniger verzweifelt um seine erste Kanzlerschaft in Deutschland bangen musste und schließlich nur mit unglaublichen Tricks und krimineller Raffinesse seine sog. „Machtergreifung" am 30. Januar 1933 durchpaukte.

Beide Regierungschefs, Hitler und Roosevelt, kämpften in ihren Staaten zur gleichen Zeit am Anfang ihrer Regierungszeit ebenfalls gegen immense, wirtschaftliche Schwierigkeiten. Hitler gelang es allerdings durch eine riesige Staatsverschuldung, die Krise durch Arbeitsbeschaffungsmaßnahmen – **„Arbeitsdienst"**, Autobahnbau und **Aufrüstung** – einigermaßen zu überwinden. Der „berühmte" Autobahnbau gelang ihm aber auch nur durch schon längst entwickelte Pläne tüchtiger, deutscher Straßenbauer aus der Zeit der Weimarer Republik. Roosevelt überwand die innenpolitische Not und auch die Arbeitslosigkeit (vergleiche: Romane von John Steinbeck, 1902–68, „Früchte des Zorns"/„Jenseits von Eden") durch einen klugen und sozial gerechten **„New Deal"** für breite Bevölkerungsschichten in der schwierigen Zeit nach dem 1. Weltkrieg und dem „Schwarzen Freitag". Dann aber erholte sich die amerikanische Wirtschaft erstaunlich schnell und nachhaltig.

Dagegen meinen viele Historiker heute glaubwürdig, dass Hitler seinen Vernichtungskrieg gegen Juden und Kommunisten ab 1939/41 allein schon deshalb führen „musste", weil er von dem Bewusstsein besessen war, er könne nur durch militärische Eroberungen, Versklavung von Nachbarvölkern und „Lebensraum im Osten" die ungeheure Verschuldung des Deutschen Reiches ausgleichen. Seinen „Arbeitsdienst", der schon der militärischen Aufrüstung diente, sollte man also nicht direkt mit dem sozialgerechten „New Deal" der Amerikaner vergleichen.

Erst im Frühjahr 1939, gewissermaßen am Vorabend des 2. Weltkrieges, mischte sich der amerikanische Präsident aktiv in die europäische Politik ein und schickte am 14. April eine öffentliche „message to Adolf Hitler and Benito Mussolini" nach Berlin und Rom. Roosevelt verlangte darin, Hitler möge geloben, England, Frankreich, die Niederlande, Belgien, Polen, Russland und weitere 25 aufgelistete Länder nicht militärisch anzugreifen, da Millionen Menschen jetzt schon in ständiger Kriegsangst lebten. Hitler soll den Appell Roosevelts als freche Zumutung betrachtet, aber trotzdem seinem Pressechef Dietrich befohlen haben, in den Zeitungen zu schreiben, die Welt bestehe nicht aus einem System, das von „ideologischen Regierungen und Menschheitsbeglückern" bestimmt werde. Außerdem berief er mal wieder den längst entmachteten Reichstag am 28. April 1939 ein und behauptete in einer Hetzrede vor verblendeten Anhängern, Deutschland werde von der „Weltpresse eine Angriffsabsicht lediglich angedichtet". (siehe: Heike B. Görtemaker, Hitlers Hofstaat, a. a. O. Literaturverzeichnis, S. 267)

Allerdings nur vier Wochen später, am 23. Mai 1939, verkündete Hitler in einer Geheimbesprechung in seinem Arbeitszimmer in der Neuen Reichskanzlei (an seinem fünf Meter langen Kartentisch gestikulierend), dass er „Lebensraum im Osten" brauche und Deutschland nur die „Wahl habe zwischen Aufstieg oder Abstieg" und dass er deshalb den „Entschluss gefasst" habe „bei erster passender Gelegenheit Polen anzugreifen". Bei dieser Geheimkonferenz waren anwesend: Göring, Admiral Raeder, Chef der Wehrmacht General Keitel, Chef der Luftwaffe General Milch, General Halder und weitere hochrangige Offiziere. (s. Görtemaker, a. a. O.)

Roosevelts und Hitlers Tode geschahen dann auch zeitlich fast parallel am 12. bzw. 30. April 1945, also am Ende des für Deutschland katastrophalen 2. Weltkrieges. Wieder fast eine makabre Ironie der Weltgeschichte! Roosevelt starb in friedlicher Umgebung in seiner Heimat nach jahrelangem Leben als behinderter Mensch (durch eine frühe Kinderlähmung), aber noch im stolzen Bewusstsein des Sieges der freien Welt und der nicht faschistischen Staaten über die Hitlerbarbarei. Hitler entleibte sich selbst im Bewusstsein seines völligen Scheiterns als Mensch, Politiker und „Feldherr" knapp drei Wochen später in dem Reichskanzleibunker in Berlin, also genau dort, wo er den Krieg im Mai 1939 geheim vor „Vertrauten" geplant hatte. Heute befindet sich dort nur noch ein banaler Großstadtparkplatz ohne jegliche Erinnerungsmerkmale an die alten Nazis und auch nicht für die unbelehrbaren Neonazis, die wie Hitler sich nie mit der realen Weltgeschichte befasst haben, nur wenige hundert Meter vom Brandenburger Tor und dem heutigen Holocaust-Mahnmal entfernt.

***

In einem der kürzesten, aber dennoch präzisesten Bücher über Hitler hat sich der Jurist, Journalist und erst späterer Historiker Sebastian Haffner (1907–1999) dafür eingesetzt, nicht unnötigerweise ständig weiter nach „Hitlers Ideologie" zu suchen, denn er habe keine wirkliche Ideologie besessen. Schon in seinem Schmähbuch „Mein Kampf" (diktiert 1924/25 im Gefängnis, nach seinem Münchner Putschversuch) habe er nur eine Art von selbstbezogenem, fast pubertärem **Hitlerismus** entwickelt, der überhaupt nicht mit dem vielfach historischen Hintergrund der tatsächlichen Ideologien etwa von Karl Marx, Iljitsch Lenin oder Mao Tse-tung zu vergleichen wäre. Selbst Hitlers angebliches Vorbild Benito Mussolini bezog sich ja noch in Teilen auf die altrömische Geschichte, zum Beispiel mit dem Terrorsymbol „fasces" = Rutenbündel. Hitler aber hatte nie ein wirkliches, gründliches Studium der deutschen Geschichte betrieben. Seine armseligen Zeiten im Männerheim in Wien vor dem 1. Weltkrieg, seine Hassreden im Zirkus Krone in München nach dem Krieg und seine knapp zwei Jahre Vorzugshaft im Zuchthaus in Landsberg nach seinem gescheiterten Putsch am 9. November 1923 in München hatten nie ausgereicht für eine echte, historische Bildung, mal abgesehen von seiner minimalen Schulbildung und seiner Berufslosigkeit insgesamt. Hitler beherrschte keine einzige Fremdsprache und hat kein Werk eines deutschen, französischen oder englischsprachigen Philosophen der Aufklärung gelesen oder Literaten der Klassik und Romantik gründlich studiert. Er hatte nur eine umfangreiche

Kenntnis vom Leben des Antisemiten und Nibelungenmusikers Richard Wagner. Das Musizieren auf einem eigenen Instrument hat Hitler auch nie geübt.

Das besagte Werk von Sebastian Haffner (a. a. O., Literaturverzeichnis) hat den völlig unscheinbaren, geradezu bescheidenen Titel **„Anmerkungen zu Hitler"** (1978), und es ist nicht einmal 200 Seiten lang. Aber diese haben es in sich! Und nach Haffners sehr überzeugender Meinung hatte Hitler überhaupt keine ernstzunehmende historische, philosophische oder neuideologische Vorstellung. Er entwickelte nur seinen **„Hitlerismus"**, den er sich selbst im Laufe seines verkorksten, berufslosen Lebens zurechtgezimmert hatte. Deshalb besaß er auch nur ein **Eklektizistisches Weltbild**, das heißt also ein zufälligerweise aus allen möglichen, wenig durchdachten mündlichen Erzähleindrücken und Lesefetzen gezimmertes Bild, das Hitler sich vom Leben der Menschheit, der Politik und der Geschichte allgemein zusammengesetzt hat.

In ähnlicher, scharfer Weise wie Haffner äußert sich auch H.A. Winkler in seinem neuen Interview im SPIEGEL (Nr. 45/4. 11.2023, S. 48–51), wenn er zusammenfassend über Hitler und den Nationalsozialismus sagt: **„Ich habe damals geschrieben (1986/87), dass die NS-Diktatur das menschenfeindlichste Regime der Geschichte gewesen ist."**

So hat Sebastian Haffner den „Hitlerismus" auch verurteilt, und das ausdrücklich mit den <u>zwei folgenden, fatalen und mörderischen</u> „Theorien" über Hitler, die sich gegenseitig ergänzen und geradezu satanisch hochschaukeln:

"Hitlerismus"	
"Völkische" Theorie:	**"Antisemitische" Theorie:**
- Völker/Rassen als Träger der Geschichte - Lebenskampf des Volkes - Staat/Krieg/Politik dienen nur zur Erweiterung des "Lebensraums" des Volkes - Krieg: Sieg des Stärkeren als Natur-, Geschichts-, Lebensgesetz - Völkisches Großdeutschland	- Rassenkampf als Beweger der Weltgeschichte - Arier gegen Jude - Juden sind nur Rasse, nicht Religion oder Volk - Juden: "Parasiten" der Völker, durch: "Demokratie, Pazifismus, Kapitalismus, Marxismus und Internationalismus" - Juden als angebliche internationale Kriegstreiber

(nach **Sebastian Haffner**)

„Hitlerismus"
Grafik: priv. E. Brüchert, nach Sebastian Haffner

Das geschah sofort ab dem Moment, als Hitler die absolute Macht bekam, seine wahnsinnige Politik in der politischen Realität in Deutschland umzusetzen, und zwar mit tödlichen Folgen für Millionen von Deutschen, Juden, Europäern, Russen und Soldaten aus aller Welt. Knapper und präziser kann man wohl nicht die „Fratze des Hitlerismus" skizzieren und damit gleichzeitig die Ungeheuerlichkeit, möglicherweise sogar die bösartige „Einmaligkeit" oder „Einzigartigkeit" dieses faschistischen Sonderweges der Hitlerdeutschen umreißen. Dabei haben – wie oben schon angemerkt – in der deutschen Sprache die alten, optimistisch positiven, ja, Bewunderung ausdrückenden Adjektive „einmalig, einzigartig" – „einmalige, einzigartige" Kunst in Musik, Malerei, Dichtung oder in wissenschaftlicher Leistung – eine schreckliche Umdeutung und Verwandlung in das Negative und Menschenfeindlichste der SS-Mörderbanden im Holocaust und der Shoa erfahren.

***

Die Rolle der USA während der Nazizeit und im 2. Weltkrieg zeigt erstaunliche Parallelen und gleichzeitig erhebliche Unterschiede zur Epoche vor 1918 (vgl. dazu Kapitel 12):

Parallel waren die Unterschätzung der Stärke und Macht der Vereinigten Staaten und anschließend, nach Kriegsbeginn, das Aufwachen und Erstaunen – besonders bei Hitler und seinen blinden Anhängern – über das kriegsentscheidende Eingreifen einer nicht ernstgenommenen, neuen Weltmacht.

Unterschiedlich waren die historischen Ereignisse vor und nach dem 11. Dezember 1941, nach „Pearl Harbor" also, weit weg von uns im Pazifik und doch wiederum schon mitten in einem riesigen „europäischen" Krieg. Dieser sollte allerdings eigentlich nach Hitlers „Theorien" mit Stoßrichtung auf den Osten und der Sowjetunion gerichtet sein und gar nicht gegen die ignorant unterschätzten und leichtsinnig verachteten Vereinigten Staaten von Amerika.

Hitlers entlarvende „Tischgespräche"

Hitlers katastrophal lückenhaftes und nicht realhistorisches – Weltbild kommt in vielen Zitaten aus seinen **„Tischgesprächen im Führerhauptquartier"** entlarvend zum Ausdruck: Niedergeschrieben von dem ehemaligen ostfriesischen Landrat, Jurist und im Krieg Wehrmachtsangehörigen **Henry Picker**.

Picker war zeitweise im Krieg als Protokollant ins Führerhauptquartier „Wolfschanze" in Polen abkommandiert worden und hat seine Aufzeichnungen erst nach dem Krieg 1963 in der Bundesrepublik im Seewald Verlag veröffentlicht. Jeden Tag, so hat Picker nach dem Krieg versichert, habe er auf Befehl seine **stenographisch genauen Protokolle** in diesem einen Jahr von Juli 1941 bis Juli 1942 „dem Führer" vorgelegt und „offiziell genehmigen" lassen. Das waren alles Besprechungen mit Generälen und Offizieren, aber auch mehr oder weniger private „Tischgespräche", die sich oft nächtelang hinzogen, meistens als lange Monologe von Hitler. Und Hitler wusste dabei immer und sah es sogar, dass alles von seinem getreuen Adlatus Henry Picker mitgeschrieben wurde.

Angeblich soll Hitler das als Grundlage für seine späteren Lebenserinnerungen so angeordnet haben. Manche Historiker kritisieren heute, dass hier keine echten, schriftlichen Quellentexte von Hitler selbst vorliegen, der ja bekanntlich recht schreibfaul war, doch seine Äußerungen werden durchaus unterstützt und geradezu belegt von seinen bekannt gewordenen Reden. Und sie passen in das Bild von Hitler, der kein Tagebuchschreiber war, sondern nur in improvisierten Reden vor fanatischen Anhängern seine Gedanken und Ideen entwickeln konnte. Bekanntlich waren ja die sog. „Hitlertagebücher" in der Zeitschrift „Stern" nach dem Kriege nur eine schnell und leicht zu entlarvende Fälschung eines geltungssüchtigen Journalisten.

Auch Hitlers Machwerk „Mein Kampf" hat er ja gar nicht selbst aufgeschrieben. Er hat es lediglich seinem Mithäftling Rudolf Heß 1924 in Landsberg diktiert. Somit konnte Picker auch beweisen – der ja selbst vor 1945 gar kein Nazikritiker gewesen war und auch gar nicht zum Umkreis der Attentäter vom 20. Juli 1944 gehörte – dass seine Aufzeichnungen unmittelbar, echt und stenographisch korrekt, gehorsam und fleißig von ihm angefertigt worden waren. Picker hat also – als sehr guter Stenograph und Jünger seines Herrn – nichts gefälscht, sondern stets korrekt und konzentriert (wie meist die Deutschen ...) zugehört und mitgeschrieben, beinahe so perfekt wie ein modernes Diktiergerät.

Nach dem Krieg war er sogar stolz darauf und überspielte damit wohl auch sein schlechtes Gewissen, weil er so lange blind gegenüber dem Verbrecherischen bei Hitler und den Nazis insgesamt gewesen ist.

Wenn man sich diese Einsicht stets bewusst macht, dann sind diese direkt notierten „Tischgespräche" ein unübertreffliches Zeugnis von Hitlers spontanem, beinahe ungefiltertem Sprechen und Denken. Sie sind also sogar eine moderne, fast offizielle Quelle für „oral history", in diesem Falle nicht vom

Sprechen normaler Bürger und Bürgerinnen aus dem Volke, sondern von einem hoffentlich „einmaligen", schrecklichen und deutschen Diktator.

***

Am **23. März 1942** notierte Henry Picker in der „Wolfsschanze" – also in Ostpolen, fast noch auf dem Höhepunkt des Vormarsches in Russland, noch einige Monate vor dem später gescheiterten, deutschen Angriff auf Stalingrad (Herbst/Winter 1942/43), aber schon nach dem endgültigen Stopp der Wehrmacht vor Moskau (Winter 1941/42) und auch schon vier Monate nach dem Überfall der Japaner auf „Pearl Harbor" (7. Dez. 1941) sowie ca. vier Monate nach der anschließenden, überstürzten Kriegserklärung Hitlers gegen die USA am 11. Dezember 1941 – das Folgende:

Picker leitet den Eintrag am 23. März 1942 so ein: *„****Heute veröffentlichen die Korrespondenten folgende Anweisung Hitlers für die Polemik gegen die USA, die er Lorenz gestern bei Tisch diktierte****"*. Dann zitiert er **Hitler** aus seiner stenographischen Mitschrift:

*„****In letzter Zeit ist es wiederholt zu beobachten, dass in der Polemik gegen die USA ungeeignete Argumente angeführt werden. Was wir gegen diese Nation anführen, ist in erster Linie der völlige Kulturmangel. Zum Beispiel zeugt die widerliche Verhimmelung der Filmstars von einem allgemeinen Mangel an wirklich großen Idealen. Die ausgeprägte Sensationshascherei, die selbst vor den ekelhaftesten Darbietungen wie Frauenboxen, vor Ringkämpfen in Schmutz und Schlamm, vor öffentlichen Vorführungen von Missgeburten, vor Zurschaustellung von Angehörigen, besonders niederträchtiger Verbrecher und dergleichen nicht zurückschreckt, ist ein treffender Beweis für die Kulturlosigkeit dieses Landes.***
Angesichts dieser Tatsache sprechen wir Herrn Roosevelt das Recht ab, über Deutschland als Richter aufzutre-

ten. Dieses Argument soll im Vordergrund der Abrechnung mit diesem Heuchler stehen. Es ist völlig falsch, das Streben nach zivilisatorischer Entwicklung der Technik in den Vereinigten Staaten diese lächerlich zu machen. Entscheidend ist dagegen, dass die Fortschrittlichkeit nicht in den USA, sondern bei uns im Reich ihre vornehmste Pflegestätte und ihre größten Erfolge erzielt hat. Die besten Autostraßen der Welt hat Deutschland, die schnellsten Automobile werden bei uns gebaut. Das haben eindeutig die Ergebnisse der großen internationalen Rennen bewiesen. Deutsche Forscher und Erfinder haben neue Urstoffe geschaffen, die gerade in den USA verächtlich gemacht wurden. Heute, da die Vereinigten Staaten im ostasiatischen Raum ihre Besitzungen und ihre Wirtschaftsbasis verlieren, machen uns diese neuen Werkstoffe unabhängig, während die USA vor der Unzulänglichkeit ihrer bisherigen Wirtschaftsform stehen. Aus diesen Gründen haben wir das Recht, uns energisch zu verbitten, dass die Vereinigten Staaten sich anmaßen, Vormund über uns und Europa zu sein. Die USA haben nicht bewiesen, dass sie der Welt etwas zu geben haben, weder auf dem Gebiet der fortschrittlichen Entwicklung noch auf dem der geistigen Führung des amerikanischen Volkes."

Was zeigen uns diese Ergüsse noch heute über **Hitlers Polemik gegen die USA**? Er selbst entwickelte das wie nebenbei in Monologen, spätabends vor seinen schweigenden und gegen die eigene, schleichende Ermüdung kämpfenden Generälen. Das war also eine mündliche und wütende Propaganda, die aber von willfährigen, gläubigen Helfern (Generälen, Offizieren) zur Sicherung der Pressezensur in ganz Nazideutschland eingesetzt werden musste.

Gehen wir doch einmal einige Stichwörter und Sätze durch: Hitler beginnt mit dem angeblichen „völligen Kulturmangel ... der USA" und bringt dafür zunächst nur Beispiele aus dem vordergründigen Boulevard: Verherrlichung von Filmstars, Sensationshascherei, Frauenboxen, Sensationsberichte in den Zeitungen über Verbrecher. Dann plötzlich nimmt er sich den Präsidenten, „Herrn Roosevelt", vor und verbittet sich von diesem für ihn neuesten – und eigentlich wohl bisher fast überraschendem – Feind für Deutschland im Weltkrieg, dort eine Rolle als „Richter" über Deutschland einzunehmen. Wahrscheinlich drückt er hier seine versteckte Wut aus über frühere Äußerungen von Roosevelt in der freien Weltpresse über die Judenfeindlichkeit und die Diktatur in Nazideutschland. Das hat Hitler nämlich schon schärfer am selben Tag in einer weiteren Stelle ausgedrückt, wo er Roosevelt als „geisteskrank" bezeichnet, weil dieser die Vorherrschaft der deutschen U-Bootwaffe in den Weltmeeren nicht anerkennen wolle. Auch da zeigt sich wieder, dass Hitler aus der Geschichte des 1. Weltkrieges nichts, aber auch gar nichts, gelernt hat.

Dann stellt Hitler prahlerisch und geradezu blind Folgendes einander gegenüber und rechnet es gegeneinander auf: „... die zivilisatorische Entwicklung der Technik in den USA" gegen die „besten Autostraßen ... schnellsten Automobile" in Deutschland: Meint er damit bessere Autos, Flugzeuge, Eisenbahnbau, Ölförderung in den USA und übersieht dabei völlig die schon jetzt, 1942, enorme Rüstung und Wirtschaftskraft in Amerika? Meint er damit schon den einfachen „Volkswagen" aus „Wolfsburg", der es zu Hitlers Lebzeiten nie zu einer Massenproduktion geschafft hat? Oder, was wahrscheinlicher ist, berauscht er sich hier nur wieder an einer Handvoll von todessüchtigen Mercedes-Rennfahrern in Deutschland auf der „Avus" im Vorkriegs-Berlin? Und dann als höchste deutsche Errungenschaft an „deutschen Forschern und Erfindern"?

Und dann prahlt er auch, in Deutschland gebe es ja schon „neue Urstoffe". Hitler sagt hier natürlich kein Wort über den gewaltigen Aderlass von deutschen Wissenschaftlern/-innen, Künstler/-innen und Literat/-innen, die zum Teil nur wegen ihrer jüdischen Religion ab 1933 das Land verlassen mussten, von Albert Einstein bis Thomas Mann. Und bei „neuen Urstoffen" kann er doch wohl noch nicht das Uran als Grundstoff für die Atomspaltung und deren auch militärischen „Nutzen" gemeint haben. Er hatte ja keinen blassen Schimmer von moderner Atomspaltung, sondern er hat wohl nur an Öl, Eisenerz für die Rüstung und den „berühmten" Kautschuk für Kriegsautoreifen gedacht. Denn von Atomraketen, Atombombern, Atom-U-Booten hat er nie geredet – auch nicht in Verbindung mit Peenemünde bei seinen Träumereien von den „Wunderwaffen" der V1 und V2 gegen London.

Das heißt: Hitler hatte hier auf dem Höhe- und Kipppunkt seiner militärischen Macht 1941/42 im 2. Weltkrieg die Entwicklung der modernen Technik in den USA schon längst verschlafen. Und Deutschland hatte auch kaum die modernen, industriellen Möglichkeiten wie die USA bei Wirtschaft, Technik und Rüstung. Da nützte es Hitler auch nichts mehr, dass er den Präsidenten Roosevelt für „geisteskrank" erklärte. Auch die „Unzulänglichkeit der Wirtschaftsform in den USA" war ein krasser Nazitrugschluss. Hitler missachtete die Kraft des freien Marktes und der weitgehend freien Wirtschaft im Kapitalismus (trotz mancher Schwächen). Auch schon im Jahre 1942 zeichnete sich ja ab, dass die USA die stärkste Wirtschaftsmacht der Welt werden würden, weit vor England, Japan oder Russland, die noch im Krieg standen. China und Indien spielten noch keine große Rolle; sie hatten sich ja noch nicht vollständig vom Kolonialismus befreit. Und Stalin hat zu diesem Zeitpunkt seinen Kampf gegen den Faschismus nur mit massiver wirtschaftlicher Hilfe aus den USA erfolgreich weiterführen können, nachdem deutsche Truppen sich schon Moskau bis auf wenige Kilometer genähert hatten.

Und in dem Schlusssatz verrät Hitler wieder einmal seine mangelhafte, historische Schulbildung: *„**Die USA haben nicht bewiesen, dass sie der Welt etwas zu geben haben, weder auf dem Gebiet der fortschrittlichen Entwicklung noch auf dem der geistigen Führung des amerikanischen Volkes.**"* Auch in diesem Schlusssatz offenbart Hitler, dass er nicht die geringste Ahnung von den geistigen Wurzeln der USA in der Philosophie und in den Idealen der europäischen Aufklärung des 17. bis 18. Jahrhunderts hatte. (Vgl. Kap. 4, 5, 6 u. 7)

Und die Bedeutung von Alexander von Humboldt, dem wohl berühmtesten Weltbürger im 19. Jahrhundert – vergleiche Kap. 9 – hat Adolf Nazi mit ziemlicher Sicherheit nie erkannt oder überhaupt nicht ermessen können. Sonst hätte er ihn doch unbedingt in Gegenwart von dem eifrig mitschreibenden Herrn Picker mal nennen können, nämlich Humboldt als Preußen und Berliner, als „ruhmvolles Gegenbild" zu den angeblich „kulturlosen" Filmstars und dem dortigen „Frauenboxen" in Amerika.

Und wie Recht hat doch Sebastian Haffner in seiner glänzenden Analyse in seinen „Anmerkungen zu Hitler", wenn er dort den „Hitlerismus" als eine zusammengeraffte Sammlung von Stammtischparolen disqualifiziert hat.

***

15. USA: Verspätete Weltmacht vor und im 2. Weltkrieg

Der militärische und politische Ablauf des 2. Weltkriegs wird in den folgenden drei **Tafelbildern** skizzenhaft mit der Zweiteilung „Krieg in Europa" und „Krieg im Pazifik" dargestellt. Im Einzelnen soll jetzt hier nicht darauf eingegangen werden. Der einzigartige, „einmalige" Charakter dieses **2. Weltkrieges als eines hitlerschen Angriffs-, Rassen- und Vernichtungskriegs** wird heute von ernstzunehmenden Historikern/-innen nicht mehr bestritten.

Aus unserer relativ knappen Zahlen- und Datenzusammenstellung (ohne vollständige Darstellung des militärischen Geschehens) geht in der Übersicht auch hervor, dass Präsident Roosevelt im Dezember 1941 sowohl von dem japanischen Angriff auf Pearl Harbor im Pazifik überrascht worden ist sowie auch dann von Hitlers Kriegserklärung wenige Tage später. Das verlief also ganz anders als der USA-Kriegseintritt im Jahre 1917, nämlich jetzt 1941 durch eine Fehlplanung der Japaner und die bodenlose Fehlkalkulation von Deutschland bzw. von seinem „Führer".

Spätere Historiker haben gerne darauf hingewiesen, dass dies ja eigentlich ein Geschenk für die USA und Roosevelt gewesen ist. Denn so wurde der Präsident davon befreit, gegenüber einer widerstrebenden, öffentlichen und unzensierten Meinungsbildung in den USA den zweiten Kriegseintritt (nach 1917) der USA gegen Deutschland **am 11. Dez. 1941** wieder mit einer eigenen Kriegserklärung *zu* verkündigen. Denn genau das nahm ihm Diktator Hitler ja an diesem Adventstag im Jahre 1941 selbst ab – durch seine trotzige oder leichtfertige oder vorschnelle oder selbstmörderische deutsche Kriegserklärung an die Vereinigten Staaten – und an ihren demokratischen Präsidenten Roosevelt.

Damit hatte Präsident Wilson ja 1915–17 erheblich mehr Schwierigkeiten. Der Faktenabriss zeigt allerdings auch, dass die Rooseveltregierung und damit faktisch die USA schon 1939–41 mit der Rede des Präsidenten über die **"vier Freiheiten"**, mit der Erklärung des **"Pacht- und Leihgesetzes"** für Kriegslieferungen an die Engländer und mit der **"Atlantikcharta"** schon fest auf der Seite der Alliierten standen. Aber auch das hat Hitler nicht beeindruckt.

Aus den dann folgenden **"Tafelbildern"** über den **weiteren Kriegsverlauf von Januar 1942 bis zum 8. Mai 1945** geht hervor, dass Deutschland bzw. Adolf Hitler, den 2. Weltkrieg nach seiner frechen und überflüssigen Kriegserklärung gegen die USA gar nicht mehr gewinnen konnte. Das sollen damals auch schon viele deutsche Generäle, Offiziere und Soldaten so empfunden haben, wie aus deren Erinnerungen nach dem Kriege, wenn sie diesen überlebt haben, hervorgeht. Zum Beispiel sollen auch einige spätere Mitglieder vom Anschlag auf Hitler am 20. Juli 1944 schon ab Anfang 1942 davon überzeugt gewesen sein, das Deutschland den Krieg verlieren würde. An der Spitze von solchen charaktervollen Offizieren der Wehrmacht, die Hitler dann sogar stürzen wollten, um „ein besseres Deutschland" noch in letzter Minute zu retten, steht **Graf Schenk von Stauffenberg**, der noch am Abend des 20. Juli 1944 nach dem missglückten Anschlag auf Hitler vor einem willkürlichen Standgericht in Berlin sterben musste.

DER ZWEITE WELTKRIEG AUS ALLIIERTER SICHT

DER KRIEG IN EUROPA:

1939

1. September:
Hitler überfällt Polen. Beginn des 2. Weltkriegs in Europa.

Sommer:
Abbau der Neutralitätsgesetzgebung der USA zugunsten Englands und seiner Verbündeten

November:
3. Wiederwahl Roosevelts zum Präsidenten. Bildung des Nationalen Verteidigungsrats.

1940

Januar:
Roosevelt verkündet die "vier Freiheiten": Freiheit der Rede, des Glaubens, Freiheit von Not und von Furcht.

März:
Leih- und Pachtgesetz: "Lend Lease Act": Kriegslieferungen an die Alliierten auch ohne Bezahlung.

14. August:
Atlantik-Charta: Erweiterung der "Vier Freiheiten" zwischen Churchill und Roosevelt.

1941

11. Dezember:
Kriegserklärung Deutschlands und Italiens an die USA.

DER KRIEG IM PAZIFIK:

Ab 1937 bis 1945:
Chinesisch-japanischer Krieg im Fernen Osten.

Sommer:
Kündigung des Handelsvertrages von 1911 mit Japan durch die USA.

1940:
Dreimächtepakt zwischen Deutschland, Italien und Japan. Ziel: Neuordnung Europas und Ostasiens.

7. Dezember:
Überfall der Japaner auf Pearl Harbor

8. Dezember:
Kriegserklärung der USA an Japan.

Dezember 1941 bis September 1945:
Die USA im Zweiten Weltkrieg gegen Italien (bis September 1943), Deutschland (bis Mai 1945) und Japan (bis September 1945). Erhöhung der Streitkräfte von 2 auf 12 Millionen.

(Grafik : Erhard Brüchert, in: CD Park-Körner-Verlag – München)

Zweiter Weltkrieg aus alliierter Sicht a) Tafelbild
Grafik: Erhard Brüchert, in: CD Park-Körner-Verlag – München

DER KRIEG IN EUROPA:		DER KRIEG IM PAZIFIK:
	1942	
22.12.41 bis 14.1.1942: 1. Washington-Konferenz: 26 alliierte Nationen verpflichten sich, keinen separaten Waffenstillstand zu schließen.		Militärbündnis zwischen Deutschland, Italien und Japan. 1. Hälfte 1942: Japanische Offensive im pazifischen Raum: Vordringen bis: Philippinen, niederländ. Indien, Guam, Wake, Neu-Guinea, die Aleuten.
18.-26. Juni: 2. Washington-Konferenz: Errichtung einer zweiten Front in Westeuropa (auf Druck Stalins). Ausbau der Atomforschung.		Juni: Seeschlacht bei den Midway-Inseln: Japan verliert vier Flugzeugträger. Landung von US-Truppen auf Guadalcanal (Korallenmeer). Beginn der amerik.-austral. Gegenoffensive gegen Japan
	1943	
14.-24. Januar: Konferenz von Casablanca: Roosevelt und Churchill beschließen Landung in Sizilien. Roosevelt fordert die bedingungslose Kapitulation von Deutschland: "Unconditional surrender".		Sommer: Alliierte Gegenoffensive im Südwestpazifik: "Inselspringen" (General MacArthur)
Juli/August: Eroberung Siziliens durch brit. u. amerik. Truppen. Sturz Mussolinis. Kriegserklärung Italiens an Deutschland (13.10.1943).		
28.11.-1. Dezember: Konferenz von Teheran. Roosevelt, Churchill und Stalin entscheiden sich für die Invasion in Nordfrankreich. Ausdehnung Polens auf Kosten Dtls. bis zur Oder.		
	1944	
Februar: Landung amerik. Truppen im Rücken der deutschen Front bei Nettuno in Italien. Kampf um Monte Cassino.		
6. Juni: Invasion der westlichen Alliierten in Nordfrankreich zw. Cherbourg und Caen (General Eisenhower).		Mai-August: Amerikanische Offensive im mittleren Pazifik. (Admiral Nimitz).

(Grafik : Erhard Brüchert, in: CD Park-Körner-Verlag – München)

Zweiter Weltkrieg aus alliierter Sicht b) Tafelbild
Grafik: Erhard Brüchert, in: CD Park-Körner-Verlag – München

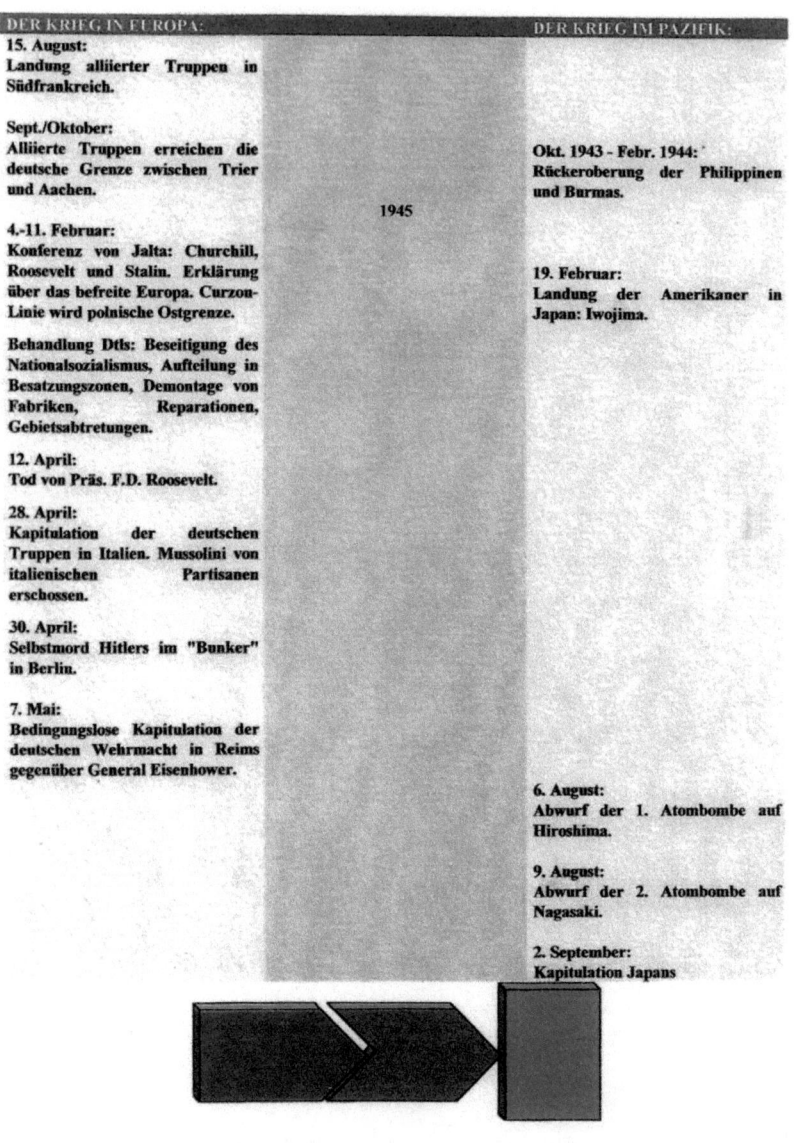

DER KRIEG IN EUROPA:	1945	DER KRIEG IM PAZIFIK:
15. August: Landung alliierter Truppen in Südfrankreich.		
Sept./Oktober: Alliierte Truppen erreichen die deutsche Grenze zwischen Trier und Aachen.		**Okt. 1943 - Febr. 1944:** Rückeroberung der Philippinen und Burmas.
4.-11. Februar: Konferenz von Jalta: Churchill, Roosevelt und Stalin. Erklärung über das befreite Europa. Curzon-Linie wird polnische Ostgrenze.		**19. Februar:** Landung der Amerikaner in Japan: Iwojima.
Behandlung Dtls: Beseitigung des Nationalsozialismus, Aufteilung in Besatzungszonen, Demontage von Fabriken, Reparationen, Gebietsabtretungen.		
12. April: Tod von Präs. F.D. Roosevelt.		
28. April: Kapitulation der deutschen Truppen in Italien. Mussolini von italienischen Partisanen erschossen.		
30. April: Selbstmord Hitlers im "Bunker" in Berlin.		
7. Mai: Bedingungslose Kapitulation der deutschen Wehrmacht in Reims gegenüber General Eisenhower.		**6. August:** Abwurf der 1. Atombombe auf Hiroshima.
		9. August: Abwurf der 2. Atombombe auf Nagasaki.
		2. September: Kapitulation Japans

(Grafik : Erhard Brüchert, in: CD Park-Körner-Verlag – München)

Zweiter Weltkrieg aus alliierter Sicht c) Tafelbild
Grafik: Erhard Brüchert, in: CD Park-Körner-Verlag – München

Fassen wir jetzt noch kurz die wichtigsten Fakten und Hintergründe zu diesem Thema „**Deutschland und die USA**" während der Zeit des Faschismus und des 2. Weltkrieges zusammen, also zwischen 1918 bzw. 1933 bis 1945.

Diese knapp drei Jahrzehnte sind natürlich für uns Deutsche äußerst schwierig. Es ist schwer, sie zu verstehen und einzuordnen, sogar gegenüber unseren eigenen Vätern, Müttern und Großeltern. Aber auch das ist ein schweres und bedrückendes Thema der „deutschen Vergangenheitsbewältigung", welches ich heute und hier nicht vertiefen möchte.

Die USA haben sich am Anfang (Stichwort „Isolation") in ihrer Außenpolitik sogar noch zurückgehalten wie eigentlich ja auch schon vor dem 1. Weltkrieg. Sie wurden dann aber fast wieder gegen ihren eigenen Willen doch in den 2. Weltkrieg hineingerissen. Das verlief aber ganz anders als im 1. Weltkrieg. Vom Imperialismus und Kolonialismus überall in der Welt im 19. Jahrhundert konnten sich die USA noch halbwegs fernhalten. Aber den **Faschismus** mit Mussolini in Italien, den **Stalinismus** in der Sowjetunion nach Lenins Tod und den **Hitlerismus** in Deutschland nach dem „Durchbrennen der Weimarer Sicherungen" 1933 haben schwache US-Regierungen und Präsidenten auch nicht aktiv zu verhindern versucht. Sie waren zu dieser Zeit viel zu sehr mit ihren inneramerikanischen Problemen und der Weltwirtschaftskrise („Schwarzer Freitag" in New York 1929) beschäftigt. **Erst bei Präsident Franklin D. Roosevelt hat sich das geändert** und das ironischerweise auch erst nach dem „deutschen", rechtsstaatlichen Katastrophenjahr 1932/33.

Adolf Hitler selbst hat auf die Bedeutung, die Macht und den Einfluss der Vereinigten Staaten von Amerika nur einmal wirklich „realistisch" reagiert (so weit ich es aus der Literatur erkennen kann), das soll heißen: Er hat der Möglichkeit des Untergangs von ihm und seiner Naziideologie in diesem Krieg tatsächlich mal ins Auge geblickt. Das war ihm ja bei seinen Wutreden oder Tischgesprächen gar nicht möglich, weil er sich dort immer selbst in einen permanenten Siegesrausch hineinredete. Ansonsten hat er die USA und deren Übermacht nie wirklich ernst genommen, wie übrigens auch nicht die Millionen seiner deutschen Anhänger in ihrer rassistischen und größenwahnsinnigen Verbohrtheit. Noch am 11. Dez. 1941, als er „seine" Kriegserklärung gegen die USA vor dem „Nazireichstag" in Berlin wutschnaubend verkündete, hat er sich in so einen Rausch geredet beziehungsweise gebrüllt.

Aber dann kamen die Kriegsjahre 1942–44 mit: Stopp der Wehrmacht vor Moskau 1942, Sieg der USA gegen Japan bei den Midway-Inseln im Pazifik 1942, erneutes Scheitern der deutschen U-Boote im Atlantik 1943, Niederlage in Stalingrad 1943, Landung der Alliierten in der Normandie Juni 1944, Attentat auf Hitler am 20. Juli 1944; und erst danach soll Hitler mehr oder wenig heimlich körperlich und geistig zusammengebrochen sein. Das geschah, nachdem die ersten Einheiten der US-Armee bei Trier am 11. September 1944 die deutsche Reichsgrenze überschritten hatten, also noch rund vier Monate bevor die Rote Armee die Grenze in Ostpreußen Anfang Januar 1945 durchbrach.

Es gibt nämlich einen schriftlichen Bericht von Anneliese Schmundt, der Frau des Adjutanten Rudolf Schmundt, welcher in der Wolfsschanze am 20. Juli an der Seite Hitlers stehend getötet worden war. Frau Schmundt hat Hitler Anfang Oktober 1944 noch selbst in seinem Bunker besucht und ihn bettlägerig und mit Magenkrämpfen und Herzbeschwerden angetroffen. Bei dem anschließenden, kurzen Gespräch, so berichtete Frau Schmundt nach dem Krieg, soll Hitler geweint haben. (s. Görtemaker, a. a. O., S. 318)

Ein letzter, öffentlicher Nervenzusammenbruch ist bei Hitler dann nur noch wenige Stunden vor seiner Selbsttötung in Berlin im April 1945 beobachtet worden. Zeugen dafür waren wiederum nur wenige seiner Offiziere, die nach dem Krieg darüber berichtet haben.

Weitere Aspekte und Gründe für Hitlers Untergang und des Nationalsozialismus

- **Die Unbildung und Weltfremdheit von Adolf Hitler:**
  Schon diese kurze Zeitspanne von 2 und 3/4 Jahren zwischen Dez. 1941 und Sep. 1944 auf dem Höhepunkt des 2. Weltkrieges offenbart die Folgen der historischen und diplomatischen Unbildung und Weltfremdheit von Hitler und zum großen Teil auch seiner faschistischen Anhänger im deutschen Volk. Da der deutsche Diktator mit minimaler Schulbildung außer nach Italien zu Mussolini, nur in Deutschland und Österreich reiste und keine einzige Fremdsprache beherrschte,
  „*... war er auf international versierte Berater aus seinem Umfeld angewiesen, wie die in England geborene Winifred Wagner, den Verlegersohn Ernst Hanfstaengl mit amerikanischen Wurzeln oder Joachim von Ribbentrop, den späteren Außenminister. Tatsächlich waren weder Hitler noch Göring, weder Goebbels oder Heß (vor dem Krieg) je in England gewesen. Lediglich Alfred Rosenberg hatte im Mai 1933 eine Reise nach London unternommen, um dort für das ‚neue' Deutschland zu werben ...*" (Heike B. Görtemaker, Hitlers Hofstaat, a. a. O. S. 244-45).

- **Die Defizite von Hitler in Bezug auf die europäische Aufklärung, Demokratie, Entwicklung des Rechts- und Verfassungsstaates im Westen.**

- **Die <u>Defizite in Deutschland im Volk und in der Bildung insgesamt:</u>**
  Die Mehrheit der gebildeten Deutschen missachtete schon seit Ende des 18. Jahrhunderts die philosophischen, liberalen und auch sozialen Errungenschaften der westlichen Welt unter Führung von Frankreich, England und den USA. Neue Tendenzen aus der „Neuen Welt" wurden häufig, sogar bis ins 20. Jahrhundert hinein, als undeutsche, <u>oberflächliche „Zivilisation"</u> und „Mode" abgetan. Selbst das durchschnittliche Volk war in seiner Mehrheit meist auf der Seite der starken restaurativen Beharrungskräfte in Mitteleuropa.

- **Die Entwicklung der 1. industriellen Revolution 18.-20. Jahrhundert:**

Im Westen Europas und in den USA vollzog sich in dieser Zeit ein rasanter Fortschritt in der Ökonomie, vom Handwerk und der Landwirtschaft bis zum Bergbau, dem Eisenbahnbau und ersten Fabriken hin zu industriellen Erwerbs-, Lebens- und Berufsformen. Auch das erste deutsche Mercedes-Auto in der Bismarckzeit konnte die ersten Fließband-Ford-Autos in Amerika und deren Siegeszug in der ganzen Welt Anfang des 20. Jahrhunderts nicht aufhalten. Die „Neue Welt" hatte eben in Verkehr, Technik, Industrie, Eisenbahn- und Schiffsbau und bald auch bei den Flugzeugen immer bessere oder zumindest eher Ideen und Produktionskapazitäten. Die Deutschen kamen oft zu spät. Einzig der U-Bootsbau war für die deutsche Rüstung am Anfang sensationell, aber auch diese „Sache" ging denn ja bekanntlich im 1. Weltkrieg daneben. Das Nachhinken und die Verzögerungen in Deutschland in den Bereichen, Technik, Industrie, Verkehr, Eisenbahn, Seeherrschaft und selbst im großflächigen Autobahnbau – also im gesamten Komplex der ersten industriellen Revolution mit Wasserkraft, Kohle und Öl – waren rund 200 Jahre lang bei uns offensichtlich. Und das wirkte sich auch, was Hitler und seine Nazis wieder viel zu spät bzw. überhaupt niemals begriffen haben, auf Gesellschaft und Staatsleben aus: auf die Rolle und Emanzipation der Frauen, auf ein vielfältiges Arbeitsleben, auf das Verbot aller Gewerkschaften mit oder ohne Streikrechten, auf modernes Leben, neue Berufe, neue Arbeiterparteien.

- **Politische Beziehungen zwischen USA und dem wilhelm. Deutschland:**

Im 19. Jhd. normalisierten sich halbwegs die Beziehungen zwischen den USA und den meisten europäischen Ländern – außer gegenüber dem kaiserlichen Deutschland, Österreich-Ungarn und dem zaristischen Russland. Und man muss feststellen, dass die Monarchien von Deutschland und Österreich im 19. Jahrhundert keine neuen Freunde fürs Leben bei den

Amerikanern gesucht und gefunden haben. Sie waren eben zu sehr mit sich selbst beschäftigt. Und anschließend setzte sich die Suche der USA nach ihrer neuen Rolle im Weltmaßstab fort. Europäische Einwanderer – und dazu gehörten nicht nur die Engländer und Iren, sondern auch Millionen von Immigranten aus Mitteleuropa wie Deutsche, Österreicher und Osteuropäer – wurden von der aufblühenden US-Wirtschaft auch damals noch sehr gerne aufgenommen und gebraucht.

- **Imperialismus und Kolonialismus:** Von diesen beiden Krankheiten oder Seuchen der Europäer im 19. Jahrhundert blieben eben auch die USA in Nordamerika nicht völlig verschont (vergl. Kap. 11). Aber sie haben sich insgesamt aufgrund ihrer früheren Erfahrungen mit ihren „indigenen" Ureinwohnern und der Sklaverei in den Südstaaten irgendwie noch rechtzeitig besonnen und nicht so eine schlimme Ausbeutung betrieben wie die („verspäteten") Europäer in Afrika und Asien. Die geistigen Wurzeln der USA-Verfassung in der englischen und französischen Aufklärung (siehe Kap. 4, 5 u. 6) haben hier wohl wertvolle Früchte getragen und Exzesse wie dann etwa diejenigen in Nazideutschland verhindert.

- **Hitler und der Nationalsozialismus aus der Sicht der USA:** Diplomatie, nationales Selbstverständnis, Lebensart und Lebensgefühl waren in den USA und in Nazideutschland in den Dreißigerjahren völlig gegensätzlich. Hitler wusste kaum etwas von der Geschichte und Entstehung der Vereinigten Staaten. Er verachtete diesen Vielvölkerstaat aus tiefstem Herzen und betrachtete seine Bewohner als primitiv, schwach, sittlich und körperlich entartet und als vermeintliche Schwächlinge in der menschlichen „Evolution", wie er sie völkisch verstand. Die „Vorsehung der Geschichte" habe danach die USA schon längst dem Untergang geweiht, zumal weil sie sich angeblich in Wirtschaft, Kunst und Gesellschaft dem Judentum ergeben hätten. Die Juden wie auch die „Neger" und „Indigene" hielt er nicht für fähig, für den Bestand und das Überleben ihrer „Rasse" zu kämpfen (vergleiche Hitlers Auslassungen in seinen „Tischgesprächen"; Picker,

a. a. O. und in seiner Hetzschrift „Mein Kampf"). Zwischen den Nazideutschen und „den Amis da drüben" stand also am Anfang des „Tausendjährigen Reiches" nur weitreichendes Unverständnis. Erst im Jahre 1938 ließen zwei Ereignisse die Alarmsirenen in den USA und der westlichen Weltöffentlichkeit aufschrillen: Erstens die Münchner Konferenz im September 1938, als die sogenannte Appeasement-Politik des englischen Premiers Chamberlain alle westlichen Dämme gegen Hitlers Kriegspolitik brechen ließ, und zweitens knapp zwei Monate später, als das Novemberpogrom am 9. November 1938 das staatliche, planmäßige Mordprogramm der Nazis gegen die Juden in Deutschland (und bald darauf in allen besetzten Ländern) offenbarte.

- **Vom 1. zum 2. Weltkrieg:** Die Bandbreite der Konflikte und Spannungen in der Epoche zwischen den Jahren 1914 und 1945 in dieser ersten, chaotischen Hälfte des 20. Jahrhunderts ist riesig: Vom „Platz an der Sonne" (**Deutschland**) über Streben nach der Weltseeherrschaft (**England**) über wechselhafte, schwankende, ja, unsichere Diplomatie der **USA** (Neutralität 1914–17, dann Kriegseintritt 1. Weltkrieg, Isolation in den Zwanzigern, Unverständnis und Sprachlosigkeit gegenüber dem Hitlerismus, Erwachen und Kriegseintritt der USA 1941/42 und **Radikalität bei Kriegszielen** bis zum „unconditional Surrender" bei den Konferenzen in Casablanca, Teheran und Jalta).

**

16. Kalter Krieg im Atomzeitalter: West gegen Ost (1945–1990)

Als Einziger von den „großen Drei" des 2. Weltkrieges – nämlich von **Roosevelt, Churchill und Stalin** – hat wahrscheinlich der englische Premier schon sehr frühzeitig den „Kalten Krieg" zwischen West und Ost vorausgesehen. Das hat auch der kluge Sebastian Haffner in seiner knappen und wiederum äußerst präzisen Rowohlt-Monografie über Winston Churchill aus dem Jahre 1967 dargelegt. (s. Haffner: „Churchill", s. Literaturverzeichnis). Er beschreibt zunächst in dem schmalen Bändchen die Stellung Englands und auch Churchills während des 2. Weltkrieges als ein gewisses Lavieren zwischen den beiden riesigen und eigentlich ja gegensätzlichen Kriegspartnern USA und Russland ab 1941/42 mit ihren sehr unterschiedlichen Interessen. Der Premierminister habe immer gewusst, dass das einzige und eher schwache Band, welches Roosevelt und Stalin zueinander geknüpft hatten, der Kampf gegen Hitler und den Faschismus gewesen sei.

Dazu möchte ich noch ergänzen: Als im Mai 1945 dieses letztendlich doch starke Sicherungsseil gegen eine Niederlage fast der ganzen übrigen Welt im 2. Weltkrieg gegen den „Hitlerismus" überflüssig geworden war – so wie zwischen zwei sehr unterschiedlichen und sich äußerst unsympathischen (und neidischen) Gipfelstürmern im Himalaya –, da schnitten Stalin und Truman das Halteseil zwischen sich sehr schnell wieder durch. Sofort brachen ihre alten, fundamentalen Gegensätze wieder hervor, jetzt sogar mit atomarer Kraft und Drohung auf beiden Seiten Sebastian Haffner schreibt dazu:

„Erwog er ((Churchill)) *im Frühsommer 1945 ernsthaft eine Fortsetzung des Krieges gegen Russland? Man hat es ihm zugetraut, und auch er selbst muss sich, mindestens nachträglich, solche Erwägungen zugetraut haben. Jedenfalls behauptete er später, er habe im Mai 1945 Befehl gege-*

ben, die erbeuteten deutschen Waffen gut zu sammeln und zu pflegen, damit man sie notfalls den deutschen Gefangenen schnell wieder in die Hand geben könne. Das Telegramm wurde gesucht und nicht gefunden; wahrscheinlich ist es nie abgeschickt worden. Aber im Kopf muss Churchill einen solchen Befehl wohl gehabt haben; sonst hätte ihm seine Erinnerung kaum vorgespiegelt, er hätte ihn sogar gegeben.

Sicher ist, dass er im Sommer 1945 wieder hart gegen Russland Stellung bezog, und sicher ist auch, dass er damit jetzt wieder mit mächtig aufkommenden Strömungen in Amerika im Einklang war. Roosevelt war tot. Aber gleichzeitig war Amerika, kaum hatte Deutschland kapituliert, bereits in voller Demobilisierung. Was sich vorbereitete, war kein Krieg, sondern unfruchtbares Gezänk – das, was man später den Kalten Krieg getauft hat." (S. Haffner, „Churchill", a. a. O., S. 155)

***

Was geschah aber nun tatsächlich nach dem 8./9. Mai 1945 mit uns überlebenden Deutschen – also nach der totalen **„unconditional surrender"- Kapitulation** des Hitlerismus in Reims gegen den Westen und in Berlin-Karlshorst gegen den Osten in dieser Stunde Null. Aus dieser konnten und wollten sich auch die USA nun nicht wieder einfach davonstehlen oder -schleichen, wie es ihnen nach 1918/19 bei der „Friedenskonferenz in Versailles" (nicht vom Kongress ratifiziert ...) gelungen – oder historisch korrekt: misslungen – war und das sogar zu Lebzeiten ihres siegreichen Präsidenten Wilson.

In den letzten Kriegstagen – eigentlich schon seit September 1944 und Januar 1945, als zunächst die Amerikaner in Trier und dann die Rote Armee in Ostpreußen zum ersten Mal deutschen Boden betraten – setzte eine wahre Völkerwanderung der Deutschen von Osten nach Westen ein: zu Wasser, zu Lande und in der Luft; das geschah freiwillig und unfreiwillig: freiwillig (aber trotzdem mit Zwang vertrieben...) durch die insgesamt ca. zwölf Millionen Vertriebenen und Flüchtlinge aus Ostpreußen, Schlesien und Pommern (zu denen dieser Autor als Kleinkind auch gehörte ...); und unfreiwillig durch die Tausende von überlebenden, deutschen Soldaten und Wehrmachtsangehörigen, die nach dem Verlust ihrer Überlegenheit an den Fronten in Russland von der Ostsee bis hinunter an das Schwarze Meer allesamt nach Westen strebten, um in die Nähe der westlichen Alliierten, besonders der Engländer, Kanadier und der Amerikaner zu kommen. Sie trieb – genauso wie die Flüchtlinge und Vertriebenen aus den Gebieten östlich der Oder und Neiße – die berechtigte Angst vor der Gefangenschaft bei den Sowjets und dem vermuteten Tod oder doch Transport „nach Sibirien", aus dem nur wenige Überlebende etwa zehn Jahre später zurückkehrten.

Nach Roosevelts überraschendem Tod am 12. April 1945, nur wenige Tage vor Kriegsende und noch vor Hitlers Selbstmord am 30. April hatte Vize-Präsident **Harry S. Truman** als 33. Präsident der USA (1884–1972, Präsident 1945–53) die Regierung übernommen. Hitler hat den Tod von Roosevelt zwar noch registriert, aber – passend zu seinem dummdreisten „Geschichtsbild" – in seinen letzten Tagen im Bunker neben dem Brandenburger Tor nur noch davon geträumt, jetzt käme auch die Wende für ihn, und zwar genau so, wie es angeblich dem König Friedrich (dem „Großen") fast 200 Jahre vorher im Siebenjährigen Krieg vergönnt war, als durch den plötzlichen Tod des unfähigen Zaren Peter III. und nach dem Regierungsantritt von Kaiserin Katharina (die „Große") Russland als Feind von Preußen ausfiel. Aber so einfach und parallel wie Hitler hier dieser und seiner allerletzten Illusion anhing – angeblich lange sinnend vor einem Gemälde von König Friedrich an der nackten Bunkerwand unter der schon zerschossenen Reichskanzlei über ihm –, wiederholt sich Geschichte nicht: Der gestorbene Roosevelt war kein „unfähiger, debiler Zar Peter III." und Stalin stoppte auch nicht sofort den Angriff auf Berlin. Er hatte ja auch keine deutschen Wurzeln wie die neue Zarin Katharina damals ...

Unter dem innenpolitischen Schock des Todes von dem charismatischen Franklin Delano Roosevelt (FDR) wollte sein Nachfolger Truman zunächst nur den Sieg seines Vorgängers im Weltkrieg vollenden und keine neue Politik verkünden, so wie es noch Präsident Wilson 28 Jahre zuvor mit seinem Ziel getan hatte, nämlich die Welt „safe for democracy" zu machen. Das schien Roosevelt nun ja auch schon (fast ...) endgültig durchgesetzt zu haben. Dass dies ein großer Irrtum war und sich die zweite Hälfte des 20. Jahrhunderts in der Weltpolitik zu einem neuen **„Kalten Krieg"** entwickeln würde, das konnte Nachfolger Truman noch nicht wissen. Er musste sich erst allmählich und mühsam zu dieser Erkenntnis durchringen. Aber dann gelang es ihm durchaus, die Vereinigten Staaten von Amerika in eine weitere, neue Rolle als die führende „demokratische Weltmacht" zu hieven mit vielen Problemen, Konflikten und Diskussionen, von denen nun noch in diesem 16. Kapitel die Rede sein muss.

Dieses Ringen mussten nicht nur die Regierungen, sondern auch die gesamte Weltbevölkerung austragen, und zwar mit der ständigen Bedrohung und **Angst vor einem atomaren 3. Weltkrieg** zwischen dem demokratischen Westen und dem von der Sowjetunion beherrschten kommunistischen Osten.

Selten hat es wohl in der gesamten, menschlichen Weltgeschichte eine solche Epoche gegeben, in welcher der einzelne Mensch und Zivilist, Frauen, Männer und Kinder (also nicht nur der Soldat an der Front), solchen direkten Gefährdungen und dem ständigen Bewusstsein eines möglichen, plötzlichen (Atom-) Todes ausgesetzt waren. Das hat es wohl früher vielleicht nur in den Zeiten der großen antiken und mittelalterlichen Seuchen, wie bei Pest, Cholera oder Hungersnöten, gegeben.

Diese bleierne Zeit endete erst nach einem halben Jahrhundert beginnend mit dem glücklichen Jahr 1990 (eines der wenigen „glücklichen" im schlimmen 20. Jhd.) durch die Gorbatschow-Ära in Russland. Aber statt eines „Endes der Geschichte" durch den Sieg der Demokratie (laut Historiker Francis Fukuyama) hat die putinistische-zaristische Restauration in Russland nach dem Angriffskrieg gegen die Ukraine im Jahre 2022 wieder neue, böse Ängste im freien Westen erwachen lassen.

***

Die Neuordnung Europas in der Zeit von nur drei Jahren zwischen 1945 und 1948 war schwierig und gelang nicht perfekt, weil der beginnende „Kalte Krieg" schon drohte und gegenseitiges Misstrauen beim Anspruch über den Anteil am Sieg gegen Hitlerdeutschland vorherrschte. Auf der Potsdamer Konferenz im Juli/August 1945 schienen die „großen Drei" – Stalin, Truman und Churchill/Attlee – noch einig zu sein in der Frage der Besetzung Deutschlands und der Vierteilung von Berlin. Doch schon bei der Gründung der UNO am 26. Juni hatten sich in San Francisco die ersten Risse gezeigt, als man die großen, zukünftigen und gemeinsamen Ziele formulierte, vor allem durch Initiative der USA: Sicherung des Weltfriedens, Schutz der Menschenrechte, Gleichberechtigung aller Völker, Besserung des allgemeinen Lebensstandards in aller Welt; das ging wiederum – wie nach dem 1. Weltkrieg bei Präsident Woodrow Wilson – von dem festen Wunsch nach einem demokratischen Weltvölkerbund aus, der aber jetzt einen anderen (besseren und wirksameren?) Namen erhielt.

Bei den historischen **Nürnberger Prozessen gegen die Hauptnazikriegsverbrecher** in den Monaten um 1945/46 einigten sich die Juristen und Völkerrechtler in West und Ost sogar über ein neues, international zu geltendes Recht gegen Angriffskriege und Kriegsverbrechen. Zwölf Hauptverbrecher der Nazis, an der Spitze die überlebenden Nazigrößen Göring, Keitel und Frank starben durch den Strang. Hitler, Goebbels und auch Himmler und Göring hatten sich vorher schon eigenhändig getötet. In späteren Kriegen bis zum Jahre 2000 wurde dieses neue Völkerrecht von Siegern gegen Besiegte mit deren gerichtlich nachgewiesenen Menschenrechtsverletzungen aber doch nicht immer korrekt eingehalten. Mehrere afrikanische Diktatoren (Idi Amin, Gaddafi) konnten niemals zur rechtsstaatlichen Verantwortung gezogen werden. Das gilt auch zum Teil für vereinzelte Exzesse von amerikanischen Soldaten im Vietnamkrieg in den Sechzigerjahren und nach dem Terrorangriff der Islamisten am 9. September 2001 auf New York. Und neuerdings – seit dem Beginn des Ukrainekrieges am 24. Febr. 2022 – gilt das auch für Wladimir Putin und besonders für seine „Wagner-Söldner".

Mit der **„Truman-Doktrin"** im Jahre 1947 beschritt der neue amerikanische Präsident unwiderruflich den Weg der Abwehr der USA von der uralten Monroe-Doktrin aus dem Anfang des 19. Jh. und den Grundsatz des US-Isolationismus nach dem 1. Weltkrieg. Die neue Doktrin besagte nun, dass die USA weltweit ihre Militär- und Wirtschaftshilfe für alle demokratisch regierten Länder mit Gewaltenteilung und Parteienpluralismus nur noch vergeben würden, wenn dadurch in diesen Ländern kommunistische Umsturzversuche verhindert würden. Das galt als offene **Kampfansage gegen Stalin und die Sowjetunion**, welche inzwischen eine lange Reihe von osteuropäischen Ländern zu kommunistischen „Satelliten-Staaten" der Russen umgewandelt hatten wie in Polen, der Tschechoslowakei, Rumänien, Ungarn, auf dem Baltikum und auch dem Balkan von Jugoslawien bis Albanien; und das mehr oder weniger mit gewaltsamen Methoden ohne echte Volkswahlen. In der Ostzone Deutschlands (ab 1949 die DDR) regierte bis 1989 mit der SED eine einzige, kommunistische Einheitspartei.

Diktator Stalin war natürlich niemals gewillt, seine von der Roten Armee im Krieg gegen die Nazis eroberten Länder bis hin nach Westen an der Elbe und Neiße wieder in die westliche, demokratische Freiheit zu entlassen. Das hat ein halbes Jahrhundert später erst Gorbatschow dem Westen zugestanden, aber Wladimir Putin versucht heute – im Jahre 2022/23 – diese demokratischen, auf die freiheitliche EU gerichteten Wünsche der osteuropäischen Nationen wieder zunichtezumachen. Und das versucht das russische Regime heute unter Putin völkerrechtswidrig im Sinne uralter, zaristischer Begehrlichkeiten unter dem Mäntelchen einer russischen Dominanz und ihrer angeblichen

Vorrechte. (Vergleiche dazu: Orlando **Figes, Eine Geschichte Russlands**, Klett Cotta, Stuttgart, 2022)

Also ging nun tatsächlich spätestens im Jahre 1947 – nur zwei Jahre nach dem Untergang des Nazireiches – der „**Eiserne Vorhang**" nieder, der von der Ostsee bei Travemünde, dann über den Mittelteil der Elbe nach Süden hin über die Alpen durch Österreich und bei Triest an die Adriaküste hinunterreichte. Diesen Alptraum von einer Spaltung Europas in einen freien, demokratischen Westteil und einen unterdrückten, kommunistischen Mittelostteil hatte auch Winston Churchill bei Kriegsende 1945 vorausgesagt. Er warnte eindringlich vor einem „Iron Curtain", der damals noch belächelt wurde.

***

Die politische Truman-Doktrin wurde dagegen klugerweise nun von den USA durch einen ökonomischen und humanistischen „Marshall-Plan" ergänzt und untermauert:

Der ERP-**Marshall-Plan** („**European Recovery Program**") war für Millionen Deutsche in Westdeutschland in der Nachkriegszeit ein Glücksfall und Segen (dazu gehöre ich auch, weil ich später in den Sechzigerjahren nur mit einem „Fulbright-Stipendium" ein Jahr lang in Berkeley/California, Geschichte studieren konnte). Der US-Fünf-Sterne-General George C. Marshall (1880–1959) und Außenminister unter Präsident Truman war der Schöpfer des nach ihm benannten Hilfsplans für Europa in der Nachkriegszeit, für den er 1953 den Friedensnobelpreis und 1959 den Karlspreis erhielt.

Dieses groß angelegte Wirtschaftsförderungsprogramm der USA für den Wiederaufbau der Staaten in Europa wurde allen im 2. Weltkrieg geschädigten Ländern angeboten. Die östlichen Staaten unter Stalins Knute mussten aber das amerikanische Angebot sofort ablehnen, was ihre wirtschaftliche und auch demokratische Entwicklung bis zum Ende des 20. Jh. schwer behinderte, aber langfristig nicht verhinderte. Letztendlich war das vielleicht auch die Ursache für den Zusammenbruch des östlichen, marxistischen Zentralplansystems in den Achtziger- und Neunzigerjahren gegenüber der Überlegenheit der westlichen („kapitalistischen") Sozial- und freien Marktwirtschaft mit ihrer Duldung des von der Gesellschaft kontrollierten Privateigentums. Das gilt im Prinzip schon gemäß der

„Liberty" aus der westlichen Aufklärung. Und sie ist seit dem 18. Jahrhundert in der US-Verfassung und seit nunmehr schon 75 Jahren (1949) auch in unserem, deutschen Grundgesetz verankert.

***

Neuordnung Europas.... Tafelbild

1945-1953	Präsident Harry S. Truman (Demokrat).
1945, 26.06.	Gründung der UNO in San Francisco. Charta der Vereinten Nationen (Art. 111).
	Ziele: Sicherung des Weltfriedens, Schutz der Menschenrechte, Gleichberechtigung aller Völker, Besserung des allg. Lebensstandards in der Welt.
1945	Berliner Vier-Mächte-Erklärung: Alliierter Kontrollrat für Berlin.
1945, Juli/Aug.	Konferenz von Potsdam: Stalin, Truman, Churchill/ Attlee verabschieden das "Potsdamer Abkommen":
	1. Beseitigung des Nationalismus und Militarismus;
	2. Aufteilung Deutschlands in vier Besatzungszonen, Sonderstatus für Berlin, Oder-Neiße-Grenze zwischen Deutschland und Polen (bis zum Friedensvertrag), "Umsiedlung" aller Deutschen östlich Oder-Neiße.
	3. Einsetzung deutscher Behörden unter Aufsicht des alliierten Kontrollrats;
	4. Reparationen und Demontage von Industrieanlagen.
1945/46	Nürnberger Prozess: 24 Nazi-Kriegsverbrecher werden von alliierten Juristen abgeurteilt. (Todesurteile und Haftstrafen.)
1951	Frieden von San Francisco mit Japan.
1947	Pariser Friedensverträge mit Finnland, Italien, Ungarn, Rumänien und Bulgarien.
1947	Truman-Doktrin: Militär- und Wirtschaftshilfe für alle demokratischen Länder zur Wahrung ihrer Unabhängigkeit gegen kommunistische Umsturzversuche. Abkehr der USA von Monroe-Doktrin und Isolationismus.
1947	Marshall-Plan (ERP → "European Recovery Program"): US-Lieferung von Rohstoffen, Waren, Kapital teils als Kredite, teils als Spende. Ablehnung durch die UdSSR.
1948	Der 1. Nahostkrieg: Arabische Staaten greifen das neu gegründete Israel an. Israel gewinnt Gebiete hinzu.

Neuordnung Europas nach 1945, Tafelbild
Grafik: E. Brüchert

Dtl. u. Welt nach 1945

1947-1961	Deutschland und der Kalte Krieg
seit 1945	"Sowjetisierung" der osteuropäischen "Satellitenstaaten" der UdSSR. (Sowjetimperialismus). Kommunistische "Volksdemokratien" (als Einparteienherrschaften) in: Polen, Tschechoslowakei, Ungarn, Rumänien, Jugoslawien, Mitteldeutschland.
seit 1947	Dagegen westliche Politik des "Containments" (Eindämmung der kommunistischen Aggression).
1948	Londoner Sechs-Mächte-Konferenz: Wirtsch. Anschluss der drei Westzonen Deutschlands an Westeuropa. Protest des "Ostblocks".
1948/49	Berlin Blockade (durch die Sowjetarmee). Durch alliierte Luftbrücke überwunden. Endgültige Spaltung Berlins in Ost und West.
1948, Juni	Währungsreform in den Westzonen. Einführung der D-Mark.
1949	Gründung der "Bundesrepublik Deutschland" (drei Westzonen) und der "Deutschen Demokratischen Republik" (Ostzone).
1949, 23.05.	Verkündung des Grundgesetzes der Bundesrepublik Deutschland in Bonn. (Gleichzeitig Kontrolle der BRD durch Ruhrbehörde und Besatzungsstatut.)
1949, August	Wahl zum 1. Bundestag. CDU 139, SPD 131 Sitze.
1949-1963	Bundeskanzler Konrad Adenauer (CDU). (Oppositionsführer: Kurt Schuhmacher 1949-1952 und Erich Ollenhauer 1952-1963.)
1949-1959	Bundespräsident Theodor Heuss (FDP).
1951	Revision des Besatzungsstatuts.
1952, Mai	Deutschlandvertrag: Aufhebung des Besatzungsstatuts. Beitritt der BRD zur EVG.
1954, Oktober	Pariser Verträge: Beitritt der BRD zur WEU und NATO. Verzicht auf ABC-Waffen. Deutsch-französisches Saarabkommen.
1955	Staatsbesuch Adenauers in Moskau: Heimkehr der letzten deutschen Kriegsgefangenen. Aufnahme diplomatischer Beziehungen BRD - SU.
1955	Hallstein-Doktrin: Abbruch von dipl. Beziehungen zu Staaten, die die DDR anerkennen.
1956	Aufbau der Bundeswehr innerhalb der NATO.
1957-1959	Eingliederung des Saarlandes.
1956	Verbot der KPD.
1959	Godesberger Programm der SPD: Die SPD löst sich vom marxistisch-dogmatischen Denken und öffnet sich zur Volkspartei.
1959-1969	Bundespräsident Heinrich Lübke (CDU).
1961, 13.08.	Bau der Berliner Mauer auf Befehl Ulbrichts (zur Eindämmung des Flüchtlingsstroms aus der DDR).

Dtl. nach 1945
Grafik: E. Brüchert

| 1950-1961 | **Die internationale Politik** |

1950-1953	Korea-Krieg: US-Truppen verteidigen im Auftrag der UNO das demokratische Südkorea gegen das kommunistische Nordkorea. Im Waffenstillstand von Panmunjom Teilung des Landes.
1946-1954	1. Indochina-Krieg.
1949	Gründung der NATO.
1953, März	Tod Stalins.
1953-1961	Präsident Dwight D. Eisenhower (Republikaner).
1953, 17. Juni	Aufstand in der DDR gegen die Kommunisten. Niedergeschlagen von der Roten Armee.
1954, Oktober	Pariser Verträge: Die Bundesrepublik tritt der NATO und der WEU bei.
1955	Gründung des "Warschauer Pakts".
1955	Genfer Gipfelkonferenz: Eisenhower, Eden, Faure, Bulganin, Chruschtschow (Die erste Gipfelkonf. nach Potsdam 1945). Bestätigung des Status quo in Deutschland. SU hält an Zwei-Staaten-Theorie fest. Konferenz endet ohne konkrete Ergebnisse.)
1956	Ungarn-Aufstand. Niedergeschlagen von Sowjet-Panzern.
1956	2. Nahostkrieg: In der Suez-Krise greift Israel am 29. Okt. Ägypten an und besetzt den Sinai.
1957	Eisenhower-Doktrin: Zusicherung von militärischen Hilfe gegen kommunistische Angriffe. Bezogen auf Nahen Osten: Kongress ermächtigt den Präsidenten, die amerikanischen Interessen auch ohne Kriegserklärung mit militärischen Mitteln zu wahren.
1957	2. Indochina-Krieg.
1958, 27.11.	Chruschtschow-Ultimatum gegen Berlin: - Westmächte sollen sich aus Berlin zurückziehen. - Berlin soll "Freie Stadt" werden. - Abkehr von Beschlüssen der Londoner Konferenz 1944.
1960, Mai	Pariser Gipfelkonferenz: Eisenhower, Chruschtschow, MacMillan, de Gaulle. Chruschtschow lässt die Konf. platzen wegen der U2-Spionage-Affäre. (Abschuss eines US-Spionageflugzeugs über der Sowjetunion.)
1961, 3./4. Juni	Wiener Treffen zw. Kennedy u. Chruschtschow.
1961, 13.08.	Bau der Berliner Mauer auf Befehl Ulbrichts (zur Eindämmung des Flüchtlingsstroms aus der DDR).

Intern. Politik 1950-61
Grafik: E. Brüchert

Die Gründung der Bundesrepublik und das Dauerproblem der deutschen Teilung bzw. der Trennung in Ost und West soll erst im 19. und 20. Kap unter der Überschrift „Der deutsche Weg nach Westen (Grundgesetz, Deutsche Einheit, Europäische Union)" ausführlich behandelt werden. Hier geht es jetzt weiter mit der internationalen Politik und unserem Kernthema, nämlich dem Verhältnis zwischen Deutschland (und auch Westeuropa) und den Vereinigten Staaten in Amerika; und das besonders in der für Deutschland schwierigen Aufbausituation nach dem Ende des Hitlerterrors.

Einer der Höhepunkte des „Kalten Krieges" war **der Vietnamkrieg**: Zunächst hier nur wieder ein „Tafelbild" mit den chronologisch aufgereihten Fakten:

1961-1963	Präsident John F. Kennedy (Demokrat).
1961, 25. Juli	Fernsehansprache Kennedys: Die drei "Essentials" der USA für Berlin:
	1. Präsenz der USA in West-Berlin,
	2. die Freiheit der Zugangswege,
	3. die Freiheit und Lebensfähigkeit der West-Berliner.
1962, Oktober	Kuba-Krise: Rückzug von sowjetischen Atomraketen von Kuba nach US-Seeblockade. Die Welt an der Schwelle zu einem Atomkrieg.
seit 1962	Zurückhaltung der USA und der UdSSR in der deutschen Frage. Status quo. Verlagerung des Kalten Krieges auf Südostasien ("Stellvertreter-Kriege").
1963, Juni	Berlin-Besuch von Präsident Kennedy. ("Ich bin ein Berliner.")
1963, August	"Heißer Draht" zwischen Moskau und Washington. Atomtest-Vertrag.
1963, 22. Nov.	Ermordung von Präsident Kennedy.
1963	Militär-Putsch in Vietnam. Präs. Diem getötet.
1963-1968	Präsident Lyndon B. Johnson (Demokrat).
1964	Seegefecht im Golf von Tonking: US-Navy greift in den Indochina-Konflikt ein.
1964-1973	Vietnam-Krieg. Allmähliche "Eskalation" der Kämpfe. Die USA unterstützen immer massiver das nur scheindemokratische Südvietnam (Militär-Regierungen) gegen das kommunistische Nordvietnam und seine Guerilla-Truppe "Vietkong", die in Südvietnam operiert.
1966	US-Truppen in Südvietnam auf 425.000 Mann verstärkt.
1967, Juni	3. Nahostkrieg: "Sechs-Tage-Krieg": Israel erobert die Golanhöhen, das Westjordanland, den Ostteil von Jerusalem und die Sinai-Halbinsel.
1968, Januar	Tet-Offensive: Kämpfe in Saigon, Hué und um Khe Sanh.
1968	Ermordung von Robert Kennedy und Martin Luther King.
1968, Nov.	Einstellung der US-Bombenangriffe auf Nordvietnam.
1969, Januar	Pariser Vietnam-Gespräche.
1969, 20.07.	Zwei US-Astronauten (Armstrong und Irving) betreten als erste Menschen den Mond.
1969-1974	Präsident Richard Nixon (Republikaner). Sein Ziel: "Vietnamisierung" des Krieges. Stufenweiser Abzug der 550.000 Mann US-Truppen.
1970, Februar	Nixon-Doktrin: keine globale Dominanz der USA.
1970, März	Ausweitung des Krieges auf Kambodscha.
1970, Okt./Dez.	Moskauer und Warschauer Vertrag. Verträge der Bundesrepublik Deutschlands mit der UdSSR und Polen.
1971, Februar	Vorstoß von US-Truppen nach Laos.

Kalter Krieg + 1. Teil Vietnamkrieg 1962-75 Tafelbild
Grafik: E. Brüchert

1971, Sept.	Vier-Mächte-Abkommen über Berlin.
1972, März	Nordvietnamesische Großoffensive. (Durch US-Bombeneinsätze zum Stehen gebracht.) US-Truppen (nur noch 69.000 Mann) greifen nicht ein.
1972, Februar	Präsident Nixon besucht die VR China.
1973, Januar	Waffenstillstandsabkommen: Abzug der US-Truppen, internationale Überwachung.
1973, Feb./März	Pariser Vietnam-Konferenz.
1973	"War Powers Act" durch den Kongress: Einsatz von US-Streitkräften durch den Präsidenten - ohne Zustimmung durch den Kongress - in Zukunft nur noch auf 60 Tage begrenzt.
1973/74	Andauern der Kämpfe in Vietnam.
1974, 08.08.	Rücktritt von Präsident Nixon nach "Watergate-Skandal".
1974-1976	Präsident Gerald Ford (Republikaner).
1975, 30.04.	Bedingungslose Kapitulation der Republik Süd-Vietnam. Die letzten amerikanischen Truppen fliehen aus Saigon. Flüchtlingsstrom aus Südvietnam.
1976	Proklamation der "Sozialistischen Republik Vietnam".

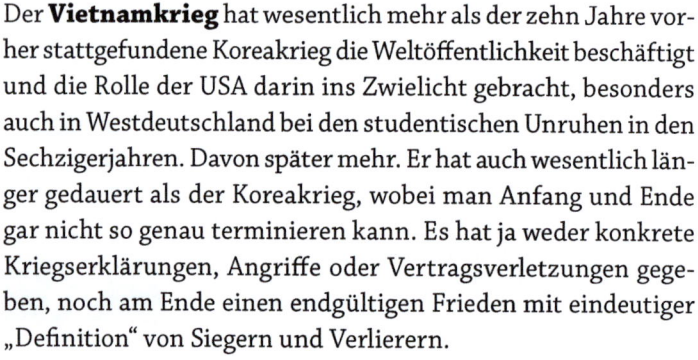

Vietnamkrieg, 2. Teil, Tafelbild
Grafik: E. Brüchert

Der **Vietnamkrieg** hat wesentlich mehr als der zehn Jahre vorher stattgefundene Koreakrieg die Weltöffentlichkeit beschäftigt und die Rolle der USA darin ins Zwielicht gebracht, besonders auch in Westdeutschland bei den studentischen Unruhen in den Sechzigerjahren. Davon später mehr. Er hat auch wesentlich länger gedauert als der Koreakrieg, wobei man Anfang und Ende gar nicht so genau terminieren kann. Es hat ja weder konkrete Kriegserklärungen, Angriffe oder Vertragsverletzungen gegeben, noch am Ende einen endgültigen Frieden mit eindeutiger „Definition" von Siegern und Verlierern.

Die wohl kürzeste Formel für den Vietnamkrieg kann man nur so umreißen: Es war ein **„Stellvertreterkrieg"** – wie auch schon der Koreakrieg – zwischen den USA und der Sowjetunion vor dem Hintergrund des „Kalten Krieges" in der Nachfaschismuszeit. Und am Ende nach langwierigen Verhandlungen 1975/76 haben sich die drei entscheidenden Großmächte im Hintergrund – nämlich die USA, die Sowjetunion und China – erschöpft und unzufrieden aus dem Bürgerkrieg zwischen dem kommunistischen Nordvietnam und dem von den USA mühselig gestützten, semidemokratischen Südvietnam militärisch zurückgezogen.

Das geschah zu Lasten und auf dem Boden des kleinen asiatischen Landes Nord- und Südvietnam im damals wohl gefährlichsten Augenblick des „Kalten Krieges" (siehe oben), der zeitweilig jeden Moment in den 3. Weltkrieg entarten konnte. Das ist zum Glück für die gesamte Menschheit nicht geschehen.

Begann der Vietnamkrieg nicht schon, bevor ein einziger US-Soldat den Boden von Südvietnam betreten hatte? Ja – es gibt nämlich zwei – heute fast schon in Vergessenheit geratene Vorläuferkriege, nämlich den **1. Indochinakrieg** von 1946–1954 (acht Jahre) und den **2. Indochinakrieg** von 1957–1960 (drei Jahre). Diese beiden Kriege (also insgesamt elf Jahre), welche **Frankreich** im Verlauf seines Verlustes aller seiner Kolonien nach dem Sieg über Hitlerdeutschland geführt hatte, haben zeitlich sogar länger gedauert als der später so umstrittene, sogenannte **3. Vietnamkrieg** von ca. 1964 bis ca. 1973 mit neun Jahren. Diesen dritten Krieg haben dann von westlicher Seite fast nur noch die USA alleine geführt.

Die Hauptlasten aller dieser drei (fast) 20-jährigen Kriege in Fernost haben neben den Bewohnern von Nord- und Südvietnam die französischen (und ausländischen) Soldaten der „Fremdenlegion" und die US-Soldaten und Wehrpflichtigen getragen, die dort im Einsatz waren und in großer Zahl gestorben sind. In Vietnam haben also französische und amerikanische Truppen viel länger kämpfen müssen als gegen Hitler.

Bis heute bleibt also umstritten, ob die USA den Vietnamkrieg eigentlich tatsächlich verloren haben – als erste große Kriegsniederlage ihrer Geschichte – oder ob sie sich schließlich mehr oder weniger desillusioniert aus einem Konflikt in einer alten, französischen Kolonie zurückgezogen haben, also aus einem Konflikt, den die Amerikaner ja nicht selbst zu verantworten hatten. Der Krieg dort ist ihnen im Grunde genommen durch die veränderte weltpolitische Lage im „Kalten Krieg" aufgezwungen worden.

Das betrifft besonders die durchaus geschickte Diplomatie in der Außenpolitik von **Präsident Richard Nixon (1913–1994)** und ebenso dabei auch die vorsichtige Verhandlungsführung von **Henry Kissinger** bei der Pariser Vietnam-Konferenz von 1973. Kissinger, ein aus Nazideutschland geflohener Deutschamerikaner, war US-Außenminister und Sicherheitsminister bei Nixon und leitete in Paris die Delegation der USA. Er gilt als Vertreter einer starken US-Realpolitik, hat aber auch wesentlich zur Entspannung im Kalten Krieg und in Vietnam beigetragen. Er ist gerade erst am 29. Nov. 2023 im hohen Alter von 100 Jahren gestorben.

Nixons Präsidentenzeit von 1969 bis 1974 (als 37. Präsident der USA) wurde ja auch nicht durch Fehler oder eine Niederlage im Vietnamkrieg (den Nixon ja auch nicht ursprünglich begonnen hatte), sondern durch den berüchtigten, innenpolitischen „Watergate-Skandal" abrupt beendet. Und für den Beginn des Vietnamkrieges machen einige Historiker heute sogar eher den charismatischen **Präsidenten John F. Kennedy** verantwortlich. Dieser hat nach der Kubakrise 1962 und noch vor seiner tragischen Ermordung (22. Nov. 1963) nicht mehr rational und besonnen auf die Bürgerkriegszustände in Südvietnam und die dortige Ermordung des umstrittenen Präsidenten Diem kurz vorher (am 1. Nov. 1963, also nur drei Wochen vor Kennedys Tod) reagieren können.

Die neun Jahre der Kriegshandlungen von 1964 bis 1973 waren ein ständiges Auf und Ab von Anlandungen der US-Truppen in Südvietnam, Eskalationen der Kämpfe, Abflauen und Rückzügen, Guerillavorstößen der kommunistischen Vietminh aus Nordvietnam entlang des „Vietminh-Pfades" durch den Dschungel, oft mit erfolglosen und in der Weltöffentlichkeit erbittert diskutierten Flächenbombardements mit Napalmbrandbomben, ohne genügend Rücksicht auf zivile Opfer und schließlich die größte Aufstockung der US-Kampftruppen bis auf 550 000 Mann. Das Jahr 1968 brachte dann den Höhepunkt und kurz darauf die Wende mit der feindlichen Tet-Offensive und den erbitterten und für die USA verlustreichen Kämpfe in Südvietnam um Saigon, Hué und Khe Sanh. Am Ende erfolgte dann die Einstellung der Bombenangriffe der US-Airforce auf Nordvietnam und die überstürzte Flucht der US-Botschaftsangehörigen aus Saigon am 30. April 1975.

Im selben, entscheidenden Jahr 1968 geschahen in den USA die beiden Mordtaten auf **Robert Kennedy** – dem Bruder von JFK und favorisierten Kandidaten für die anstehende Präsidentenwahl – und auf **Martin Luther King**, den charismatischen Anführer der Black People in Amerika. Beide Morde hatten aber nicht direkt mit dem Vietnamkrieg zu tun – allerdings hatte Robert Kennedy im Vorwahlkampf schon angekündigt, dass er sich mit einer neuen Politik aus Asien zurückziehen wolle – während Martin Luther King wohl das Opfer der inneren Zerrissenheit der Menschen um die Frage der Gleichberechtigung der Schwarzen, vor allem in den Südstaaten, wurde. Er war damit gewissermaßen noch ein spätes Opfer des Sezessionsbürgerkrieges vor hundert Jahren.

Die große innere Erregung der US-Bürger in diesem bösen Jahr 1968 mag dazu beigetragen haben, dass ein Jahr später der neu gewählte Präsident Richard Nixon die Pariser Vietnam-Gespräche begann, welche von seinem Sicherheitsberater und Außenminister Kissinger unterstützt wurden, um ein Ende des quälenden Vietnamkrieges zu erreichen. Nixon wäre wohl nicht Präsident geworden, wenn Robert Kennedy als Demokrat noch gelebt hätte. Seine Politik ging dann aber tatsächlich in eine ähnliche Richtung, die Bobby Kennedy vermutlich auch eingeschlagen hätte.

Die Pariser Gespräche begannen mit direkter Beteiligung auch der kommunistischen Vietminh-Partei aus Hanoi und hatten den stufenweisen Abzug der US-Truppen zur Folge. Und ein Jahr später, im Februar 1970, lenkte Richard Nixon noch weiter ein und verkündete seine nach ihm benannte „**Nixon-Doktrin**", die Henry Kissinger weitgehend mitbestimmt hat. Darin wird ein Verzicht auf jegliche globale Dominanz der USA erklärt. War das schon eine Korrektur der Truman-Doktrin über 20 Jahre zuvor? Wohl kaum, wie spätere Ereignisse bis ins 21. Jahrhundert hinein noch zeigen sollten. Aber es war auch kein völliges Eingeständnis einer US-Niederlage im Vietnamkrieg.

Präsident Nixon hatte die innenpolitischen Zeichen der Zeit erkannt und wollte wohl auch seine Wiederwahl für eine zweite Amtszeit beim amerikanischen Volk sichern. Auf diese hat er dann aber wohlweislich selbst verzichtet, nachdem der Watergate-Skandal ihn 1974 innenpolitisch schwer beschädigt hatte. Nur knapp konnte er ein „Impeachment-Verfahren" vermeiden. Am 8. Aug. 1974 trat er zurück und überließ seinem Vizepräsidenten Gerald Ford das Weiße House (1974–76).

Vorher, im Februar 1972, gelang Nixon aber noch im Vietnamkrieg ein außenpolitischer Paukenschlag, als er den kommunistischen Diktator Mao Tse-tung in der Volksrepublik China persönlich in Peking aufsuchte. Maos China galt jahrelang als die treibende, asiatische Großmacht hinter dem „Stellvertreterkrieg" in Vietnam. Nach diesen freundlichen, aber weitgehend unverbindlichen Gesprächen zwischen Mao und Nixon galt die Atomkriegsgefahr, ja, die Gefahr eines 3. Weltkriegs, als gebändigt und die Welt atmete auf. Übrigens: Bei den deutschen, gegen die USA demonstrierenden Studenten in dieser Zeit wurde der „Friedensbesuch" des amerikanischen Präsidenten viel weniger gewürdigt als bei Mao Tse-tung und seinen Anhängern in Peking.

Nicht zuletzt dadurch erfolgte dann ein Abflauen der Kämpfe – trotz des unnötigen Einmarsches von US-Truppen noch in **Kambodscha 1970 und Laos 1971.** Der neue Präsident Ford musste dann die bedingungslose Kapitulation der Republik Südvietnam, den Sieg des Kommunistenführers Hồ Chí Minh in Hanoi und 1976 die Proklamation der **„Sozialistischen Republik Vietnam"** hinnehmen. Er konnte das immerhin geschickt aushandeln, wiederum mit kluger Mithilfe seines Beraters Henry Kissinger. Kissinger schloss die Pariser Friedensgespräche im Jahre 1973 mit Hanoi mit einem vorläufigen Friedensvertrag ab. Dafür erhielt er 1973 zusammen mit dem nordvietnamesischen Diplomaten Lê Đức Thọ den Friedensnobelpreis. Lê Đức Thọ nahm den Preis aus Skandinavien aber nicht an, wahrscheinlich wohl unter dem Druck von Hồ Chí Minh. Und der Krieg ging leider tatsächlich noch eine Weile weiter.

Nachdem aber im Frühjahr 1975 die letzten amerikanischen Truppen Südvietnam und Saigon verlassen hatten, setzte ein weltweiter **Flüchtlingsstrom** aus Südvietnam ein, von dem auch zum ersten Mal nach 1945 wieder Westdeutschland betroffen wurde und das, auch zum ersten Mal, durch nicht deutsche Flüchtlinge, die jetzt „Immigranten aus Vietnam" genannt wurden und weder die deutsche Sprache beherrschten und auch nur selten der christlichen Religion angehörten. Damit war die Integration schwieriger. Das war schon ein Vorausgriff auf spätere Weltereignisse mit großen Bevölkerungsverschiebungen bis ins 21. Jahrhundert, sogar über die Kanzlerschaft von Angela Merkel hinaus bis zu den heutigen Flüchtlingen aus dem Ukrainekrieg.

***

Der Vietnamkrieg betraf die **Bundesrepublik Deutschland** ja niemals direkt, obwohl sie ja schon am 6. Mai 1955 in die NATO aufgenommen worden war. Trotzdem wurde in Westdeutschland die Beteiligung der USA am 3. Indochinakrieg nach 1964 heftig und sehr kontrovers diskutiert. Das demokratische Restdeutschland war ja gerade erst 15 Jahre vorher mit einem demokratischen Grundgesetz (siehe Kap. 19) aus den drei Besatzungszonen der Amerikaner im Süden, der Franzosen im Westen und der Briten im Norden restauriert worden. Die Erschütterungen „für und wider Vietnam" hingen dann eng zusammen mit der „**Revolution der 68er**", wie sie bis heute genannt wird, die hauptsächlich von Studenten/-innen und Abiturienten/-innen ausging.

Diese Kultur-, Bildungs- und „Lebensgefühlsrevolution" in Westdeutschland und Westberlin war zunächst auf das eigene Land und seine Vergangenheit ausgerichtet. Die sog. „Bildungskatastrophe", der Lehrermangel und die scharfe Kritik an Schulen, Universitäten, Lehrern und Professoren („Unter den Talaren – Muff von 1000 Jahren") wurden vermengt mit der verständlichen Unzufriedenheit der Jugend über die unzureichende Vergangenheitsbewältigung der Nazizeit und mit dem allgemeinen Generationenkonflikt der Jüngeren mit ihren Eltern und Großeltern in der Wirtschaftswunderzeit. Dazu kam ein großer Unwille über den schleppenden Verlauf der Auschwitzprozesse und anderer KZ-Prozesse. Die konservative Adenauer Koalitionsregierung überließ die juristische Anklage vieler KZ-Verbrecher aus den Reihen der SS lieber dem israelischen Geheimdienst: z. B. das abenteuerliche Aufspüren von Josef Eichmann in Argentinien und schließlich die Hinrichtung dieses berüchtigten Nazischreibtischtäters in Jerusalem. In Deutschland wäre Eichmann, wenn er dort gefasst worden wäre, möglicherweise sogar „aus Mangel an Beweisen" freigesprochen worden, weil er ja niemals „mit eigener Hand" Massenmorde begangen, sondern sie nur angeordnet und organisiert hat!

Die deutschen Antivietnamkriegsdemonstrationen gingen unter Anführung des aus Ostberlin geflohenen Studentenführers Rudi Dutschke von der Freien Universität in Westberlin aus. Sie begannen schon 1966/67 und griffen bald auf viele westdeutsche Universitäten über. Sie wurden ab 1967 stark angeregt durch die großen Antikriegsaktionen von kalifornischen Studenten/-innen an der „University of California" in Berkeley, nahe San Francisco. (Dieser Autor erlebte sie als deutscher Austauschstudent zwischen Göttingen und Berkeley im Jahr 1966/67 persönlich mit).

Die amerikanischen Studenten, die der US-Wehrpflicht unterlagen, hatten nur wenige Möglichkeiten, dieser zu entgehen. Sie wurden oft direkt, nach kurzer Ausbildung, in den Vietnamkrieg geschickt. Die jungen Amerikaner konnten nämlich nicht das tun, was manche westdeutsche Studenten aus Bequemlichkeit oder auch als überzeugte Kriegsdienstverweigerer taten, nämlich ihrer deutschen Wehrpflicht in der noch jungen Bundeswehr zu entfliehen. Sie zogen dafür – wenn ihr Wehrpflichtverweigerungsrecht laut Gesetz nicht anerkannt werden konnte – oft nach Westberlin um. Dort schrieben sie sich für einige Zeit an der dortigen „Freien Universität" ein.

Deshalb haben die männlichen Studenten in Berkeley auch viel eher gemerkt und kritisch darauf reagiert, als immer deutlicher wurde, dass der US-Militäreinsatz in einem fremden Land gegen Guerillakämpfer am Hô-Chí-Minh-Pfad auf Dauer sinnlos und besonders für die Zivilbevölkerung opferreich war. Nicht nur die kommunistischen Vietminh aus dem Norden, sondern auch die einheimische Bevölkerung im Süden wünschte diesen Bürgerkrieg nicht und litt sehr darunter. In Berkeley gab es Studentinnen, die auf den großen Antikriegsdemonstrationen des zentralen Campus öffentlich Reden gegen den US-Einsatz in Asien hielten – zeitweilig täglich mittags – gegen einen militärischen Einsatz, der ihren Freunden oder sogar schon Ehemännern als US-Bomber- oder Hubschrauberpiloten befohlen wurde. Viele Studentinnen und Studenten in Berkeley, welche Verwandte unter den US-Soldaten im Einsatz in Vietnam hatten, litten sehr darunter, wenn sie von den Napalmbombardierungen im Dschungel erzählen mussten.

Schon ab 1967 veränderte sich die öffentliche Meinung und Presse in den USA sehr über den weit entfernten Einsatz in Vietnam. Die Empörung beruhte mehr als in Europa auf persönlicher Betroffenheit und hatte ihren Ursprung an den kalifornischen Universitäten in Berkeley, Stanford und Los Angeles. Die Proteste breiteten sich von Berkeley her zunächst an weiteren US-Universitäten aus; und von dort aus griffen sie bald auch nach Westberlin und Göttingen über. Aber in den USA liefen die Proteste ganz anders ab als in Deutschland, wie ich sie aus eigener Anschauung in Berkeley erleben konnte.

Hier, in Westberlin, wandelten sich die Reden und Auftritte von Rudi Dutschke und seinen Anhängern (auch in Göttingen, etwas später) vom leidenschaftlichen Pazifismus zu einem marxistisch orientierten Antiamerikanismus. Und dabei vermischten studentische Demonstranten und Redner wie Dutschke und andere Linksliberale und „68er" ihren begründeten Antihitlerismus oder Antifaschismus mit einem – zumindest teilweisen – ungerechten und undankbaren Kampf und sogar Hass auf „die Amerikaner". Die US-Historikerin Mary Nolan nennt das heute einen frühen „Anti-Americanism" in Westdeutschland (s. Literaturverzeichnis a. a. O.). Die Parolen an der Freien Universität in

Berlin gegen die Amerikaner in Vietnam wurden mit Aktionen gegen die Springerpresse und besonders die „Bild"-Boulevardpresse vermengt, was nur noch wenig mit dem politisch-militärischen Hintergrund des Vietnamkrieges zu tun hatte.

Das wiederum stand allerdings in scharfem Kontrast zu dem Gefühl der Dankbarkeit der Mehrheit der Westberliner Frauen und Männer gegenüber Amerika in Erinnerung an die legendäre Rede von John F. Kennedy „Isch bin ein Berliner" erst wenige Jahre zuvor. Erstaunlich, dass so viele Studenten in Westberlin die früheren „Berlinkrisen" und die noch brandneue „Mauer" – von der DDR ab 13. Aug. 1961 errichtet – verdrängt hatten. Auch der 20 Jahre alte Marshallplan, der Westberlin mit am Leben erhalten hat, war bei vielen Demonstranten/-innen wohl schon längst abgehakt, dabei waren doch alle damals in den Sechzigern in Westdeutschland „Kinder des Wirtschaftswunders". In manchen Köpfen von Demonstranten war wohl auch schon vergessen, dass bis 1945 – und gerade im schwer verwüsteten Berlin – der „eigene, deutsche" Hitlerkrieg in beinahe der ganzen Welt Millionen Opfer gefordert hatte. Und seltsamerweise wurde die Schuldfrage dafür von einigen Studenten – bzw. für „Krieg überhaupt" – nicht auf Hitler, sondern nun nur noch „auf die Amerikaner in Vietnam" und „ihren Kapitalismus" bezogen.

Das zeigt auch ein Artikel von dem Kulturkorrespondenten Dieter Hildebrandt (nicht zu verwechseln mit dem gleichnamigen Kabarettisten) in der „Frankfurter Allgemeinen Zeitung" (FAZ), der auch in der renommierten Wochenzeitung „Die ZEIT" am 5. April 1968 veröffentlicht wurde. Der Leitsatz bei Hildebrandt im Jahre 1968 ist der Satz: „Dieser Krieg ist unser aller Krieg". Das war natürlich ein sarkastisch formulierter Appell, gerade auch an intellektuelle Leser und nicht zuletzt an protestierende Studenten, sich den Antivietnamdemonstrationen in Deutschland anzuschließen. Hier einige kurze Ausschnitte aus dem Beitrag unter der distanzierenden Überschrift „Dieser Krieg":

„Dieser Krieg, wie kaum ein früherer, ist unser aller Krieg. Er kommt uns jeden Abend mit dem Fernsehen oder

dem Radio ins Haus, von den Träumen nicht zu reden. Morgens in der Zeitung die Bilder von den Toten, Verwundeten, Überfallenen, Hungernden. Von zerschundenen, zerfetzten, zerrissenen, zerstückelten, erschossenen Menschen, von versengten Kindergesichtern. Von Leuten, die ihre Köpfe hinhalten, obwohl dieser Krieg über ihre Köpfe hinweggeht.

Dieser Krieg ist unser Krieg. Unsere Städte bersten von dem Protest, unsere Straßen sind voll von den verschiedensten Demonstrationen. (...) Wir haben einen unübersichtlichen Krieg in einem entlegenen Land – und wir haben doch einen Weltkrieg. (...)

Dieser Krieg ist unser aller Krieg (...) Nur wer diesen Krieg als unseren begreift, kann die verzweifelte Redlichkeit des Aufrufs ermessen: Schafft viele Vietnams, diesen widersprüchlichen Aufruf, der Frieden mit Unfrieden erkaufen will, der Gewalt in Kauf nimmt, um Terror zu beenden, der Unruhe sät, um in Vietnam Ruhe zu stiften. Oder auch: der, aus Pazifismus, den Krieg weitertreibt. (...)"

(in: „Die Zeit", vom 3. Juni 2023, S. 25; Aus: „Die Jubiläumsausgabe", „Die 1960er")

Wegen dieses pazifistischen Beitrags musste Hildebrandt die FAZ verlassen und wurde später Buchautor, Suhrkamp Lektor und Dramaturg.

Allerdings muss man heute wohl in Frage stellen dürfen, ob dieser Artikel wirklich von einer „verzweifelten Redlichkeit" und „echtem Pazifismus" getragen ist. Oder ob man bei der drastischen Schilderung der „Bilder von Toten", die im „Fernsehen und in Träumen" erscheinen, nicht auch jeweils genau zwischen Angreifern und Verteidigern unterscheiden müsste.

Heute, im Jahre 2023, darf man ja wohl konstatieren, dass die US-Wehrpflichtigen damals nicht wie eine Soldateska in Vietnam eingesetzt wurden wie heute die Wagner-Söldner gegen die Ukraine und/oder die Hamas im Gazastreifen wieder einmal gegen die Juden. Immerhin benennt Hildebrandt den Aufruf „Schafft viele Vietnams" als einen „widersprüchlichen Aufruf".

Man möchte hinzufügen: Solch ein historisch verfälschender, gefährlicher Aufruf hätte gerade nicht mehr von deutschen Demonstranten nur knapp 20 Jahre nach der Hitlerbarbarei ausgehen dürfen. Vergleiche: Die Bücherverbrennung im Zentrum Berlins, im Mai 1933 durch die Nazis, war das dann etwa auch schon „ein gerechtes Vietnam"? Damals 1933 in Berlin ausgeführt von den damaligen verrohten, verblendeten Nazistudenten?

***

Ein befreundeter Mitreferendar von mir, der wie ich an einem Studienseminar in Niedersachsen im Sommer 1970 sein zweites Staatsexamen (damals noch: Assessorenexamen) für die Fächer Geschichte und Deutsch am Gymnasium ablegte, hat als Austauschstudent in Yale und nach seiner anschließenden Rückkehr in Deutschland eine vergleichbare unerfreuliche Erfahrung gemacht, die sein Berufsleben radikal veränderte. Das hing direkt mit der heftigen Diskussion in Deutschland um den – eigentlich ja sehr fernen – Vietnamkrieg zusammen. Ein noch junger, gerade erst eingesetzter Fachleiter am Studienseminar hat meinem Bekannten wegen des Vietnamkrieges seine Hoffnungen als Philologe in einem deutschen Gymnasium damals gründlich vermasselt. Statt einer „guten" oder „sehr guten" Schlussbeurteilung (die nicht nur von ihm, sondern von seinen Tutoren und uns Mitreferendaren/-innen allgemein erwartet worden war) erhielt dieser Referendar nur eine „Drei bis Vier" und das für uns alle wie aus heiterem Himmel. Damit war ihm eine gute, zügige Beamtenlaufbahn, zunächst als Studienrat (usw.) im zensurenverliebten Deutschland vermiest. Trotz Protest und Beschwerde bei der übergeordneten Prüfungskommission über den forschen, von den 68ern in Westberlin arg beeinflussten, Fachleiter und Prüfer hat mein Freund sofort seine angestrebte Beamtenschaft (mit lebenslanger Pensionsaussicht) hingeschmissen und ist allerdings dann später ein sehr guter und zufriedener Journalist geworden.

Ja, wie hing das mit dem Vietnamkrieg zusammen bzw. mit der zeitgenössischen Stimmung in der Bundesrepublik hinsichtlich der USA? Mein Freund hatte seine schriftliche Examenshausarbeit im 2. Staatsexamen – dummerweise – über den gerade ja sehr aktuellen Vietnamkrieg angefertigt. Dabei ging er natürlich als angehender Geschichtslehrer auch auf die Hintergründe ein, warum die USA sich in Asien so stark engagierten. Er beschrieb ausführlich und historisch korrekt die beiden früheren Indochinakriege der alten französischen Kolonialmacht Frankreich und die dann im Kalten Krieg entstandene, sogenannte **„Dominotheorie"**. Diese hatte ja schon Präsident Truman 1952 vor dem Koreakrieg vertreten, wonach weltweit die Gefahr bestände, dass kommunistische Staatsumstürze in schwachen Staaten überall in der Welt geschehen könnten, was ja übrigens schon gerade in Osteuropa (einschließlich der DDR) mehrfach passiert war. Und zwar immer dann, wenn die USA – was sie schon auf der Grundlage der Truman-Doktrin von 1947 hätten tun können – sich <u>nicht</u> mit militärischem Druck dagegengestellt haben. Die vier Präsidenten Eisenhower, Kennedy, Johnson und schließlich Nixon (und auch schon die Franzosen vorher) hatten dieses Bild von der Gefahr der „fallenden, demokratischen Dominosteine" auch weiter benutzt und sogar vertieft zu einer aktiven **„Eindämmungspolitik"** gegenüber dem Kommunismus. Das geschah im ganzen „Kalten Krieg" und auch im geteilten Deutschland bei den Krisen um die in zwei Teile zerrissene Hauptstadt Berlin, sowie im Koreakrieg, beim Mauerbau und der Kubakrise.

Mein Freund mit Yale-Studium und gründlichen Kenntnissen in der US-Geschichte hatte nun 1969/70 eine Unterrichtsreihe in einer Klasse 11 daraus entwickelt – überzeugt davon, den Schülern eine höchst aktuelle Geschichtsbetrachtung in Zeiten des Kalten Krieges bieten zu können. Die Schüler/-innen hatten sehr interessiert mitgemacht. Nicht aber so der betreffende Prüfer und Fachleiter für Geschichte an einem Studienseminar in Niedersachsen. Dieser Herr S. hielt das Thema für viel zu politisch aktuell und gefährlich – er wünschte mehr Unterrichtsthemen aus dem Mittelalter oder der Antike – und warf meinem Freund in der mündlichen Schlussprüfung vor, dass er den Schülern ein historisch einseitiges, nur auf die Perspektive und die Interessen der USA abgestimmtes Bild des Vietnamkrieges gelehrt habe, in dem die Leiden des einfachen, vietnamesischen Volkes überhaupt nicht berücksichtigt worden wären.

Das stimmte natürlich überhaupt nicht, wie mein Freund später auch von Eltern der Schüler direkt erfuhr, als diese Eltern ihr Erstaunen und die Schüler/-innen ihre Enttäuschung darüber ausdrückten, dass mein pädagogisch sehr begabter und beliebter Freund die angebotene Stelle an einem Gymnasium in Oldenburg nicht angenommen hatte. Denn alle Welt sprach in Westdeutschland noch von der „Bildungskatastrophe" durch fehlende, junge, moderne Lehrer, die nicht – wie viele alte noch bis in die Siebzigerjahre hinein – den Geschichtsunterricht über den Nationalsozialismus bei den „erfolgreichen" Olympischen Spielen 1936 in Berlin enden ließen.

Diese private Erinnerung kann zeigen, wie sich in der Bundesrepublik schon durch den Vietnamkrieg das dankbare Bild von unseren „amerikanischen Freunden, ja, Rettern" schon wieder in den Sechzigern zu wandeln begann. Die Amerikanerin Mary Nolan, a. a. O., nennt die Grundstimmung der Deutschen vorher von ca. 1945 bis 1970 die „**Americanization**" (also etwa „Dankbarkeit" gegenüber den Amerikanern für die Befreiung von Adolf Nazi) in der frühen Nachkriegszeit von ca. 1945 bis 1970. Das änderte sich dann aber zunächst bei einigen der „68er" und Linksliberalen und wurde nach dem Tod von Kanzler Konrad Adenauer durch die SPD-Kanzlerschaften von Willy Brandt und Gerhard Schröder verstärkt. Nach Nolan hat sich daraus in der Bundesrepublik in Teilen der öffentlichen Meinung eine Form von **„Anti-Americanism"** entwickelt, die immer mal wieder auflebt – bis heute.

Vor allem aber der SPD-Kanzler Helmut Schmidt war zeitlebens ein überzeugter Transatlantiker. Das heißt, er betrieb in jedem Moment der vielen noch folgenden Weltkrisen nach dem

Vietnamkrieg eine deutsche Außenpolitik, die auf einer unverbrüchlichen Freundschaft „mit den Demokraten da drüben" und deren Liberty beruhte und fest zur NATO und den deutschen, auch militärischen Verpflichtungen in diesem westlichen, ausdrücklichen Verteidigungsbündnis stand. Das war übrigens auch das sichere Fundament von Schmidts deutsch-amerikanischem Freund und Naziflüchtling, dem zeitweiligen US-Außenminister Henry Kissinger, der 1933 in Fürth als Deutscher geboren worden ist. Und dieser Blick nach Westen gilt auch für den späteren CDU-Kanzler Helmut Kohl, dem die Wiedervereinigung dann ja mehr oder weniger in den Schoß gelegt wurde. Und natürlich auch für Kohls „Mädchen", nämlich die erste, deutsche Kanzlerin Angela Merkel, welche mit ihrer frühen DDR-Biographie nie in Versuchung gekommen ist, eine stalinistische Einparteiendiktatur (immer noch) positiv zu finden. Auch der heutige Kanzler Olaf Scholz – wie Schmidt ein „SPD-Hanseat" – ist dagegen völlig immun.

***

17. Revolutionärer Ausklang des blutigen 20. Jahrhunderts

Bei dem nun folgenden 17. Kapitel ist eine chronologisch begründete Reihenfolge nur schwer einzuhalten. In dem halben Jahrhundert nach dem Vietnamkrieg um 1970 und bis zum Ukrainekrieg 2022/23 ist einfach zu viel in der Welt und auch in Deutschland passiert, oft parallel und doch immer wieder mit Querverbindungen. Deshalb geben wir jetzt nur einen kurzen Überblick bei den folgenden Themen mit unseren Tafelbildern. Wir bleiben bei unserem Kernthema und der Gegenüberstellung von „**Wir**" (... in Deutschland und Europa) „**und die Amerikaner**" (... auf der anderen Seite des Atlantiks) und berühren dabei folgende fünf Themen immer wieder und unter verschiedenen Aspekten:

- Die Bundesrepublik Deutschland 1962 bis 1994
- Der Kalte Krieg und die Weltpolitik 1973 bis 1991
- Perestroika und die Auflösung der Machtblöcke
- Die deutsche Einheit 1989/90
- Sowjetunion/Russland: Gorbatschow, Jelzin, Putin

Die Bundesrepublik Deutschland 1962 bis 1994

Dieses Thema kann leicht zur deutschen Weitläufigkeit führen, deshalb hier nur einige Eckpunkte: Nach dem Bau der „Schandmauer" (zu Recht so genannt in der „Bild-Zeitung") durch Berlin am 13. August 1961 und den gleichermaßen schwachbrüstigen amerikanischen und westdeutschen Reaktionen darauf (Kennedy 1963: „Ich bin ein Berliner" und Kanzler Adenauers Zögern) versteckte sich der Westen bequem noch hinter der Viermächteteilung von Berlin, dem neuen Schutz durch die NATO und dem deutsch-französischen Freundschaftsvertrag 1963. Dies war allerdings auf jeden Fall ein positiver, epochemachender Schritt zur Beendigung einer chauvinistischen, beiderseitigen „Erbfeindschaft" aus dem 19. Jhd. hin zu einer friedlichen, europäischen und versöhnlichen Gemeinsamkeit im Westen. Deutschland und Frankreich wurden damit die beiden Eckpfeiler der europäischen Einigung, der Montanunion und der NATO neben den USA, die das alles entschieden unterstützten.

Der Lieblingssatz des ersten SPD-Kanzlers Willy Brandt (1969–74) wurde dann: „**Mehr Demokratie wagen**". Das war eigentlich ja gar nicht was Neues oder „Gewagtes" in einer schon seit 1949 bestehenden Demokratie. Fast alle Parteien haben in der Bundesrepublik so etwas ja mal mehr oder weniger lange und intensiv versucht. Aber in den Siebzigern und Achtzigern rutschte dieser Satz – zum Glück – auch allmählich in die noch undemokratisch regierten, osteuropäischen Satellitenstaaten der Sowjetunion hinüber: DDR, Tschechoslowakei, Polen, Ungarn, Rumänien, baltische Länder; dort lösten diese drei Worte nicht zuletzt – auch nach dem Warschauer und dem Moskauer Vertrag unserer Bundesregierung mit zwei kommunistischen Systemen – eine wahrhaft weltpolitische Unruhe aus. Der Ausspruch von Brandt wurde nämlich dort vielfach im wörtlichen Sinne in das tägliche Leben aufgenommen, und zwar besonders in weiten Teilen der Bevölkerung in Polen und dort auf den Werften in Danzig und anderen, großen Industriezweigen. Auch in Ungarn und der DDR begann „der Spruch" schon zu wirken. Die USA-Regierung beobachtete aus der Ferne zunächst alles wohlwollend und vergaß langsam die Bauchschmerzen, welche ihr der Korea- und der Vietnamkrieg und die Kubakrise bereitet hatten. Auch der „Grundvertrag mit der DDR" über „gutnachbarliche Beziehungen" von 1973 gehörte in diese Politik des friedlichen „**Wandels durch Annäherung**" (Egon Bahr), eine deutsche Außenpolitik, die in ihrer Zeit noch recht gut funktionierte – allerdings erst später und heute – nach dem Scheitern der Lichtgestalt Gorbatschow in Russland und dem Wiedererstarken von der putin'schen-zaristischen Weltmachtträumerei, nachträglich auch mit einem gewissen Abstand betrachtet werden muss. **Leider ...**

Deutschland 1962-73

1962-1989	Die Bundesrepublik Deutschland
1962	Spiegel-Krise: Verhaftung von Journalisten unter dem Verdacht des Landesverrats.
1962, Sept.	Triumphaler Besuch de Gaulles in Deutschland. (Versöhnungsgeste: Adenauer - de Gaulle.)
1963	Deutsch-französischer Freundschaftsvertrag.
1963-1966	Bundeskanzler Ludwig Erhard (CDU).
1967, April	Tod von Konrad Adenauer.
1966/67	Rezession in Deutschland.
1966-1969	Bundeskanzler Kurt-Georg Kiesinger (CDU).
1966, 1. Dez.	Die "Große Koalition" von CDU und SPD. Kiesinger - Brandt.
1967/68	Studentendemonstrationen der APO: Außerparlamentarische Opposition. Reformbewegung an den Universitäten.
1969, Sept.	Wahlen zum 6. Bundestag: Sozial-liberale Koalition zw.ischen SPD und FDP (Brandt - Scheel).
1969-1974	Bundeskanzler Willy Brandt (SPD). "Regierung der inneren Reformen". "Mehr Demokratie wagen". In der Außenpolitik: Ostverträge.
1970, 12.08.	Moskauer Vertrag.
07.12.	Warschauer Vertrag: Gewaltverzicht und Anerkennung der bestehenden Grenzen in Europa.
1971	Vier-Mächte-Abkommen über Berlin.
1972, Mai	Konstruktives Misstrauensvotum gegen Brandt scheitert (Gegenkandidat der CDU: Barzel).
1972, Nov.	Vorgezogene Neuwahlen zum Bundestag. Wahlsieg der SPD mit Brandt.
1973	Grundvertrag mit der DDR: "Gutnachbarliche Beziehungen".
1973, Sept.	Aufnahme beider deutscher Staaten in die UN.

Bundesrepublik 62-89 Tafelbild a) Daten
Grafik: E. Brüchert

1974, Mai	Rücktritt Brandts als Bundeskanzler wegen a) Führungsschwäche, b) Guillaume-Affäre.
1974-1982	Bundeskanzler Helmut Schmidt (SPD). Sozial-liberale Koalition.
1982-	Bundeskanzler Helmut Kohl (CDU). Christlich-liberale Koalition.
1969-1974	Bundespräsident Gustav Heinemann (SPD).
1974-1979	Bundespräsident Walter Scheel (FDP).
1979-1984	Bundespräsident Karl Carstens (CDU).
1984-1994	Bundespräsident Richard von Weizsäcker (CDU).

1973-1985 Der Kalte Krieg und die Weltpolitik

1973/74	4. Nahostkrieg: "Jom-Kippur-Krieg": Ölboykott der arabischen OPEC-Staaten gegen westliche Länder. Pendeldiplomatie von US-Außenmin. Kissinger.
1973, Juli	Eröffnung der KSZE ("Konferenz für Sicherheit und Zusammenarbeit in Europa") in Helsinki.
1975, 01.08.	Unterzeichnung der "Schlussakte" der KSZE in Helsinki durch die Staats- und Regierungschefs: - Unverletzlichkeit der Grenzen, - Nichteinmischung in innere Angelegenheiten, - Achtung der Menschenrechte, - Gewährung von Grundfreiheiten.
1976, März	Präsident Ford vertritt eine "Politik für den Frieden durch Stärke". Ablehnung des Begriffs "Détente".
1973, Oktober	Nach dem 4. Israelisch-arabischen Krieg Vermittlung der USA mit "Entflechtungs-Abkommen" (1974).
1977-1980	Präsident Jimmy Carter (Demokrat).
1977/78	Ägyptens Präsident Anwar el Sadat besucht Israel.
1978, Sept.	Abkommen von Camp David zwischen Ägypten und Israel durch Vermittlung der USA. (Sadat - Begin - Carter.)
1979, März	Friedensvertrag zw. Ägypten und Israel.
1979, Dez.	NATO-Doppelbeschluss: Nachrüstung (bis zum Stand des Ostblocks) bei gleichzeitigem Verhandlungs- und Abrüstungs-Angebot.
1982/83	5. Nahostkrieg: "Libanon-Krieg": Einmarsch Israels in den Libanon. Errichtung einer militärischen Sicherheitszone von Israel im Südlibanon.
1991, Oktober	Nahost-Friedenskonferenz von Madrid. (Nach Golfkrieg) Präsident Bush appelliert an Israel: "Land für Frieden" zu geben. (Problem der israelischen Siedlungspolitik.)

Bundesrep. 74-91 und Weltpolitik
Grafik : Erhard Brüchert, in: CD Park-Körner-Verlag – München

Der Kalte Krieg und die Weltpolitik 1973 bis 1991

In Helsinki, in der Hauptstadt des damals noch neutralen Finnlands – geografisch und diplomatisch günstig gelegen zwischen West und Ost in diesen Zeiten des Kalten Krieges – fand die Politik von „Wandel durch Annäherung" im Jahre 1975 ihren Höhepunkt. Davon konnte sich auch die damalige Sowjetunion nicht mehr länger fernhalten. Die berühmte **Schlussakte der KSZE** („Konferenz für Sicherheit und Zusammenarbeit in Europa") enthielt folgende Hauptpunkte, auch mit reservierter „Zustimmung" aus Moskau:
- Unverletzlichkeit der Grenzen
- Nichteinmischung in innere Angelegenheiten
- Achtung der Menschenrechte
- Gewährung von Grundfreiheiten

Das war neu und wirklich sensationell, obwohl es von den Russen niemals so wörtlich genommen worden ist – außer von Michail Sergejewitsch Gorbatschow – wie es sich die westlichen Staaten und insbesondere die USA gewünscht hatten; und das auch mehrheitlich damals schon die osteuropäischen Länder. Aber immerhin: Der neue **SPD-Kanzler Helmut Schmidt (1974–82)** nutzte diplomatisch und mutig die Möglichkeiten, welche ihm jetzt die KSZE-Schlussakte in Europa bot und riskierte damit das Scheitern seiner Kanzlerschaft und seine Stellung innerhalb des linken Flügels der SPD: Freikaufen von politischen Häftlingen aus der DDR, Reiseerleichterungen in die DDR oder umgekehrt nach Westdeutschland und auch nach Polen und Ungarn. Sogar den NATO-Doppelbeschluss zur Eindämmung der sowjetischen Raketenrüstung konnte Kanzler Schmidt mit der strikten Einhaltung der KSZE-Akte rechtfertigen, d. h. eine westliche Raketenaufrüstung nur bis zur Höhe der sowjetischen. Nur die Jungsozialisten in der SPD und auch die Tausende von pazifistischen Demonstranten in Bonn wollten ihm das nicht glauben, hielten sich für klüger als ihr welterfahrener Kanzler und waren mitbeteiligt am Sturz von Schmidt schließlich im Jahre 1982 vorzeitig. CDU-Nachfolger **Helmut Kohl** setzte Schmidts Außenpolitik dennoch fort. Beide „Helmuts" haben in ihrer jeweiligen Amtszeit als Kanzler nacheinander dann vielleicht sogar entscheidend zum Ende des stalinistischen Sowjetimperiums beigetragen. Den Aufstieg eines undemokratischen, diktatorischen Wladimir Putins im Kreml konnten sie beide leider nicht mehr verhindern.

Sogar auf die verhärtete Nahostpolitik hatte die KSZE positiven Einfluss beim Abkommen von Camp David zwischen Ägypten und Israel durch Vermittlung zwischen Sadat, Begin und Präsident Carter im Jahre 1978. Leider brachte der 5. Nahostkrieg zwischen Israel und dem Libanon 1982/83, wieder Rückschritte zwischen den Juden und den Arabern. Diese Konflikte sind bis heute leider immer noch nicht gelöst. Der gegenwärtige (Herbst 2023) mit einem neuen Verteidigungskrieg des Staates Israel gegen die islamistische, verbrecherische „Hamas" bedeutet neue, große Gefahren vom Nahen Osten her. Die Folgen sind im Moment noch nicht absehbar.

- Perestroika und die Auflösung der Machtblöcke
- Die deutsche Einheit 1989/90
- Gorbatschow, Jelzin, Putin

„Perestroika/Glasnost", „Umbau und öffentliche Diskussion" sind die knappen, inhaltsschweren Worte, welche in der Zeit zwischen 1985 und Ende 1991 die Welt, Deutschland und vor allem auch seine osteuropäischen Nachbarn erhofft, aber noch lange nicht so schnell erwartet hatten. In allen demokratischen Staaten der Welt gibt es seitdem einen berühmten Namen des außergewöhnlichen Menschen und Politikers, ja, Menschenfreundes: Michail Sergejewitsch **Gorbatschow (1931–2022)**. Leider sind sein Name und seine Person in seinem eigenen, von ihm so sehr geliebten Heimatland Russland immer noch nicht so geachtet wie bei uns im Westen. Das liegt aber vor allem an einer reaktionären Rückentwicklung von Russland unter Wladimir Putin, der sich als neuer, altzaristisch getarnter Alleinherrscher mit halbparlamentarischem Duma-Anstrich inszeniert. Der von der Mehrheit aller UN-Staaten in der UN-Vollversammlung verurteilte Angriffskrieg von Putin gegen die in die NATO und EU drängende Ukraine beweist aber, dass Putin nichts weiter will, als die alte, vergangene und niemals durch freie Wahlen legitimierte Macht der Sowjetunion in Erinnerung an Marx, Lenin und sogar teilweise auch Stalin wiederherzustellen. Im Vergleich zu der Geschichte im 18. Jahrhundert könnte man sagen: Putin betreibt die Rückkehr zu einem „Ancien Régime" so wie die adligen Monarchisten das nach 1789 in Frankreich nach der großen, republikanischen Französischen Revolution auch versucht haben. Er verbindet das mit ständigen Drohungen, sogar mit Atomwaffen, gegen den Westen und alle osteuropäischen Länder, die sich inzwischen in freien Wahlen von der überholten, undemokratischen Sowjetunion gelöst haben und die in der Mehrzahl in die EU und NATO drängen.

Das ist im Moment die traurige und gefährliche Lage in Europa und in unserer globalisierten Welt.

Aber auch diese Epoche ist zu wichtig und zu ungewiss, als dass wir sie hier, in diesem Buch, weiterverfolgen sollten. Es muss hier der Blick auf die alten Tafelbilder mit ihren Tabellen genügen. Das gilt auch für die (insgesamt positive) Epoche der deutschen Einheit ab 1990 und das zeitlich parallel dazu ablaufende Trauerspiel von Gorbatschow über Jelzin bis Putin.

| 1985-1989 | Perestroika und die Auflösung der Machtblöcke |

1981-1988	Präsident Ronald Reagan (Republikaner). (40. Präsident der USA.)
1985	Michail Gorbatschow wird neuer Generalsekretär der KPdSU: Beginn von "Perestroika" (Umbau, Umstellung) und "Glasnost" (etwas der öffentlichen Information und Diskussion Zugängliches) in der Sowjetunion.
1985,	
19.-21.11.	Genfer Gipfel: Reagan und Gorbatschow vereinbaren konkrete Schritte zur Abrüstung:
	- Abkehr von der Suche nach militär. Überlegenheit,
	- Verringerung der Atomwaffen um 50 Prozent,
	- kein Wettrüsten im Weltall,
	- Vereinbarungen zur Nichtweiterverbreitung von Atomwaffen.
1989	Vollständiger Rückzug der Roten Armee aus Afghanistan.
1989-1993	Präsident George Bush (Republikaner).
1989	Endgültige Zusammenbrüche der kommunistischen Diktaturen in Ost- und Mitteleuropa (durch weitgehend unblutige Revolutionen der Völker) in:
	- Polen,
	- Ungarn,
	- DDR,
	- Tschechoslowakei,
	- Bulgarien,
	- Rumänien,
	- Jugoslawien.
1990,	
12./13.02.	Konferenz von NATO und Warschauer Pakt in Ottawa:
	Ende der militärischen Konfrontation.
	Vereinbarung der Zwei-plus-Vier-Verhandlungen zur deutschen Frage.
1990, 12. Sept.	Unterzeichnung des Zwei-plus-Vier-Abkommens:
	(Deutschland Ost und West plus vier Siegermächte des Zweiten Weltkrieges):
	- Funktion eines Friedensvertrages (zum 2. WK.),
	- Ende der Vier-Mächte-Vorbehalte in Berlin,
	- Anerkennung der Oder-Neiße-Linie,
	- Wiedervereinigung von Deutschland Ost und West.
1990,	
3. Oktober	Wiedervereinigung Deutschlands.
	"Tag der deutschen Einheit".
	Anerkennung der Oder-Neiße-Grenze zu Polen.
	Ende der Vier-Mächte-Vorbehalte in Berlin.
1990, August	Der Irak (Saddam Hussein) besetzt das Ölscheichtum Kuweit.

Perestroika bis 3. Okt. 1990
Grafik: E. Brüchert

1991,
Januar-März Der Golfkrieg: Im Auftrag des UN-Sicherheitsrates vertreiben amerikanische, britische und französische Truppen die irakischen Soldaten aus Kuweit. Irakische Scud-Raketen treffen Israel.
Der Vormarsch wird vor Bagdad freiwillig angehalten.
Saddam Hussein bleibt im Amt. Ölkatastrophe am Golf.
1991,
19.-22.08. Putschversuch ehem. Kommunisten in Moskau gegen Gorbatschow. Widerstand von Armee und russischem Volk lassen den Putsch scheitern.
Führungsrolle: Boris Jelzin.
1991, Dez. Selbstauflösung der Sowjetunion.
Entstehung der GUS = "Gemeinschaft unabhängiger Staaten".
Ablösung von Gorbatschow.
Boris Jelzin: Präsident von Russland.
1992, Juni "Erdgipfel" in Rio: Erste, globale Weltkonferenz zum Schutz der Umwelt und der Erde.
1992 500 Jahre Entdeckung Amerikas durch Kolumbus:
Kontroverse Feiern in Nord-, Mittel- und Südamerika.

Grafik: E. Brüchert

Die deutsche Einheit 1989/90

1989,
Som./Herbst Massenflucht aus der DDR über Polen, Ungarn und die Tschechoslowakei.
1989, Oktober Massendemonstrationen in Leipzig und anderen Städten.
07. Oktober 40. Jahrestag der DDR. Besuch Gorbatschows.
("Wer zu spät kommt, den bestraft das Leben.")
Letzter öffentlicher Auftritt Erich Honeckers.
18. Oktober Egon Krenz Staatsratsvorsitzender der DDR.
09. Nov. Öffnung der Mauer.
13. Nov. Modrow Ministerpräsident der DDR.
24. Nov. SED verzichtet auf Machtmonopol.
28. Nov. Kohls 10-Punkte-Plan ("Konföderation" BRD-DDR).
03. Dez. Rücktritt der alten SED-Führung.
07. Dez. Beginn der Gespräche am "Runden Tisch".
19. Dez. Kohl und Modrow vereinbaren
Vertragsgemeinschaft.
1990,
08. Januar Leipziger Demonstranten fordern deutsche Einheit.
01. Februar Modrows Plan zur deutschen Einheit.
Reisefreiheit für DDR-Bürger.
18. März Erste freie Wahlen zur Volkskammer.
CDU stärkste Partei.
12. April De Maizière DDR-Ministerpräsident.

Deutsche Einheit 1989
Grafik: E. Brüchert)

18. „Ende der Geschichte?" Mit Terror, Migration und Klimakatastrophe (20./21. Jhd.)?

Statt mit einem „Ende der Geschichte" durch einen endgültigen Sieg der Demokratie im Kalten Krieg begann das neue, das 21. Jahrhundert und damit das dritte Jahrtausend n. Chr. mit einem Paukenschlag, den weder der Westen noch der Osten für möglich gehalten hatten. Das war der **11. September 2001**, welcher in den USA nur noch kurz als der **„Nine Eleven"** bezeichnet wird. Das Datum gilt dort inzwischen als der schwärzeste Tag in der US-Geschichte seit Pearl Harbor am 7. Dez. 1941.

Es war ein Kamikaze-Terroranschlag von vier koordinierten Flugzeugentführungen durch islamistische al-Qaida-Terroristen unter weit entfernter Führung und Anstiftung von Osama Bin Laden. Das geschah direkt ins Herz der USA, in die zwei Zwillingstürme des **World-Trade-Centers in New York und des Pentagons in Washington**. Es war ein Angriff, den die Vereinigten Staaten zwar immer befürchtet hatten, aber in keinem ihrer Konflikte vom 19. bis zum 21. Jahrhundert auf ihrem eigenen Territorium hatten erleben müssen, auch nicht durch deutsch-wilhelminische U-Boote vor New York im 1. Weltkrieg.

Der Schock war deshalb ungeheuerlich. Fast 3000 amerikanische und ausländische Zivilisten verloren ihr Leben.

Mit „Nine Eleven" begann zu Anfang des neuen Jahrtausends eine Epoche, die nur die wenigsten Menschen vorausgesehen hatten. Das ist ein Zeitabschnitt, der wohl noch lange anhalten wird. Eine Zeit, in welcher der „Kampf der Kulturen" (Samuel P. Huntington, „The Clash of Civilizations", New York 1996, a. a. O., Literaturverzeichnis) zwischen den drei Weltreligionen Islam, Christentum und Judentum wieder voll entbrannt ist – wie im Mittelalter bei den Kreuzzügen –, nachdem man ihn sogar noch während des Atomzeitalters Ende des 20. Jahrhunderts hatte „ad acta" legen wollen. Die Neugründung der UNO nach dem Faschismus 1945 hatte dieses friedliche Leben in der gesamten

Welt zum höchsten Ziel – und dieses Ziel schien nach Beilegung des Kalten Krieges zwischen West und Ost auch kurzzeitig erreicht worden zu sein – beschworen von einem friedliebenden, gebürtigen Japaner in den USA: Fukuyama (a. a. O. Literaturverzeichnis). Das war leider wieder ein trauriger, weltpolitischer Irrtum; und dahinter standen wohl auch eine allgemeine, menschliche Illusion und der tiefe, unerfüllte Wunsch nach dem „ewigen Frieden", wie ihn ja schon Immanuel Kant vor über 200 Jahren beschrieben hat. (s. Kap. 4).

Im Westen, in den USA und Europa, hatte man vorher rund 50 Jahre lang die unterschwellige Unruhe, Unzufriedenheit, ja, die Verbitterung im arabischen und asiatisch-islamischen Raum nicht bemerkt oder zumindest nicht ernst genommen. Es hatte genügend Anzeichen dafür gegeben: In **Ägypten** wurde schon im Juli 1952 der König Faruk I. gestürzt – durch einen Putsch von General Nagib und seinem Helfer Oberstleutnant **Gamal Abdel Nasser**. Dieser schwang sich bald darauf zu einem Alleinherrscher auf, der energisch die Reste der Kolonialzeit abstreifte, obwohl er in der **Suezkrise vom Oktober 1956** in einem kurzen Krieg gegen Großbritannien, Frankreich und gegen den neuen Staat Israel eine schwere Niederlage einstecken musste, die ihn aber international, besonders in der Sowjetunion, China und Arabien, durchaus aufwertete. Die Aussicht auf eine Panarabische Revolution mit religiös verbrämtem, islamistischem Hintergrund gegen die Reste von vermeintlicher christlich-jüdisch-westlicher Dominanz erhielt großen Auftrieb. Die USA, noch geschwächt durch den Koreakrieg, versuchten sich herauszuhalten, standen aber weiter entschieden hinter dem jungen israelischen Staat, was ihren Ruf in der arabisch-islamischen Welt leider ruinierte.

Weitere, große Unruhe – auch in der Weltpolitik – richteten die drei Golfkriege an, jeweils am oder um den Persischen Golf: Der **1. Golfkrieg** dauerte zwischen dem Irak und dem Iran acht Jahre lang von September 1980 bis August 1988 an, also in einer Zeit, in welcher die USA und Westeuropa sich um die Verwerfungen und Missverständnisse des Vietnamkrieges sowie um die neuen Unsicherheiten nach dem NATO-Doppelbeschluss kümmern mussten und somit abgelenkt waren. Vor dem Kriegsausbruch waren sowohl im Irak (früher: Mesopotamien, das Zweistromland zw. Euphrat und Tigris) als auch im Iran (früher: Persien) historische Umstürze passiert. Der sunnitische General **Saddam Hussein** (irak. Präsident von 1979–1991 u. 1994–2003) errichtete im Irak eine Militärdiktatur; und der schiitische **Ajatollah Ruhollah Khomeini** (1902–1989) war von 1979 bis zu seinem Tode religiöser Führer und Präsident des Iran und errichtete dort einen „Gottesstaat" ohne Trennung von Kirche und Staat.

Das war eine ganz bewusste, islamische Abkehr von den Errungenschaften der europäischen Aufklärung und sie fand große Zustimmung in der arabisch-islamischen Welt bis hin zu ihren späteren, dschihadistisch-terroristischen Flügeln in dem „Islamischen Staat". Saddam und Khomeini gehörten zu den zwei wichtigsten und verfeindeten Islamflügeln in der arabischen Welt, nämlich zu den Sunniten und den Schiiten. Beide stürzten fast zur gleichen Zeit, um 1979/80, die früheren Monarchien in ihren Ländern, darunter die fast 3000 Jahre alte Schah-Dynastie in Persien. Beide waren erfolgreiche Erben der weltweiten Dekolonisierung der asiatischen Welt von Ägypten über Indien bis nach China. Saddam und Khomeini hassten sich aber zeitlebens aus religiösen und persönlichen Gründen. Sie gehörten eben den zwei großen und so unterschiedlichen Flügeln des Islam an. Das mag auch ein tieferer Grund für diesen 1. Golfkrieg zwischen Irak und Iran gewesen sein, der mehr als eine Million Menschen das Leben kostete.

Der **2. Golfkrieg** (erster Irakkieg) wurde 1990/91 ausgetragen zwischen dem Irak und einer US-geführten Militärkoalition mit UN-Mandat des UN-Sicherheitsrates zum Schutze von Kuwait. Am 2. August 1990 überfiel der Irak das nahe Emirat Kuwait am Persischen Golf. Fünf Monate später wurde Saddam Hussein mit seinen Truppen in einem kurzen Wüstenkrieg vernichtend geschlagen. Dabei beunruhigte eine riesige Ölpest in Kuwait die übrige Welt. Die Gründe für diesen Krieg, der in Deutschland weitgehend als überflüssig eingeschätzt wurde und irgendwie nicht in die zeitgenössische, deutsche „Einheitseuphorie" passte, lagen in den Machtansprüchen von Saddam Hussein, territorialen Streitigkeiten nach dem 1. Golfkrieg sowie religiösen und ideologischen Konflikten in der gesamten arabischen Welt. Dieser 2. Golfkrieg, der im Schatten der umwerfenden Ereignisse in Europa, Deutschland und Russland um 1989/90 ausgetragen wurde, hat bis heute großen Einfluss auf die Lage im Nahen Osten.

Er fand in den USA eine größere Beachtung als bei uns. Mit ihrem massiven Truppeneinsatz wurden die USA zum ersten Mal im Nahen Osten selbst zu einer regionalen und militärischen Macht. Von nun an hatten sie das Ziel eines „dual containment", also einer doppelten Eindämmung der beiden arabischen Hegemoniestaaten Irak und Iran. Ergebnis: Im Iran verfestigte sich unter Khomeini ein islamischer „Gottesstaat". Im Irak dagegen hatten die Amerikaner schließlich Erfolg mit dem Sturz von Diktator Saddam Hussein und durch seine Hinrichtung wegen Kriegsverbrechen an seinem eigenen Volk und durch eine neue, irakische Regierung.

Das geschah aber erst im **3. Golfkrieg**, der im Mai/Juni 2003 als eine Militäroperation und „Koalition der Willigen" durch die Vereinigten Staaten und Großbritannien ablief und das Ende der Terrorherrschaft von Hussein bedeutete. Präsident Bush jr. hatte das sogar mit einem geplanten Giftgasangriff von Hussein begründet, was sich später aber als „Fake" herausstellte und dem Ruf von Bush sehr schadete. Dieser 3. Golf- oder Irakkrieg gilt heute bei Historikern als völkerrechtswidrig nach den Regeln der UN. Insofern war der deutsche Kanzler Gerhard Schröder gut beraten, die US-Aufforderung nach deutscher, militärischer Beteiligung abzulehnen. Das stieß in Deutschland selbst aber nicht in allen Bevölkerungsteilen auf Zustimmung, weil das Entsetzen über „Nine Eleven" und den starken Terror des „Islamischen Staates" noch sehr groß war. Und in den USA schuf die deutsche Weigerung, bei dem Einsatz der europäischen „Willigen" mitzumachen, sogar eine Tendenz des „Anti-Germanism" nicht nur bei der Regierung Bush jr., sondern auch in der Öffentlichkeit. Das erinnerte entfernt an die Unstimmigkeiten zwischen Deutschland und den USA zwischen 1914 und 1917. Es hatte aber zum Glück nicht die gravierenden Folgen wie damals vor knapp hundert Jahren.

In der amerikanischen Öffentlichkeit begann nach dem 3. Golfkrieg und der deutschen Weigerung, daran teilzunehmen, sogar eine Zeit des „Anti-Europeanism", also des Ärgers und der Kritik über/an gewissen Politikern der EU. Das hatte es seit den Zeiten von Adenauer und de Gaulle nicht gegeben, nachdem sich eben jahrzehntelang eine bereitwillige „Pro-Americanism" ausgebreitet hatte. Deutschland und seinem Kanzler Schröder wurde dabei der „schwarze Peter" zugeschoben.

Erst unter dem liberalen und demokratischen **Präsidenten Barack Obama (44. Präsident von 2009–2017)** wurde das einigermaßen wieder zurechtgerückt. Aber der anschließende extreme Rückfall während der vierjährigen Zeit von Donald Trump als Präsident von 2018–21 mit seinem Schlachtruf „America first", der Verhöhnung der NATO und der EU und der Kündigung mancher transatlantischer Verträge brachte nach der friedlichen Obama-Epoche wieder eine Verhärtung zwischen Anti-Europeanism (Trump) und Anti-Americanism (rechte Europäer und Deutsche mit alt-nationalistischer Gesinnung). Der britische Historiker Timothy Garton Ash äußerte dazu schon im Febr. 2003 seine illusionslose Meinung zum europäisch-amerikanischen Verhältnis, als er äußerte: *„Each side thinks its model is better. This applies not only to the rival models of international behavior, but also to those of democratic capitalism, the different mix of free market and welfare state, and of individual freedom and social solidarity."* (in „New York Review of Books"). Also sinngemäß: Jede Seite glaubt nur an ihre eigene Meinung und Wege. Und das bezieht sich auf alles: rivalisierende, internationale Unterschiede, Demokratie im

Kapitalismus, verschiedene Wege einer Mischform aus freiem Markt und den Wohlfahrtsstaat; die individuelle Freiheit und gesellschaftliche Solidarität.

Für Präsident Bush jr. war seine schnelle, harte Reaktion auf „Nine Eleven" der wichtigste Kriegsgrund im 3. Golfkrieg 2003. Der größte Teil der amerikanischen Öffentlichkeit unterstützte ihn auch darin. Die Genugtuung über den Tod von Saddam Hussein wurde nur noch jahrelang beeinträchtigt durch die vergebliche Suche nach Osama bin Laden, dem Gründer und Kopf der Terror-Organisation al-Qaida. Bin Laden konnte aber erst am 2. Mai 2011, fast zehn Jahre nach „Nine Eleven", in Pakistan durch ein Sonderkommando der „Navy Seals" aufgespürt und bei einem gefährlichen Einsatz getötet werden. Das geschah aber schon in der Präsidentschaft von **Barack Obama** (2009-2017):

05. Mai	Beginn der Zwei-plus-Vier-Gespräche.
06. Mai	Freie Kommunalwahlen.
17. Mai	Abschaffung der Passpflicht bei Reisen zwischen BRD und DDR.
01. Juli	Wirtschafts-, Währungs- und Sozialunion.
04.-16. Juli	Treffen Kohl - Gorbatschow im Kaukasus.
	Zustimmung zur deutschen Einheit.
23. August	Volkskammer beschließt Beitritt zur Bundesrepublik zum 03.10.1990.
31. August	Unterzeichnung des Einigungsvertrages.
12. Sep.	Abschluss der Zwei-plus-Vier-Gespräche.
	Verzicht der Alliierten auf Sonderrechte.
20. Sep.	Einigungsvertrag verabschiedet.
03. Oktober	Beitritt der DDR zur Bundesrepublik;
	"Tag der deutschen Einheit".
02. Dez.	Erste gesamtdeutsche Wahl.
	Sieg der CDU mit Kanzler Kohl.
20. Dez.	Erster gesamtdeutscher Bundestag tritt zusammen.

Deutsche Einheit, 3. Okt. Tag der Einheit, Tafelbild
Grafik: Erhard Brüchert, in: CD Park-Körner-Verlag – München

Trotzdem zogen sich unter dem beliebten Präsidenten Obama die USA dann aber schrittweise aus dem weltweiten Kampf gegen die dschihadistische Terrormiliz des „Islamischen Staates" und der El Kaida zurück. Präsident Biden – unter Obama schon Vizepräsident und auch von der demokratischen Partei – setzt das heute erfolgreich fort. Nur im Jahre 2014 beteiligten sich noch US-Soldaten direkt am Kampf gegen den IS. Die meisten militärischen Einsätze gegen die Terroristen wurden dann durch regionale, gemäßigte, islamische (nicht islamistische) Regierungen in Asien selber bewältigt. Nur der Iran und Afghanistan (nach dem gescheiterten Demokratieeinsatz der USA und auch der EU-Kräfte wie von Deutschland und Großbritannien) blieben bis heute unter der Macht eines schiitischen „Gottesstaates" und der frauenfeindlichen „Taliban". Die Macht von Bin Ladens El Kaida scheint dagegen gebrochen zu sein, außer vielleicht noch in einigen aufständischen Gebieten in Afrika.

Sowohl die USA, Kanada, Mexiko, das demokratische Südamerika als auch die gesamte Europäische Union, Australien, Neuseeland und demokratische Teile Afrikas, Asiens, Ägyptens sowie das große China und natürlich Japan und Indien stehen heute Seite an Seite mit **dem liberalen Islam, der die Frauen- und Menschenrechte in der UN anerkennt.** Aber gemeinsam ist uns allen immer noch die Furcht vor einem Aufflammen der menschenverachtenden Ideologie des „Islamischen Staates". Bei einzelnen Terroraktionen auf dem gesamten Globus lodern diese Flammen immer wieder auf – in Frankreich, Brüssel, Deutschland bis nach Neuseeland – leider sogar auch noch bei einem unserer friedlichsten, christlichen Feiern: dem jährlichen Weihnachtsfest.

***

Die weltweite **Migrationsbewegung** beherrscht dagegen immer noch das junge 21. Jahrhundert neben dem **Terrorgespenst** und natürlich der **Klimakrise.** Alle drei hängen natürlich miteinander zusammen bzw. sie befeuern sich gegenseitig. In

Deutschland war bis vor wenigen Jahren der Begriff „Migration" oder „Immigration" weitgehend ungeläufig. Nach 1945 wurden die zwölf Millionen deutschen Einwanderer aus Ostpreußen, Pommern und Schlesien mit den schlichten Worten „Flüchtlinge" oder „Vertriebene" benannt. Das waren ja auch zu 95 % Christen: Katholische oder Evangelische. Dann kamen in den Sechzigerjahren Italiener und Portugiesen in die neue Bundesrepublik. Diese wurden mit dem freundlichen Wort „Gastarbeiter" empfangen. Das waren jetzt mehr Katholiken als Lutheraner, aber dies fiel in der immer größer werdenden Entkirchlichung der deutschen Gesellschaft und bei der großen Anpassungsfähigkeit und wirtschaftlichen Notwendigkeit der Arbeitsleistung der „neuen Fremden" gar nicht so auf. Manchen älteren Deutschen rutschte manchmal noch das Naziwort „Fremdarbeiter" heraus; sie wurden aber prompt von jüngeren Deutschen, oft von nachdenklichen, geschichtsbewussten „Achtundsechzigern" zurückgepfiffen.

Erst jetzt, im 21. Jahrhundert, wird es für viele Deutsche – leider – mehr und mehr zum Problem, dass jetzt nicht direkt eingeladene „Gastarbeiter" zu uns kommen, sondern „Migranten" oder „Zuwanderer", die weder das Opfer von Hitlers Rassenhass sind noch mit großen Kreuzfahrtschiffen oder Zuwandererschiffen als Touristen mit viel eigenem Geld zu uns gelangen, sondern die „illegal" auf nicht seetüchtigen Schlauchbooten und kaputten Kuttern von kriminellen Fluchthelfern übers schöne, freie Mittelmeer „einreisen". Meist suchen sie sofort den anschließend schnellsten Landweg nach Deutschland, wo sie von einem für sie besonders günstigen Grundgesetz „angelockt" werden; aber auch Schweden, Dänemark und die Niederlande sind für sie sogenannte Asylziele. Dort werden sie aber keineswegs immer als „politisch Verfolgte" anerkannt, auch gemäß den erweiterten Migrationsgesetzen in der EU nicht mehr. Polen und Ungarn werden gemieden, weil diese noch „jungen" EU-Staaten sehr stark um ihre nationale (in Polen auch: katholische ...) Integrität fürchten und weniger an einer „europäischen Solidarität" innerhalb der EU interessiert sind.

Leider. Und das wiederum zum Ärger und zur Enttäuschung der willigen EU-Länder.

Das ist immer noch ein ungelöstes Durcheinander, von Brexit-England über Merkel-Deutschland („wir schaffen das") bis hin zu Ohne-Uns-Staaten wie Polen, Ungarn, die Türkei und neuerdings auch die Slowakei, dort nach der Wahl des putinfreundlichen Robert Fico zum Ministerpräsidenten. Und alles das wird ständig und beinahe unaufhaltsam auch durch die globale Klimaveränderung mit Hungersnöten in Afrika und im Nahen Osten von Syrien bis nach Pakistan verstärkt.

Das irritiert auch den „deutschen Stammtisch" gewaltig – anschaulich nachzulesen in dem deutschen Boulevardblatt „Bild" – allerdings nicht immer ganz realistisch. Die Schmähungen und Beleidigungen in der Regenbogenpresse und auch auf den Leserbriefseiten in seriösen deutschen Regionalzeitungen gegenüber den vermeintlich unnützen Asylanten und Kassierern von deutschem Sozial-, Kindergeld und Arbeitslosenleistungen übertreffen bei Weitem alles das, was „wir" zwölf Millionen Flüchtlinge und Vertriebenen auch schon nach 1945 in Flensburg, Füssen oder Ostfriesland erdulden mussten, wenn wir zum Beispiel dort auch mal als die „Polacken" aus dem Osten beschimpft wurden.

Die Partei der AFD bekam nach dem weltberühmten Satz „Wir schaffen das" aus dem Munde unserer menschenfreundlichen Kanzlerin Merkel im Sommer 2015 erst denjenigen (unfairen, nicht gerechten!) Auftrieb, den diese postfaschistische Partei sich gewünscht hatte, leider besonders in den „Neuen Bundesländern". Von diesen hatte man es sich eigentlich am wenigsten erwartet, nach 40 Jahren Parteidiktatur von der SED. Aber nicht alle sind nach 1989/90 so klug und einsichtig geworden wie **Angela Merkel**. Schade, dass sie bis heute – inzwischen in Pension – immer noch nicht für ihren Satz (s. oben) und ihre Haltung den Friedensnobelpreis bekommen hat. Kaum jemals ist in der jüngeren, deutschen Historie ein demokratisch gewählter Politiker oder eine Politikerin so grässlich, undankbar und ungerecht behandelt worden wie Frau Merkel von Rechts-Außen-Demonstranten in Thüringen mit deren „Hau ab!"-Gebrüll.

In den USA und Kanada gab und gibt es weit weniger Migrationsprobleme, mal abgesehen von der chaotischen Trump-Zeit gegen „Grenzverletzer" aus Mexiko oder Kuba. Nun gut, die Vereinigten Staaten sind ja auch territorial viel größer als wir mit unserem kleinen Europa, das in 28 EU-Ländern geografisch und auch sprachlich und politisch zersiedelt ist. Außerdem haben die Amerikaner ja auch noch die beiden Ozeane Atlantik und Pazifik vor ihren Haustüren. Und beide Meere sind – erprobtermaßen – wesentlich größer, unbequemer und gefährlicher für Schlauchboote mit „Migranten" als das heute von zahlreichen Schlepperbanden überlaufene „Mare Nostrum" (Mussolini für „Mittelmeer" nach altrömischem Vorbild). Und schließlich – und das sollten wir Deutsche uns endlich auch mal hinter die Ohren schreiben – haben „die Amerikaner von drüben" mit ihrer viele Jahrhunderte lang erprobten Einwanderungs- bzw. Immigrationspolitik hervorragende Ergebnisse erzielt – menschlich, wirtschaftlich und politisch! Sie sind inzwischen – auch damit – zur Weltmacht Nummer eins geworden! Und dafür mussten „die Amerikaner" nicht wie wir Deutsche durch eine grausame Erfahrung von völkisch-rassistischer Träumerei von einem „Tausendjährigen Reich" gehen, welches sich schon nach zwölf Jahren als ein gruseliger Alptraum erwiesen hat (siehe Kap. 14).

***

19. Der deutsche Weg nach Westen (Grundgesetz, Wiedervereinigung, EU)

A) ÜBERBLICK: BIS ZUM GRUNDGESETZ

Zu den wichtigsten Sammelwerken der deutschen und der europäischen Geschichtsschreibung nach dem 2. Weltkrieg gehören die vier umfangreichen, inhaltsschweren Bücher von Heinrich August Winkler:

- **Winkler, Heinrich August, <u>Die Geschichte des Westens, 4 Bände</u>, C.H. Beck, 2009–2015, München, insgesamt: 4638 Seiten**

Prof. Winkler wurde 1938 in Königsberg, heute Kaliningrad, also noch im alten Ostpreußen geboren, kam als Flüchtlingskind nach Westdeutschland und lehrte sein langes Historikerleben an zwei Orten der Bundesrepublik, der Albert-Ludwigs-Universität in Freiburg und der Humboldt-Universität in Berlin. Seine vier Hauptwerke mit insgesamt <u>4638 Seiten (viertausend-sechshundert-achtunddreißig)</u> haben folgende vier Einzeltitel:

- **Bd. 1: <u>Von den Anfängen in der Antike bis zum 20. Jahrhundert</u>**

<u>Buchdeckel:</u>
„Der Westen – seit dem Zeitalter der Entdeckungen gleichsam das welthistorische Maß aller Dinge.
Er hat fremde Reiche erobert und ganze Kontinente erschlossen,
die Naturwissenschaften und die moderne Technik hervorgebracht,
die Menschen- und Bürgerrechte,
die Herrschaft des Rechts und die Demokratie erfunden.
Aber er hat auch oft genug seine Werte verraten,

*Freiheit gepredigt und Habgier gemeint
und mit dem Kapitalismus eine Ökonomisierung
aller Lebensverhältnisse entfesselt,
die bis heute die Menschheit in Atem hält."*

- **Bd. 2: Die Zeit der Weltkriege 1914-1945**

Buchdeckel:
„Kriege, Krisen, Katastrophen – die Jahre zwischen 1914-1945
erscheinen manchen Zeitgenossen
wie ein zweiter dreißigjähriger Krieg.
Sie sind das ‚deutsche Kapitel'
in der Geschichte des Westens der Menschheit.
Vom Ausbruch des Ersten Weltkrieges bis zur deutschen
Kapitulation im Mai 1945."

- **Bd. 3: Vom Kalten Krieg zum Mauerfall**

Buchdeckel:
„Mit dem Fall der Mauer vor 25 Jahren
ging ein Zeitalter zu Ende.
Heinrich August Winklers Geschichte des Westens
stellt die dramatischen Ereignisse von 1989
in einen großen weltgeschichtlichen Zusammenhang
und schildert meisterhaft die Jahrzehnte vom Ende des
Zweiten Weltkrieges
bis zum Untergang der Sowjetunion.
Der Band macht deutlich, wie nahe uns die Epochenwende
von 1989 bis 1991 immer noch ist:
Damals wurden die Grundlagen unserer Gegenwart gelegt."

- **Bd. 4: Die Zeit der Gegenwart**

Buchdeckel:
„Seit dem Ende des Kalten Krieges

*ist die Welt nicht übersichtlicher
und auch nicht friedlicher geworden.
Die Erweiterung und Krise der Europäischen Union,
der 11. September, die Kriege in Afghanistan und Irak,
die globale Finanzkrise, der Arabische Frühling, der Konflikt
um die Ukraine und die Bedrohung durch den ‚Islamischen Staat' -
das sind nur einige Themen des Bandes ‚Die Zeit der Gegenwart',
mit dem Heinrich August Winkler seine ‚Geschichte des Westens' abschließt."*

Dazu folgte am Schluss im Jahre 2022 – alle fünf Bücher im Verlag C. H. Beck in München – noch ein kürzerer, 288 Seiten dicker Band, welcher aus der deutschen Vergangenheit und Gegenwart (siehe Bände 1–4) gewissermaßen auf die europäische Zukunft blickt – und das unter dem umfassenden Titel:

- **Bd. 5: Nationalstaat wider Willen (Interventionen zur deutschen und europäischen Politik)**

Um diese insgesamt fünf historischen Bücher von H. A. Winkler – die sich zu einem riesigen „Mosaik des Westens" zusammenfügen – gründlich zu lesen, muss man sich viel Zeit nehmen, aber das lohnt sich. Damit stellt sich Winkler in eine Reihe von großen, historischen Gesamtwerken, zum Beispiel dasjenige von Leopold von Ranke (1795–1886) im 19. Jahrhundert. Und ähnlich wie 150 Jahre früher bei dem altpreußischen Professor Ranke werden schon jetzt die Bücher von H. A. Winkler nicht nur als eine „beeindruckende wissenschaftliche, sondern auch eine literarische Leistung" gewürdigt (... zu Recht, im Deutschlandfunk). Winkler hat stets den gesamten Westen, einschließlich Nordamerika, im Blick – natürlich immer mit den Auswirkungen auf die ganze Welt.

Für die Geschichte Deutschlands seit dem Ende des Mittelalters diagnostiziert er aber an mehreren Stellen eine „Verspätung" oder einen „neuen Sonderweg" im Sinne eines „Nationalstaates wider Willen" und damit den Unterschied vor allem zu England und Frankreich in Westeuropa. Nur am Beginn der Neuzeit mit der Reformation durch Martin Luther und deren weltpolitischen Folgen und durch das anschließende Zeitalter der naturwissenschaftlichen und geistigen Aufklärung von Kopernikus bis hin zu Immanuel Kant hätten die Deutschen geistespolitisch und innovativ noch mithalten können.

Wo aber hat Deutschland lange Zeit hinterhergehinkt? Damit sind wir jetzt wieder bei unserem Hauptthema, welches wir in diesem Buch im Verhältnis „von uns zu den Amerikanern" über einen Zeitraum von 500 Jahren untersucht haben. Auch das berührt H. A. Winkler immer wieder an verschiedenen Stellen in seinen Büchern und auch bei Interviews.

***

Unter der Überschrift „**Ein neuer Sonderweg**" hat **H. A. Winkler dem „Spiegel"** in der Januarausgabe 1/2015 (S. 26–29) ein ausführliches **Interview** gewährt.

Darin sagt er gleich einleitend: „*Die Geschichte des Westens handelt nicht nur von der Aneignung der unveräußerlichen Menschenrechte, von der Herrschaft des Rechts und der Gewaltenteilung. Sie ist auch eine Geschichte von brutalen Verstößen gegen die eigenen Werte und die Fähigkeit zur Selbstkorrektur.*"

Dann räumt er ein, dass die Unterzeichner der ersten Menschenrechtserklärung von 1776 in Virginia zum erheblichen Teil selbst noch Sklavenhalter gewesen waren. Auch den „Indianern" und den Frauen seien noch lange Zeit bürgerliche Rechte verweigert worden. Aber die Entwicklung der Zivilgesellschaft wäre in den USA kontinuierlich und unaufhaltsam gewesen und habe ihren Status als gegenwärtige „Großmacht" begünstigt. „*Man darf die Tendenz zur Selbstkorrektur in den USA nicht unterschätzen. (...) Es gab auch unter Bush ein anderes Amerika, das sich 2008 in der Wahl von Obama artikuliert hat. (...) Die Europäer befinden sich in einem anderen Stadium der Geschichte. Sie sind postklassische Nationalstaaten und eben nicht mehr voll souverän wie die USA. Sie können daher die amerikanische Haltung nicht nachvollziehen."*

Anschließend setzt Winkler sich ausführlich mit der Krimannexion im Jahre 2014 und dem Bruch des Völkerrechts durch Putin – also noch acht Jahre vor dem eigentlichen Ukrainekrieg – auseinander. Er beklagt deutlich die nachgiebige Haltung der deutschen Außenpolitik unter Kanzlerin Merkel. *„Wir wissen aber nicht, was sich aus der russischen Politik im Jahre 2014 ergeben wird. Es ist in jedem Fall eine historische Zäsur, die Putin mit seinem Vorgehen gegenüber der Krim und der Ostukraine gesetzt hat."* Auf die Frage des Spiegel-Redakteurs, was denn der Westen damals hätte tun sollen, antwortet Winkler, man müsse gleichzeitig Russland klar machen, was die westlichen Demokratien nicht akzeptieren können, und Angebote zur Beilegung der bestehenden Konflikte machen. *„Im Übrigen hat die NATO die ostmitteleuropäischen Staaten nicht zum Beitritt gedrängt. Es waren diese Staaten, die aufgrund der Entwicklung in Russland fürchteten, ihre größte Errungenschaft, die Befreiung von der Ordnung von Jalta, könnte rückgängig gemacht werden."*

Zu einer Aufnahme der Ukraine werde es „nach menschlichem Ermessen" nicht kommen, sagt H. G. Winkler noch im Jahre 2015, weil die überwiegende Mehrheit der Mitgliedstaaten sie ablehne. Das gelte auch für Georgien. Dies sei auch der Beweis dafür, dass die westlichen Demokratien russische Sicherheitsinteressen berücksichtigten.

Dann kommt Winkler auf einen „neuen deutschen Sonderweg" für die Zukunft des 21. Jh. zu sprechen, der sich allerdings vollkommen von der früheren, deutschen Verspätung seit dem 19. Jahrhundert unterscheiden müsse und den er, Winkler, jetzt sehr unterstütze: *„... weil wir in einem neuen Europa leben, zu dem unsere enge Partnerschaft mit den ostmitteleuro-*

päischen Demokratien gehört. Es gibt keine legitimen deutschen Interessen, die nicht zugleich auch Interessen Europas und des Westens sind. Ich sehe da Ansatzpunkte für einen neuen Sonderweg, was den Befürwortern einer solchen Politik offenbar gar nicht bewusst ist. (...) Die Vorstellung, wir könnten uns über die Köpfe der Ukrainer hinweg mit Russland verständigen, bedeutet einen Rückfall in deutsches Großmachtdenken. Diese Zeiten sind unwiderruflich vorbei."

Gegen Ende dieses Spiegel-Interviews aus dem Jahre 2015 lenkt Winkler seinen Blick noch einmal auf seine eigene deutsche und ostpreußische Herkunft. Der Reporter macht zunächst die leicht ironische Anmerkung, dass der Professor wohl immer noch ein „Hegelianer" sei, der an den unaufhörlichen Fortschritt der Menschheit glaube. Antwort von Winkler:

„Ihr Verdacht ist nicht ganz unbegründet. Ich glaube zwar nicht an die zwangsläufige Durchsetzung der westlichen Werte, bin aber der Meinung, dass die Auseinandersetzung um die Ideen des 18. Jahrhunderts weitergehen wird. Und wenn das ein optimistischer Ansatz ist, dann bin ich Optimist im Sinne von Immanuel Kant. Das Denken des Philosophen aus Königsberg läuft darauf hinaus, dass Optimismus geradezu sittliche Pflicht sein kann. Vielleicht bin ich ja als geborener Königsberger für kantianische Gedanken besonders anfällig. (...) Die EU kann scheitern, das atlantische Bündnis zerbrechen. Das alles ist möglich, aber ich glaube, wenn man diese Gefahren sieht, dann weiß man auch, wie wichtig eine Weiterentwicklung der Ideen des späten 18. Jahrhunderts ist."

Zu Winklers Forderung nach einem „neuen Sonderweg Deutschlands" passt auch die Meinung **Timothy Garton Ashs,** dem britischen Historiker und Experten für osteuropäische und russische Geschichte. Das ist eine Äußerung, welche Ash neun

Jahre später als Winkler auch im „Spiegel" gemacht hat – und zwar nach einer Reise direkt in die ukrainische Hauptstadt Kiew:

„Eine neue strategische Rolle Deutschlands in Europa ist dringend nötig. Bislang gab es in dieser Hinsicht drei wegweisende Strategien: erstens Konrad Adenauers Westbindung, zweitens Willy Brandts Ostpolitik und drittens Helmut Kohls Bemühungen um die Einigung Deutschlands und Europas. Jetzt braucht es den nächsten Wurf: die doppelte Osterweiterung von Europäischer Union und Nato in Richtung westlicher Balkan und Ukraine, Moldau und Georgien. Eine Gesamteuropapolitik. Dieser große Schritt erfordert dringend das Engagement Deutschlands." (Timothy Garton Ash in: t-online, Nachrichten für Deutschland, am 29.7.2023).

Mit dieser Haltung – ja, Forderung, mitten im Ukrainekrieg im Sommer 2023 – geht der Engländer Ash schon einen Schritt weiter als der Deutsche Winkler vom Jahre 2015, und zwar in Richtung auf die berechtigte Aufnahme von mehreren osteuropäischen Ländern in EU und NATO, wenn diese Staaten es auf demokratische Weise beantragen und die Mehrheit ihrer Bewohner das durch freie Wahlen ausdrückt.

***

H. G. Winkler hat Deutschlands „Weg nach Westen", minutiös nachgezeichnet. Dabei mussten auch die „Verspätungen" erörtert werden, welche in der Nazikatastrophe fast zu einem wirklichen „Finis Germaniae" hätten führen können (vergleiche: Befürchtung von Reichskanzler Bethmann Hollweg im 1. Weltkrieg). Das ist zum Glück für uns Nachgeborene nicht geschehen, vor allem auch, weil die westlichen Sieger und Alliierten – an der Spitze die USA, Kanada und Großbritannien – den „guten Deutschen" wieder allmählich Geduld und Vertrauen schenkten, z. B. den mutigen Frauen und Männern vom gescheiterten Umsturzversuch am 20. Juli 1944 gegen Hitler. So konnte schon in nur vier Jahren nach der totalen Kapitulation eine „Verfassung" für ein neues Deutschland in der neuen Form eines „Grundgesetzes" geschaffen werden.

Das Grundgesetz für die Bundesrepublik Deutschland

Dieses Grundgesetz wurde tatsächlich „in Freiheit" von uns Westdeutschen selbst eingerichtet, d. h. nur unter der wohlwollenden und zustimmenden Beobachtung der drei demokratischen Besatzungsmächte in den noch besetzten drei Westzonen. Dabei hat der **Parlamentarische Rat** mit seinem Vorsitzenden **Konrad Adenauer** und mit Vertretern aus den elf westdeutschen Länderparlamenten – die mit Erlaubnis der westlichen Sieger schon demokratisch vom Volk gewählt worden waren – eine große Rolle gespielt.

Diese Gruppe aus überlebenden, aufgeklärten und demokratischen Deutschen hatte in kurzer Zeit – abgeschirmt auf einer Insel im Chiemsee in Oberbayern und dann mit der offiziellen Eröffnung eines „parlamentarischen Rates" am 1. Sept. 1948 in **Bonn im Museum König** – eine neue deutsche Verfassung mit westlichen Staatsprinzipien entwickelt, diskutiert und schriftlich niedergelegt. Der Name **„Grundgesetz"** wurde bewusst anstelle von „Verfassung" gewählt, weil fast eine Hälfte des Deutschlands von 1937 noch nicht dabei sein konnte und durfte, nämlich die Sowjetzone und alle ehemaligen, deutschen Provinzen jenseits der Oder-Neiße-Linie. Aber nach der mehrheitlichen Zustimmung der Deutschen aus der früheren DDR im Jahre 1990 (am 3. Oktober 1990: Tag der Einheit) und der inzwischen auch gelungenen Integration der zwölf Millionen Flüchtlinge und Vertriebene aus den Gebieten östlich der Oder-Neiße-Linie hat dieses Dokument für alle Deutschen jetzt endlich den Rang einer Verfassung und damit der übergeordneten **„Liberty"** gewonnen.

Am 8. Mai 1949 hat **der Parlamentarische Rat das „Grundgesetz"** in der rheinischen Mittelstadt Bonn verabschiedet – wenige Wochen danach wurde es von den drei westlichen Militärgouverneuren genehmigt und in zehn Länderparlamenten ebenfalls angenommen – nur zunächst nicht in Bayern, welches sich aber dem Votum der US-Besatzungsmacht beugen musste.

Am 23. Mai 1949 trat es offiziell in Kraft

Damit war die verfassungs- und staatsrechtliche Basis für die **Gründung einer Bundesrepublik Deutschland** zwar noch nicht durch eine Volksabstimmung oder Wahlen mit pluralistischen Parteien geschaffen worden, aber doch immerhin unter dem Besatzungsrecht schon mit Beteiligung aller betroffenen, schon frei gewählten Länderparlamente. Das wichtige, **föderale Prinzip der Bundesrepublik** – nämlich die Verbindung von Landesrecht mit Bundesrecht – war damit schon beachtet, ja, fest begründet worden.

Am 14. August 1949 erfolgte schon die erste Bundestagswahl der neuen, deutschen Bundesrepublik nach westlichen, demokratischen, pluralistischen Prinzipien und mit allen zugelassenen Parteien auf der Grundlage des neuen „Grundgesetzes". Die bürgerlich-konservative, christliche Partei der Union als Verbindung von CDU und CSU stellte kurz darauf mit Konrad Adenauer (1876–1967) den ersten Bundeskanzler der Bundesrepublik Deutschland. Er blieb es bis zum Jahre 1963 nach mehrmaliger Wiederwahl, also insgesamt 14 Jahre (und damit sogar länger als Präsident Roosevelt mit zwölf Jahren).

Am 12. September 1949 wurde Theodor Heuß (1884–1963), FDP, zum ersten Präsidenten der Bundesrepublik Deutschland gewählt – nach dem neuen Grundgesetz nicht mehr direkt vom Volk wie noch in der Weimarer Republik, sondern von der Bundesversammlung.

Der schematische Aufbau des Grundgesetzes sieht im Tafelbild so aus:

... und er lädt ein zum Vergleich mit ähnlichen Tafelbildern von den demokratischen, westlichen Verfassungen der USA, Frankreichs, der Paulskirche und der Weimarer Republik (s. Seiten: 62, 77, 93, 209):

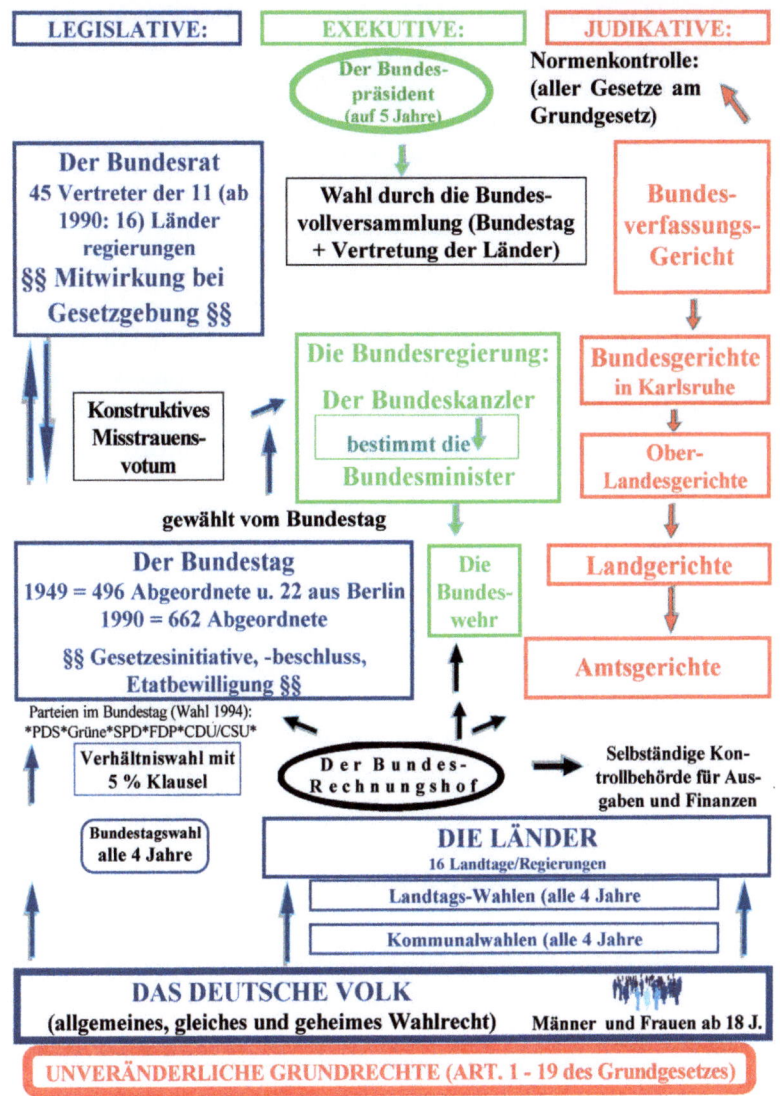

Grundgesetz 1949, Tafelbild
Grafik: E. Brüchert

Dieses Tafelbild zu den wichtigsten, demokratischen **Institutionen des Grundgesetzes** mit seinen „deutschen" **Checks and Balances** (mit vielen Pfeilen markiert) kann man am besten überschauen und überprüfen, wenn man sich etwas Zeit dafür nimmt und Zeit für eine Lektüre in dem schmalen, kostenlosen Taschenbuchbändchen von nur 143 Seiten herausgegeben vom Deutschen Bundestag. Dann kann man auch manche Querverbindungen der einzelnen Artikel nachvollziehen und die „Kästen" und die „symbolischen Linien und Pfeile" des Tafelbildes verstehen. Auch in Anlehnung an die „Checks and Balances" der amerikanischen Liberty will auch unser Grundgesetz ein ehernes Wertesystem der Grundrechte, der Gewaltenteilung und der einzelnen Institutionen des Rechtsstaates im Sinne der westlichen Aufklärung aufweisen. Und das geschieht bei uns seit nunmehr schon 75 Jahren durch folgende

INHALTE:
- Unveränderliche Grundrechte Art. 1–20
- Gleichberechtigung von Mann und Frau
- Volkswahl: alle 4 J., frei, gleich, geheim, ab 18 J.
- Gewaltenteilung: Legislative, Exekutive, Judikative
- Rechtsstaat – demokratisch, pluralistisch und sozial
- Normenkontrolle durch Verfassungsgericht
- Föderales Prinzip: Bundesrecht und Landesrecht
- Bundestag und Bundesrat im Zweikammersystem
- Bundespräsident und Bundeskanzler + Minister
- Konstruktives Misstrauensvotum bei vorzeitigem Kanzlerwechsel
- Bundeswehr als Parlaments- und Verteidigungsarmee

Gleich am Anfang stehen hier mit seinen, inzwischen 20 Artikeln die berühmten **Grundrechte mit einer „Ewigkeitsklausel"**. Diese ist in Art. 79, Abs. 3, noch genauer geregelt und enthält eine Bestandsgarantie für alle Grundrechte und damit vor allem für die republikanisch-parlamentarische **Staatsform = FDGO** (Freie-Demokratische-Grund-Ordnung), die niemals durch Änderungen oder Beschlüsse (Gesetze) des Bundestages oder der Regierung verändert werden darf und kann. Ebenso wenig dürfen das föderative System zwischen **Bund und Ländern** bei der Gesetzgebung und ein demokratischer und sozialer **Rechtsstaat** angetastet werden.

<u>Der Artikel 1, Absatz (1) und (2 lauten:</u>

(1) „**Die Würde des Menschen ist unantastbar. Sie zu achten und zu schützen ist Verpflichtung aller staatlichen Gewalt.**"
(2) „**Das deutsche Volk bekennt sich darum zu unverletzlichen und un- veräußerlichen Menschenrechten als Grundlage jeder menschlichen Gemeinschaft, des Friedens und der Gerechtigkeit in der Welt.**"

***

Dieses Grundgesetz – direkt entstanden nach der Nazikatastrophe und im Range einer „**deutschen Liberty**" – zeigt die grundlegenden, demokratischen Prinzipien nach einem langen und oft verzögerten **Weg der Deutschen nach Westen.** Die Verspätungen oder auch „Sonderwege" sind fast immer eingetreten durch deutschen Übermut, Dummheit oder Ignoranz, also nicht durch Abwehr oder Misstrauen von Seiten „des Westens", am wenigsten noch von den USA, nicht einmal während der beiden Weltkriege.

B) RÜCKBLICK: VORBILDER UND VERSPÄTUNGEN

Es gibt fünf Vorbilder oder Vorläufer für uns Deutsche in der europäischen Geschichte des Westens bei der langfristigen Entwicklung zur Demokratie. Zunächst gab es schon im Mittelalter in England die **Magna Carta von 1215.** Das ist die „Große Urkunde der Freiheiten", welche sich der englische Hochadel gegenüber dem König Johann Ohneland zu Runnymede erstritten hat. Im deutschen, mittelalterlichen Kaiserreich gab es zwar dann im Jahre **1356 die Goldene Bulle** zwischen dem König und Kaiser Karl IV, die von diesem im „Heiligen Römischen Reich Deutscher Nation" erlassen wurde. Aber sie gestand nur den sieben „Kurfürsten" in Deutschland das Recht der Königswahl zu.

Das war noch längst nicht – wie schon 150 Jahre vorher mit der Magna Carta – der Beginn des langen Weges zu einer Volksvertretung durch Volkswahlen, auch in Deutschland. Dennoch wurde auch die „Goldene Bulle" in das UNESCO-Weltkulturerbe aufgenommen und sie wird heute in Deutschland von Historikern hoch geachtet als wichtigstes Verfassungsdokument des alten, deutschen Kaiserreiches aus dem Mittelalter bis hin zu seiner Auflösung durch Napoleon im Jahre 1806 (dem „Reichsdeputationshauptschluss").

Dieses gewissermaßen schon fast tausendjährige, feudale Reich war also gewissermaßen ein „erstes Deutschland", aber noch keines mit dem gesamten deutschen Volk als „Souverän". Und es bestand ja auch nur aus zahlreichen, einzelnen, später absolutistischen Herzogtümern, Erzbistümern, ein paar Reichsstädten und sogar mehreren, eigenen Königreichen (später mit Preußen an der Spitze). Das „zweite Deutschland" war dann das kurzlebige, sogenannte „Bismarckreich" – immerhin schon mit dem Gesamttitel „deutsches Kaiserreich", also nicht mehr „Königreich Preußen, Bayern, Hannover, Baden, Sachsen usw." Und das „dritte Deutschland" ... na, lassen wir das jetzt lieber ... wir wollen uns ja hier nicht wiederholen ... dieses „dritte" hat ja auch nur zwölf Jahre lang existiert, obwohl es sich selbst als „Tausendjähriges Reich" angepriesen und belobhudelt und schließlich selbst ruiniert hat.

Aber was haben wir denn nun genau seit 1949 mit dem „Grundgesetz" und vier Jahrzehnte später mit der „Deutschen Einheit" im Oktober 1990 für unser neues, demokratisches Deutschland erreicht? Am besten, wir bleiben wohl bei dem einfachen und bescheidenen **„DEUTSCHLAND"** und/oder dem internationalen **„GERMANY"** – so wie es ja auch gerade (2024) bei den schönen, olympischen Spielen in Paris auf den Trikots unserer deutschen Sportlerinnen und Sportler prangt.

***

Am Beginn der Neuzeit (Reformation, Columbus, Gegenreformation, 30-jähriger Krieg) beherrschte der Absolutismus (Vorbild: Ludwig XIV., 1638–1715, der Sonnenkönig in Versailles) die Monarchien und zahlreichen Fürstentümer, besonders auf dem Festland in Mitteleuropa. In England wurde das Parlament dennoch immer wichtiger: In der **Glorious Revolution von 1688/89** setzte das **Parlament die Bill of Rights** in einem Machtkampf gegen das Königtum der Stuarts durch. Zur gleichen Zeit – auch gestärkt durch die Glaubenskriege (Schmalkaldische Kriege) nach der Reformation – bauten die Regionalfürsten in Deutschland ihr absolutistisches Machtgehabe weiter aus. Der Kurfürst von Brandenburg, Friedrich III., war kurz davor, sich zum ersten preußischen König – Krönung dann erst in Königsberg 1701 – erheben zu lassen, und zwar durch einen schwachen Habsburger Kaiser Leopold I., der Friedrichs militärische Hilfe brauchte. So begann das preußische Königtum der Hohenzollern, welches nach dem Sieg über Frankreich 1871 sogar mit dem Titel „deutscher Kaiser" für Wilhelm I. geschmückt wurde. Das endete dann aber schon nach einem halben Jahrhundert mit der Niederlage im 1. Weltkrieg 1918 und dem Ende der Hohenzollernherrschaft in Preußen und Deutschland. England gelang es dagegen, sein konstitutionelles, „parlamentarisches Königtum" bis heute zu erhalten.

Die große **Epoche der Aufklärung vom 17. bis zum 19. Jahrhundert** (siehe Kap. 4) war für Deutschland längst nicht so glorreich wie für andere Staaten des Westens. Hier ragen die Denker und Philosophen aus England und Frankreich hervor;

und auch die geistigen Väter der amerikanischen Revolution kamen im 18./19. Jhd. dazu (siehe Kap. 5 u. 6). Nur Immanuel Kant – Vorbild (auch) von H. A. Winkler – kann da mithalten, natürlich besonders mit seiner zeitlosen, kleinen Schrift „Zum ewigen Frieden".

Zwei welthistorische Revolutionen: 1776 USA und 1789 Frankreich: Die faktische Umsetzung hin zur Freiheit und Gleichheit der Menschen im westlichen Sinne ging tatsächlich von den Amerikanern jenseits des Atlantiks aus und das kam auch für Immanuel Kant im fernen Königsberg ziemlich unerwartet. Die ehemaligen Freiheitssiedler aus England lösten sich ab 1776 militärisch und politisch vom europäischen Mutterland und schufen die „Vereinigten Staaten von Amerika". Selbst das bekam man in Deutschland erst spät so richtig mit (s. Kap. 7). Die Franzosen – besonders das arbeitende Volk des dritten und vierten Standes – waren da viel wacher: Sie ließen sich intensiv von Erzählungen und Schriften über die Ereignisse in Nordamerika berichten und lösten sich auch schon nach nur zwei Jahrzehnten von ihrem verlotterten „Ancien Régime" und dem französischen Königtum. Dass dann leider wenige Jahre später mit der Schreckensherrschaft von Robespierre und dem Kriegsherrn Napoleon aus Korsika und dessen Feldzügen in ganz Europa bis nach Moskau ein böser Rückfall in den Absolutismus – beziehungsweise ein Vorgriff auf künftige „moderne" Diktaturen und Alleinherrscher – passierte, das konnte natürlich 1789 noch niemand ahnen. Die Amerikaner hatten sich da wohl besser im Griff und sie hatten auch das Glück mit einer Reihe von guten und menschenfreundlichen Präsidenten: Washington, Adams, Jefferson, Madison, Monroe; ein solches Glück hatten Deutschland und Österreich auch wieder nicht: Nach Napoleon fiel man hier wieder zurück in eine antiaufklärerische, reaktionäre Zeit der „Heiligen Allianz".

Die (misslungene) demokratische Revolution der „Paulskirche" der Jahre 1848/49 gilt heute als ein großer Lichtblick und Schritt der deutschen Geschichte endlich hin zum Westen. Seit den studentischen Unruhen in der Zeit des „Vormärz" nach Napoleon und dem Wiener Kongress blickten auch immer mehr Intellektuelle, Dichter und Künstler in Richtung Westen und versuchten von dort her freiheitliches, liberales Denken und Leben zu erlernen (siehe Kap. 5 u. 7). Auch die Väter und Mütter unseres Grundgesetzes von 1949 waren sich dessen sehr bewusst und sahen die Grundzüge der Paulskirchenverfassung als vorbildlich an. Vor der Paulskirche gab es auch schon vereinzelt ideelle Nähe und Verbindungen zur amerikanischen Revolution im 18. Jahrhundert. Viele der Abgeordneten der Paulskirche flohen auch nach 1849 nach Westen über den Atlantik vor den monarchistischen Verfolgungen in Österreich und Preußen. Manche der deutschen Asylsuchenden in Amerika erwarben dort sogar hohe Ämter in den USA (siehe Kap. 8: Carl Schurz, Friedrich Hecker).

Die (zerstörte) Weimarer Verfassung nach dem 1. Weltkrieg:
Zum Vergleich hier auch noch einmal ein Rückblick auf die Verfassung der Weimarer Republik – siehe auch Tafelbild im 14. Kapitel: Auf den ersten Blick gibt es kaum Unterschiede zum Grundgesetz. Es gab von 1919 bis 1933 in der ersten, deutschen Republik einen Rechtsstaat, Gewaltenteilung, Grundrechte, Gleichberechtigung von Mann und Frau, ein föderales Prinzip durch Reichstag und Reichsrat und freie, gleiche und geheime Volkswahlen. Aber auf den zweiten Blick gibt es entscheidende Unterschiede, die es den Nazis leider leicht gemacht haben, diese westlich-demokratische Verfassung zu kippen und in kurzer Zeit scheinbar „legal" in eine Diktatur mit einer Einheitspartei und einem selbsternannten, deutschen „Führer" (nach altgermanischem, „arischem" Vorbild) zu verwandeln. Deshalb haben wir dann im Grundgesetz 1949 die Befugnisse des „Bundespräsidenten" sehr stark eingeschränkt – im Unterschied zum „Reichskanzler". Der „Präsident" ist „nur" noch nominelles Oberhaupt des Staates, während der „Kanzler", der jetzt von einem starken und pluralistisch gewählten Parlament bestimmt und

kontrolliert wird, die eigentliche Politik führt. Hitler hat beide Funktionen nur auf sich zugeschnitten. Hier liegt auch wieder ein Unterschied zu England, Frankreich und den USA: in diesen Ländern hätte sich das jeweilige Volk wahrscheinlich eine solche schleichende Entmachtung nicht so leicht gefallen lassen.

Weitere Schwachpunkte der Weimarer Verfassung sind diese: Die Notverordnungsgesetze nach Art. 48, welche der Präsident „im Notfall" ohne Parlament in Kraft setzen konnte. Das war für Hitler eine Einladung zur Diktatur, die er auch bald mit dem Verbot aller Parteien außer der NSDAP „dankbar" annahm. „Ermächtigungsgesetz" und Abschaffung der Gewaltenteilung und des Pluralismus der verschiedenen politischen Parteien folgten. Außerdem fehlten bei den Nazis ein wirksames System der Normenkontrolle durch ein höchstes Verfassungsgericht, und ein konstruktives Misstrauensvotum bei der vorzeitigen Wahl eines neuen Kanzlers im Reichstag gab es auch nicht.

***

Einen etwas anderen Ansatz zur Rückbesinnung auf die deutsche Geschichte in der 2. Hälfte des 20. Jahrhunderts wählt die **Historikerin Mary Nolan** (geb. 1944) von der New York University – und zwar aus amerikanischer Sicht. In ihrem neuesten Buch **„America's Century in Europe"** (Wallstein Verlag 2023, s. a. a. O.) betrachtet sie besonders die Unterschiede bei „Anti-Americanism and Americanization in Germany" nach 1945. Mit diesem doppelten Untertitel interpretiert Nolan den deutschen Blick „auf Amerika" zweifach:

1. als einen abwehrenden, kritischen Blick „auf die Amerikaner da düben" **(„Anti-Americanism")** oder als

2. der bewundernde, dankbare Blick – vielleicht auch neidische Blick – der überlebenden Nachkriegsdeutschen auf die USA **(„Americanization")**.

Das Zweite gelte vor allem für die durch den Hitlerismus verführten, gedemütigten und schließlich fast zerstörten „klassischkonservativen Deutschen" (jetzt mit schlechtem Gewissen), aber auch für diejenigen, die sich schon voll in das neue Wirtschaftswunderland mit amerikanischen Vorbildern und Möglichkeiten gestürzt haben. Das Erste gelte eher für Deutsche, die aus der Geschichte immer noch nichts gelernt hatten.

Schwerpunkte dieser zwei Meinungen in der Bundesrepublik bis 1989 waren zweifellos die Antivietnamstimmung in den Sechziger- und Siebzigerjahren (s. auch Kap. 16) und auf der anderen Seite die weitgehend kritiklose, permanente, ja, sogar begeisterte Übernahme der Jazz-, Pop-, Hollywood-, Disney- und Entertainment-Event-TV-Kultur – bis hin zur Verwüstung der „alten, klassisch-romantischen", deutschen Sprach- und Schriftkultur mit einer neuen „Denglisch-Alltagssprache", die eigentlich ja eine „Ami-Deutsch-Englische-Umgangssprache" geworden ist.

Mary Nolan zeigt dabei interessante Veränderungen in Politik, Wirtschaft, Werten und der Gesellschaft schon ab der „Stunde Null" im Jahre 1945 auf. (Nolan, a. a. O. S. 58–68). Sie nennt Westdeutschland mit Kanzler Adenauer an der Spitze nach 1945 das „rhenish model of capitalism", das sich allerdings in vieler Hinsicht deutlich vom amerikanischen Modell oder sogar „dem Urvorbild" eines vom Staat weitgehend unkontrollierten „Kapitalismus" (Schimpfwort von Helmut Schmidt: „Raubtierkapitalismus") unterschied. In Deutschland setzten sich dagegen vorwiegend sozialdemokratische Schwerpunkte in Politik, Wirtschaft und Kultur schon in den Fünfziger und Sechzigerjahren immer mehr durch, selbst in der bürgerlichen Union CDU/CSU. Dafür wurde der Begriff „soziale Marktwirtschaft" als ein „gebändigter und gerechter Kapitalismus" geschaffen.

Mary Nolan stellt fest, dass in der neuen Bundesrepublik Deutschland immer mehr Wert gelegt wurde auf: „... *a higher value on equality, State social policy, social integration, minimization of poverty, while the Anglo-Saxon model fears unemployment but tolerates insecurity and high levels of inequality ... Germany's insurance system is much more inclusive and ex-*

tensive than the American one, protecting against illness, accident, unemployment, and old age. (Nolan, a. a. O., S. 63)

Also: In Deutschland existiere ... eine größere Wertschätzung von Gleichheit, staatlicher Sozialpolitik, gesellschaftlicher Integration, Verringerung von Armut, während es im angelsächsischen Modell mehr Angst vor Arbeitslosigkeit gebe, bei gleichzeitiger Duldung von Unsicherheit und Ungleichheit in der Gesellschaft. Deutschlands Versicherungssystem sei ja auch viel umfassender als das amerikanische und es schütze alle Menschen in der Bevölkerung gegen Krankheit, Unfall, Arbeitslosigkeit und Not im Alter.

Die zeitgenössische, amerikanische Historikerin Mary Nolan betrachtet also durchaus neutral vier Hauptunterschiede zwischen den USA und Nachkriegsdeutschland seit ca. 1970 und danach auch nach 1990, und zwar aus der Sicht der Bundesrepublik: 1. Die Bedeutung von verschiedenen Bewegungen und Richtungen in der Gesellschaft, 2. die Friedensbewegung, 3. die Anti-Atomkraftbewegung, 4. die neue Partei der Grünen, die sich inzwischen zur größten grünen Bewegung in Europa entwickelt habe. Professorin Nolan stellt nüchtern und fair fest, dass „... ***the greening of Germany is that German regulations about air, water, factory emissions, and recycling are much more stringent than those in America because of both principled commitment and a recognition that available resources are much more limited in Germany.*** (S. 66)

***

20. „Germany" im Rahmen der EU nach 1990 und im 21. Jahrhundert

Die Wiedervereinigung Deutschlands ab 1990 wurde bereits im 16. Kapitel erörtert. Hier soll sie noch einmal im Rahmen der „Europäischen Union" (EU) und der NATO berücksichtigt werden. Es ist für die Mehrheit der Deutschen klar – und zwar in Ost und West –, dass die Einheit Deutschlands aus den „neuen" und den „alten" Bundesländern, aus DDR und BRD, am Ende des 20. Jahrhunderts ein großer Glücksfall für Deutschland war. Das wurde uns Nachkriegsdeutschen auch zuteil als dankbares Mitglied der EU und der NATO und durch die Verständigung zwischen den Weltmächten USA und der Noch-Sowjetunion unter dem Aufklärer Gorbatschow – nach einem halben Jahrhundert „Kalter Krieg".

Trotz aller Spaltungsschreckrufe, die immer noch zwischen den „Wessis" und den „Ossis" innenpolitisch gegeneinander ausgestoßen werden, sind diese doch nur Lappalien im Gegensatz zu den vielen innenpolitischen Nöten anderer Staaten in der Welt, die noch immer warten müssen: Wiedervereinigung von Nord-, Südkorea? Taiwan, China? Großbritannien, Irland, Nordirland, Schottland? West- und Ostukraine? Spanien und sein Baskenland? Südtirol und Italien? Probleme auf dem Balkan? Auch leider: Westukraine mit Ziel EU und NATO gegen die Ostukraine mit deren (angeblichen) Neigungen zu den russischen Großmachttendenzen.

Und auch bei diesem guten, deutschen Ende haben – neben Gorbatschow – wieder die Vereinigten Staaten eine positive Patenschaft übernommen: Präsidenten Bush sen., Clinton, Obama. Und das trotz mancher anti-amerikanischer Töne aus scharf-linken und national-rechten Kreisen (Lafontaine, Gysi, PDS, neuerdings AFD und Wagenknecht). Man denke auch nur an den Unwillen von Maggi Thatcher und auch vom Präsidenten Mitterand gegen die Einheit der Deutschen zurück.

Wir wollen das hier noch einmal im Sinne von drei altgriechischen Begriffen beleuchten: **„Kairos"** („die gute Gelegenheit") für den günstigen, einmaligen Zeit-Moment; und dann noch mit zwei weiteren Wörtern für „Zeit", nämlich **„Chronos" (**wichtiger Zeitablauf) und **„Äon"** (bedeutender Zeitimpuls).

Im Sinne von **„Kairos"** und **„Chronos"** hat „die glückliche Zeit" mit einem guten Ende der Wiedervereinigung von Deutschland und deren positiv-demokratischen Folgen nur in einem kurzen Zeitrahmen von 1989 (Mauerfall) bis zur größten, welthistorischen Fehlentscheidung von Jelzin ablaufen können. Nämlich „nur" bis zum Anfang des 21. Jahrhunderts, als der russische Interimspräsident Jelzin den verkappten, russisch-imperialistischen Geheimdienstmann Putin zu seinem Nachfolger „erwählt" hat. Diese geradezu welthistorische Täuschung in der kurzen (glücklichen) Zeit davor ging ja sogar so weit, dass ein gutmütiger, japanisch-amerikanischer Historiker (Fukuyama) in dem sonst so positiven Schlussjahrzehnt des 20. Jh. „vom Ende der Geschichte" sprach – und zwar im Sinne eines nun folgenden, demokratischen und „goldenen Zeitalters." Das wurde vom griechischen Gott Chronos aber sehr schnell als „Fake" aufgedeckt und widerlegt.

Auch die meisten Menschen in Deutschland in West und Ost fühlten sich zunächst in einer gemeinsamen Euphorie über ihr Land vereint zwischen Ems und Oder-Neiße und von Flensburg bis Füssen. Die inzwischen im Westen integrierten Flüchtlinge und Vertriebenen aus Pommern, Schlesien und Ostpreußen (einschließlich meiner Wenigkeit ...) nahmen sogar bereitwillig und aus Friedensliebe hin, dass ihre Heimatgebiete jenseits der Oder-Neiße-Linie an Polen, auch völkerrechtlich, abgetreten wurden. Und die vom Stalinismus befreiten Länder in Mittel- und Osteuropa machten sich energisch und eilig selbst zu ihrem lange verzögerten „Weg nach Westen" auf – in EU und NATO.

Und das trotz schnell aufkeimender innerdeutscher Probleme, die hier nur noch stichwortartig berührt werden sollen:
- Die Diskussion um 1989/90 über die Art und Weite des Beitritts der Ex-DDR zum westlichen Grundgesetz oder für eine neue, gesamtdeutsche Verfassung.
- Die Einführung des westlichen Rechtssystems – ohne Gewalt, aber mit Unterstützung von westlichen, nicht marxistischen Juristen.
- Die Beendigung des Marxismus-Leninismus in Bildung und Lehre im Osten.
- Die kapitalistische Geldwirtschaft (in Euro) mit strenger Beachtung des Grundsatzes „Eigentum verpflichtet" (siehe Grundgesetz).
- Der Wiederaufbau und die Erneuerung einer sozialen Marktwirtschaft im Osten.
- Die Verankerung einer westlich orientierten Werteverteidigung durch eine starke FDGO (freiheitlich, demokratische Grundordnung) (siehe Grundgesetz).
- Die Bundeswehr als Verteidigungs- und Parlamentsarmee innerhalb der NATO und der EU.
- Die notwendige Aufarbeitung der inhumanen Stasi- und Einparteiendiktatur durch die Menschen in der früheren DDR mit einer eigenen Behörde selbst.

Im Sinne vom griechischen **Äon** geht es seit dem Mauerfall um die Verfestigung von neuen, **notwendigen Narrativen** im Bewusstsein aller Menschen in West und Ost. Dazu sollten gehören:
Im Westen die Bereitschaft zum Ausgleich oder der Angleichung auf allen Gebieten der Politik, Verwaltung, Wirtschaft, Technik, Bildung und auch der Kultur, Medien und sogar zum Teil auch der Verzicht auf bequeme Besitzstände im Westen zugunsten der Menschen in der alten DDR, die 40 Jahre lang darauf warten mussten.
Im Osten die Einsicht in die modernen, technisch-wirtschaftlichen Ansprüche (des Westens) in der Ökonomie, in die

gesellschaftliche Arbeitsgerechtigkeit und in das Recht auf Eigentum in einer sozialen und kontrollierten Marktwirtschaft mit Wettbewerb und ohne Planwirtschaft.

***

Welche bedeutende Rolle spielte dabei nun aber die Stärke und Vergrößerung der **EU, also der „Europäische Union"**? Diese war ja zunächst nach 1945 „nur" hervorgegangen aus einem Verbrüderungs- und Friedensversprechen der wichtigsten, kriegführenden Länder des 2. Weltkrieges, die sich jetzt endlich alle als Geschädigte der Nazibarbarei verstanden – an der Spitze Frankreich, Deutschland und Polen. Die Namen des Franzosen **Robert Schuman** und des Westdeutschen **Konrad Adenauer** stehen dabei an vorderster Stelle der politisch-historischen Persönlichkeiten – Namen der Persönlichkeiten, die große Einsicht und Verständnis füreinander offenbarten und Wege in eine neue, europäisch-gemeinsame Friedenszukunft wiesen. Das gilt natürlich auch für **Willy Brandt** als Schöpfer der neuen, friedlichen, deutschen Ostpolitik. Er konnte und kann ja nichts dafür, dass seine Friedens- und Versöhnungspolitik heute so schlimm von Putin missverstanden und missbraucht wird. Den Friedensnobelpreis hat Brandt auf jeden Fall völlig zu Recht bekommen.

Dazu darf man auch durchaus noch einmal an die Namen von **Briand und Stresemann** aus der Zeit vor 1930 erinnern, von denen in Frankreich und in Deutschland schon einmal eine solche positive Zukunftsvision von Europa angedacht worden ist, die dann ebenfalls zunächst – durch Hitler und den Faschismus – korrumpiert und vergiftet wurde.

Erst mit dem deutschen Akzeptieren der Schuld und der verursachten Schäden in Deutschland und der Welt durch die vorangegangene Hitlerdiktatur und der folgenden Dankbarkeit für den Glücksfall der „Wiedervereinigung" nach 1989/90 gelang eine **deutsche Selbstreinigung**, welche inzwischen wenigstens von der westlichen Welt anerkannt wird. Dazu gehörten besonders das deutsche Eingeständnis einer **Mitschuld** (bei den Älteren) und der **Verantwortung** (bei den Jüngeren) beim Holocaust, der Verzicht auf Schlesien, das Sudetenland, Pommern und Ostpreußen sowie auch die Anerkennung und Unterstützung des neuen Staates Israel im Nahen Osten, der „ohne Auschwitz" nicht entstanden wäre.

***

Erst im letzten Jahrzehnt des ansonsten ziemlich grässlichen 20. Jahrhunderts und kurz nach der Jahrtausendwende zum 21. Jhd. gab es diese drei wichtigen Verträge, die im **demokratischen Westeuropa eine Vision** von Frieden und Kooperation in Gang setzten:
- **1993: Der Vertrag von Maastricht**
- **1999: Der Vertrag von Amsterdam**
- **2007: Der Lissaboner Vertrag**

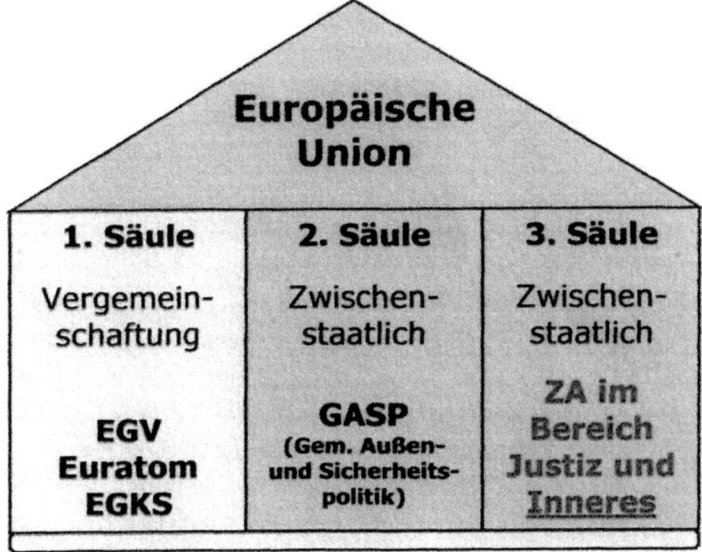

Vertrag von Maastricht
Grafik: Eurostat, free

Europäische Union

1. Säule		3. Säule
Visa, Asyl, Einwanderung und andere Politiken betreffend den freien Personenverkehr	Überführung weiter Teile der bisherigen 3. in die 1. Säule + Einbeziehung des Schengen-Besitzstandes in die EU	Bestimmungen über die polizeiliche und justizielle Zusammenarbeit in Strafsachen

Vertrag von Amsterdam
Grafik: Eurostat, free

Ausgerechnet die Franzosen aus dem Land der Ausrufung der Menschenrechte im Jahre 1789 stimmten in einer Volksabstimmung im Mai 2005 leider gegen die EU-Verfassung, gefolgt von den Niederländern wenige Tage später. Das Vorhaben EU-Verfassung war bei den Bürgern dort gescheitert. Es war doch zu sehr als ein Projekt von Eliten im fernen Brüssel angesehen worden und hatte das Element einer europäischen Öffentlichkeit vernachlässigt. Die Ratlosigkeit in Brüssel war groß und es war die deutsche Ratspräsidentschaft, die durch kluge Verhandlungstaktik in sogenannten Beichstuhlgesprächen" mit jedem einzelnen Mitgliedstaat einen Ausweg schaffte. Am 13. Dezember 2007 konnte in der darauffolgenden, portugiesischen Präsidentschaft der **Lissaboner Vertrag** von den europäischen Mitgliedstaaten verabschiedet werden. Die meisten Elemente im Lissaboner Vertrag waren aus dem Vorhaben „EU-Verfassung" übernommen worden. Nicht übernommen wurde das wichtige Wort „Verfassung"; diesen Begriff wollten viele Bürger in Europa immer noch nur für ihre nationalen „Heimatstaaten" anwenden.

Das muss man bedauern, wenn man daran zurückdenkt, wie schnell sich im 19. und 20. Jhd. Parolen von „national" über „nationalistisch" zum „faschistisch" entwickeln konnten und wie leichtsinnig und geschichtsvergessen heute populistische Rechtspolitiker wieder in diese Richtung tendieren.

Das größte, ungelöste Problem einer einheitlichen Politik aller 27 Mitgliedsstaaten der EU bleibt aber wohl noch auf lange Zeit **die umstrittene Einreise von Hunderttausenden von Flüchtlingen über das Mittelmee**r. Und dazu kommt die argwöhnische Diskussion um eine gerechte Behandlung dieser Flüchtlinge an der **europäischen Schengen-Grenze**. Der Art. 1 in unserem Grundgesetz (s. Kap. 19) mit Ewigkeitsdauer nach den schrecklichen Erfahrungen von 1933–45 mit der katastrophalen Missachtung der „Würde des Menschen" garantiert ja in der deutschen Liberty ein Asylrecht, welches in diesem Umfang (und auch in dieser umfassenden Humanität …) auch in sämtlichen Ländern der EU anerkannt werden sollte. Und das kann letztendlich nur eine „europäische Verfassung" garantieren.

Kanzlerin Merkel ist ja schon 2015 mit ihrer humanen „Willkommenspolitik" bei fast allen europäischen Nachbarn innerhalb der EU gescheitert und hat damit (leider auch) das generelle Asylangebot unseres Grundgesetzes – im Art. 16a als unveränderliches Grundrecht für alle politisch Verfolgten – unfreiwillig beschädigt, weil sie sich dem Mehrheitsdruck der EU-Regierenden anschließen musste. Anders als oft durch das Wort „Flüchtlingswelle" suggeriert wird, lebten in der EU Ende 2021 eigentlich „nur" noch 10 % aller Flüchtlinge weltweit und nur ein Bruchteil von den Binnenvertriebenen auf der ganzen Welt. Der Anteil der in der EU lebenden Flüchtlinge ist bis Ende 2022 durch den Krieg in der Ukraine dann leider auf über 20 % angestiegen. Die weitere Entwicklung ist im Moment angesichts des Ukrainekrieges sehr unklar.

Dennoch wird das Thema „irreguläre Migration" in die EU weit überschätzt und eher negativ bewertet. Nach den **Statistiken**

von Eurostat machen irreguläre Einreisen in die EU nur einen Bruchteil aller Einreisen in die EU aus. 2022 wurden 3,4 Millionen erste Aufenthaltstitel in der EU ausgestellt. Irreguläre Einreisen gab es 2022 dagegen knapp 330 000, wovon wiederum doch viele später ihr angestrebtes Asyl in Deutschland zuerkannt bekommen haben. 2022 fällten die Mitgliedstaaten 632 400 erstinstanzliche Asylentscheidungen. 49 % dieser Entscheidungen fielen positiv aus. (Quelle: „Eurostat" und weitere, mündliche Informationen von EU-Experten in Berlin.)

Bei der wirtschaftlichen Stärke aller bleibt es zu hoffen, dass sich die EU mit ihren 27 Ländern doch irgendwann zu den berühmtesten, drei Merkel'schen Worten aufrafft, nämlich: „WIR SCHAFFEN DAS!" Dafür wurde sie sogar in den USA von der „New York Times" als eine Art „Weltkanzlerin" zeitweilig zur mächtigsten Frau der Welt ausgerufen – was sie leider dann doch nicht sein konnte oder nicht sein durfte, weil ihre „eigenen Leute" (die Deutschen, vor allem aber die neue Partei AfD) und ihre Nachbarn innerhalb der EU (Polen, Ungarn, Österreich, Slowakei ...) sie zu wenig unterstützten.

***

Die Einheit der EU bleibt (leider wohl) das größte Problem für uns Europäer, trotz der positiven Stimmung nach dem vollständigen Eintritt von Schweden und Finnland in EU und NATO in den Jahre 2023 und 2024 und der allgemeinen Sympathie für eine Aufnahme der Ukraine in die EU nach dem Angriffskrieg von Putin 2022/23. Aber die vorhergehenden Erfahrungen mit dem Brexit der Engländer, der Missachtung des Rechtsstaates in Ungarn und Polen (zumindest bis zum Wahlsieg von Tusk in Polen 2023), den permanenten Schwierigkeiten mit der Türkei unter Erdogan und auch nach dem Erschrecken über den Anstieg der neofaschistischen AFD-Partei in Deutschland, der Front National in Frankreich und auch der rechten Wilders-Leuten in den Niederlanden lassen die Sorgen um die Zukunft Europas leider weiter bestehen.

***

EU-Flagge
Bild: Eurostat, free

21. Freiheitskrieg der Ukraine – Zugkraft der westlichen Werte?

Der Freiheitskrieg- und Verteidigungskrieg der Ukraine gegen das von Putin neozaristisch-autokratisch beherrschte Russland hat seit dem 24. Februar 2022 Osteuropa, die EU, USA, Deutschland und eigentlich die ganze Welt verändert. In Deutschland hat Bundeskanzler Scholz in einer Dreier-Ampel von SPD/Grüne/FDP wenige Tage nach dem Überfall eine „**Zeitenwende**" in der deutschen Politik verkündet. Dadurch wurde eine milliardenschwere Aufrüstung der lange Zeit missachteten, deutschen Bundeswehr eingeleitet. Solche Hinwendung zur teuren und kompromisslosen **Aufrüstung** wurde in den folgenden Tagen von den meisten der 27 EU-Mitglieder beschlossen – einschließlich von Brexit-Großbritannien – noch bevor der russische Angriff auf die Hauptstadt Kiew von mutigen, ukrainischen Verteidigern vorerst abgewehrt werden konnte. Nur Ungarn mit seinem national-slavophilen Ministerpräsidenten Orban weigerte sich und stand damit in Europa und besonders in Osteuropa alleine da.

Die NATO, (North Atlantic Treaty Organization) die einige Jahre vorher noch von dem französischen Präsidenten Macron für „hirntot" erklärt worden war, erlebte eine glänzende Renaissance. Das hatte sich Diktator Putin wohl kaum so vorgestellt: Alle Mitglieder gaben sofort Versprechungen für Lieferungen von militärischem Material für die Ukraine (außer atomaren Waffen) ab und planten ebenfalls massive Aufrüstungen ihrer eigenen Armeen, die inzwischen alle (abgesehen von den Atomwaffen in England und Frankreich) in die NATO eingegliedert worden sind. Die Deutschen machten sich zunächst lächerlich durch Versprechungen von neuen Stahlhelmen; sie konnten das dann aber bald – mit einem neuen, tatkräftigen Verteidigungsminister Pistorius – wirkungsvoll ausgleichen durch

Lieferungen des deutschen Panzers vom Typ „Leopard 2", der in der „Bild" tagelang als „bester Panzer der Welt" angepriesen wurde. Die NATO erwies sich also in der Stunde der Not und Gefährdung der westlichen Demokratien als lebendig und zur Verteidigung bereit.

Der **NATO-Generalsekretär**, der Norweger **Jens Stoltenberg**, hielt entschlossen, aber auch weitsichtig, die militärische Strategie des Westens gegen das aggressive Russland aufrecht, wonach der angegriffenen Ukraine jede militärische Unterstützung in Absprache mit den USA garantiert wurde. Ausgeschlossen ist dabei das aktive Eingreifen von NATO-Verbänden direkt in der Ukraine oder Russland. Putin antwortete mit Atomdrohungen, die vom Westen ähnlich beantwortet wurden (… „vollständige Vernichtung des russischen Militärs" bei einem ersten Einsatz der russischen Atombombe, so ein pensionierter US-Vier-Sterne-General), aber insgesamt nicht ganz ernst genommen worden sind.

Beruhigend wirkte sich dann in der gesamten Öffentlichkeit der EU, USA und Kanada die entschlossene Ankündigung von zwei traditionell neutralen, blockfreien Staaten aus: **Schweden und Finnland** bewarben sich fast zeitgleich um die Aufnahme in die NATO und das schon am Beginn der russischen Annexion in der Ostukraine. Ihre Aufnahme ist gesichert, sie wurde nur noch durch Querschüsse der Türkei (Präsident Erdogan) und aus Ungarn (Urban) verzögert. Finnland und Schweden beteiligten sich auch sofort an der militärischen Ausrüstung und Unterstützung der Ukraine.

Der ukrainische Präsident Selenskyj hat inzwischen schon mehrfach die Aufnahme der Ukraine ebenfalls in NATO und EU angemahnt. Dagegen steht noch eine vorsichtige Politik des Westens (auch von Kanzler Olaf Scholz), nämlich dass man zunächst das Ende des Krieges abwarten müsse, der aber auf keinen Fall zur Niederlage der Ukraine führen dürfe!

Eine Rückeroberung der Halbinsel Krim – welche seit 2014 von Putin illegal besetzt worden ist – ist allerdings im Westen noch nicht der allgemeine Konsensus. Einig ist man in allen Demokratien, dass man die Besetzung der Krim als wichtiges Vorzeichen der Putin'schen Machtgier mehr oder weniger übersehen habe. Man will jetzt im Europäischen Parlament in Brüssel auf keinen Fall die ehernen, demokratischen Werte des Westens gefährden lassen oder aufgeben. Eine Welle der Sympathie strömt schon jetzt in die äußerst wirkungsvoll, politisch und militärisch agierende Ukraine mit ihrem charismatisch auftretenden Präsidenten Selenskyj. Er hat schon vor dem Kongress in Washington und vor der UN-Vollversammlung in New York reden dürfen – und natürlich auch vor dem Bundestag in Berlin.

***

Es sieht ganz danach aus, als wäre die Attraktivität der westlichen, demokratischen und pluralistischen Werte des Rechtsstaates mit einer dominanten Zivilgesellschaft ungeschmälert bei fester Entschlossenheit der West- und inzwischen auch fast aller Osteuropäer gegen die Aggression von Putin-Russland. Dieser völkerrechtswidrige Angriff auf die Ukraine, die sich ja schon ab 1991 und danach aus der untergegangenen Sowjetunion fast ganz gelöst hatte (Maidan-Aufstand 2013–14 in Kiew), erweckt sowohl Ängste an alte Zarenherrschaften vom 17. bis 19. Jahrhundert wie auch an kommunistische Stalin-Gulag-Zeiten im 20. Jahrhundert. NATO und EU sollten aber sehr wachsam sein, dass sie sich nicht von Quertreibern wie Ungarn (Orban) oder der Türkei (Erdogan) schwächen lassen Auch das Brexit-Abenteuer der konservativen Partei in Großbritannien (von den beiden Premier-Ministern Cameron bis Johnson verursacht) war ein solches, völlig überflüssiges Agieren gegen gesamtwesteuropäische Interessen. Nur das im 2. Weltkrieg sowohl von Hitlerdeutschland als auch von Stalins Sowjetunion missbrauchte Polen hat sich jetzt voll der NATO angepasst. Die neue Labour-Regierung unter **Premierminister Starmer** hat sich inzwischen wohl endgültig wieder der EU zugewendet. Man erkennt das an den schnellen, umfangreichen Panzerlieferungen und anderer moderner Waffen aus dem Vereinigten Königreich von England für die Ukraine. Auch damit hat Putin sicherlich nicht gerechnet. Er sah den Brexit als Anfang des Zerfalls der EU an. Eher das Gegenteil ist nun der Fall.

Beruhigend wirkt im Westen Europas auch die Liste der osteuropäischen Staaten, die schon klar erklärt haben, dass sie demnächst ebenfalls Anträge auf ihre baldige Aufnahme in EU und NATO planen oder schon begonnen haben (Georgien, Moldau, Bosnien und Herzegowina, Türkei). Das hat zur Folge, dass manche Europafreunde im Westen heute schon mit Sorge von „Überdehnung" oder „Größenwahn" von beiden Organisationen sprechen. Solange aber das nüchterne „Nordlicht" **Jens Stoltenberg** der Generalsekretär der NATO in Brüssel bleibt, ist das wohl unangemessen bzw. überängstlich. Auch sein Nachfolger, der Niederländer **Mark Rutte**, tritt jetzt in seine Fußstapfen. Bei allen diesen Liebesanträgen für Europa muss allerdings uneingeschränkt die Bedingung gelten, dass die **Zugkraft der westlichen Werte in Politik, Ökonomie, Gesellschaft** und zum Teil auch in der Religion (keine islamistischen Ideologien bis hin zu Scharia und Frauenunterdrückung) voll in der EU beachtet und aktiv geschützt werden.

Am 17. Mai 2023 schreibt die führende, deutsche Wochenzeitung „Die ZEIT" in ihrem Leitartikel (von Anna Sauerbrey): *„__Die Ukraine ist Teil Europas, und Europas Staatschefs dürften dieses ‚Du' so schnell nicht wieder loswerden, selbst wenn sie es wollten. (…) Das Image der Ukraine ist, wie die Europäische Union gern wäre: unternehmerisch, progressiv, unkonventionell. Die Ukraine macht, wo die EU einen Prozess aufsetzt. Sie denkt, wo die EU bedenkt. (…) Die formale Zugehörigkeit zur EU und zur NATO erscheinen als logische Folge der emotionalen Integration."__* X

Die Kritik an der oft zögerlichen, vielleicht sogar mutlosen Haltung der EU gegenüber solchen dringenden Bitten um Aufnahme in unsere demokratische Gemeinschaft ist hier nicht zu überhören.

Ein tragischer Fall ist und bleibt auch **Belarus/Weißrussland**. Eingeschlossen zwischen den sehr unterschiedlichen Nachbarn Russland, Ukraine, Polen und Baltikum ist die Entwicklung hin zur Demokratie dort noch nicht beendet bzw. sie wurde und wird von dem Lukaschenko-Regime weiter brutal unterdrückt. In Deutschland hat man inzwischen schon wieder den opferbereiten Kampf von jungen Menschen in Weißrussland, besonders der Frauen dort, für europäische Werte vor wenigen Jahren vergessen. Einige enttäuschte Frauen, Flüchtlinge und Asylsuchende aus Belarus, inzwischen bei uns, sprechen darüber noch im „Deutschlandfunk", „Spiegel" oder in der „Zeit" mit tiefer Trauer in der Stimme über ihr Scheitern und ihre überstürzte Flucht aus ihrer Heimat beziehungsweise über ihre Ohnmacht – vorerst noch zumindest. Die riesigen, proeuropäischen Demonstrationen in Minsk und anderen Städten wurden leider von brutalen Schergen des Diktators Lukaschenko bei Polizei, Militär und in der Justiz niedergeknüppelt – wie das heute immer noch im Iran und dort unter islamistisch-religiösen Vorzeichen geschieht. Die Menschenrechte der UN werden heute noch im Iran, Nordkorea und in Belarus offen verspottet und mit Füßen getreten. Und alle drei Diktaturen gehören doch weiter zur UN-Vollversammlung, trotz zahlloser, ignorierter UN-Resolutionen gegen alle drei Staaten – wodurch die Weltorganisation ihre Glaubwürdigkeit gefährdet.

***

22. USA – EU: Nähe oder Distanzierung im 21. Jahrhundert?

In diesem Schlusskapitel wird zusammenfassend nun der Versuch gemacht, Kernfragen aus vorherigen Kapiteln aufzugreifen, ohne sie jedoch (an der Jahreswende von 2023 zu 2024) alle schon vollständig beantworten zu können. Zunächst soll die Perspektive auf Amerika von zwei berühmten, englischen Autoren in der ersten Hälfte des 20. Jahrhunderts aufgegriffen werden: und zwar von **Aldous Huxley** und **George Orwell**. Und danach werden zusammenfassend noch einmal einige **Fehler und Vorurteile der Deutschen** angesprochen und – nachdenkliche Gedanken über den gegenwärtigen Vorwahlkampf in den USA geäußert.

***

Aldous Huxley (1894–1963) veröffentlichte im Jahre 1932 seinen berühmten, dystopischen Roman „**Brave New World**". Dazu schreibt **Richard Nate** ganz aktuell (in: „Strange Visions of Outlandish Things" (Würzburg, 2023, a. a. O., S. 199/200. siehe Literaturverzeichnis):

„Obwohl ,Brave New World' in der Regel als Zukunftsroman gelesen wird, lohnt es sich, ihn auch vor dem Hintergrund der Geschichte der transatlantischen Beziehungen zu betrachten. Aufschlussreich erscheinen in dieser Hinsicht inhaltliche Bezüge zu einer früheren Publikation: Huxleys 1926 veröffentlichtem Reisebericht ,Jesting Pilate'. In diesem wird die Neue Welt nicht mehr als Peripherie eines europäischen Machtzentrums in den Blick genommen, sondern erscheint bereits als tonangebendes Zentrum einer westlich geprägten Moderne. Zugleich wird betont, wie sehr sich die Gesellschaft der Vereinigten Staaten mittlerweile von den europäischen Traditionen gelöst hat. So seien in der US-amerikanischen

Gesellschaft zwar seit Langem gehegte Fortschrittsphantasien Wirklichkeit geworden, doch habe dies auch eine Abkehr von traditionellen europäischen Werten zur Folge gehabt. Mit Sorge stellt Huxley fest, künftig werde wohl nicht mehr Europa die treibende Kraft in der kulturellen Entwicklung der Menschheit sein, sondern eine hedonistische, US-amerikanisch geprägte Gesellschaft, die sich keiner Tradition mehr verpflichtet fühle. Warnend heißt es:

‚Something is happening on the western shore of the Atlantic, something that has already made America unlike any other country in the world, something that threatens to separate it still further form the older civilisations, unless (which God forbid) the older civilisations should themselves fall victims to the same distorting process. (...) The thing which is happening in America is a revaluation of values, a radical alteration (for the worse) of established standards.'

Huxleys Einschätzung, dass sich in den Vereinigten Staaten mittlerweile eine ‚revaluation of values' (Rückschritt der Werte) vollzogen habe, dürfte sich auf Friedrich Nietzsche beziehen, der in seinem Versuch, tradierte Wahrheits- und Moralbegriffe zu überwinden, bekanntlich von einer ‚Umwertung aller Werte' gesprochen hatte. Nach Huxley hat eine solche Umwertung in Los Angeles bereits ihre Spuren hinterlassen. In einer Stadt, deren Leben nur noch vom Lustprinzip gesteuert sei, gäbe es kaum noch Chancen für eine Entfaltung des kritischen Denkens:

‚Los Angeles (...) The great Joy City of the West. And what joy! The joy of rushing about, of always being busy, of having no time to think, of being too rich to doubt. The joy of shouting and bantering, of dancing and forever dancing to the noise of savage music, of lustily singing. (...) The joy of loudly laughing and talking at the top off the voice about nothing. (...) The joy of being always in a crowd, never alone.'"

(Nate, a.a.O. S. 199/200)

Hier hat Huxley wohl schon vor fast hundert Jahren mit „*savage music ... lustily singing*" (frei übersetzt: Musik für Wilde/Ungebildete ... Gesang und Lieder nur zur Luststeigerung/Amüsement) die eigentlich ja überflüssige Fernseh-, Film-, Serien-, Pop- und Rapper-Musikproduktion – nicht nur in Hollywood, sondern im 21. Jhd. in der ganzen westlichen Welt – vorausgesehen. Man denke nur an die heutige, riesige amerikanische (und in Indien und Japan begierig aufgegriffene) Holly-Bolly-Wood-Entertainment-Pop-Industrie.

In seinem auch erst kürzlich erschienenen „Spiegel"-Bestseller erinnert Harald Jähnert daran, dass auch schon in der Weimarer Republik viele deutsche Intellektuelle und Künstler mit Missmut und sogar Abscheu auf die Jazz- und Tanzmusikeinflüsse („Charleston", „Shimmy") geschaut haben, die nach dem 1. Weltkrieg in einem Teil der Gesellschaft des Berliner Nachtlebens damals zu beobachten waren. (Harald Jähnert, „Höhenrausch – Das kurze Leben zwischen den Kriegen", Berlin 2022, s. Literaturverzeichnis). Die kurzzeitige Begeisterung auch von deutschen Tänzer/-innen für das neue, angeblich „zügel- und regellose Amerikanische" wurde dann allerdings nach 1933 schnell ohne großen Widerstand von dem grenzenlosen Hass, Antisemitismus, Rassismus und Ariertum der Nazis aufgesogen und noch gesteigert. Siehe in Hitlers Tischgesprächen.

Trotz seiner Befürchtung vor einer Bedrohung der europäischen Kultur durch die USA hat Aldous Huxley ab den 1930er-Jahren in Kalifornien gelebt. In „Brave New World" ist die Droge „Soma" noch ein gesellschaftliches Einheits- und Zwangsmittel, das er entschieden ablehnt. In Kalifornien musste Huxley kurz vor seinem Tode 1963 aber noch die Anfänge der Drogen- und Hippiekultur mit halluzinogenen, chemischen Mitteln miterleben und das mitten im Kalten Krieg und Atomzeitalter. Geäußert hat er sich darüber – soweit ich weiß – nicht mehr.

Dagegen war George Orwell (1903–1950), obwohl viel früher als Aldous Huxley (1894–1963) verstorben, besonders geprägt durch seine negativen Erfahrungen mit totalitären Ideologien, besonders des Faschismus und des Kommunismus. Geboren in Britisch-Indien, gestorben in London, erlebte Orwell den Totalitarismus schon als englischer Autor, Essayist und Journalist während des Spanischen Bürgerkrieges als Freiwilliger auf der republikanischen Seite gegen das Regime von Franco. Mit den beiden Hauptwerken **„Animal Farm"** (deutsch: „Die Farm der Tiere") von 1945 und **„Nineteen Eighty Four – 1984"** von 1949 wurde er auch im Nachkriegsdeutschland als pessimistischer Warner vor der Zukunft berühmt. Obwohl jünger als Huxley, verstand er sich zeitlebens als Sozialist, hatte aber auch einen kritischen Blick auf die totalitären Tendenzen der Arbeiterbewegung in England, den USA und Europa, die dann schließlich im Stalinismus ihr schreckliches Gesicht zeigten. Er schrieb schon im Jahre 1933 eine kritische Reportage unter dem Titel „Down and Out in Paris and London", in welcher er die Kohle- und Stahlindustrien mit ihren schwerwiegenden Nachteilen für die Arbeiterschaft anprangerte.

Die Rolle der USA als mögliches, wichtiges Gegenmodell zu Nationalsozialismus und Stalinismus hat er noch nicht so deutlich herausgestellt, zwischen West und Ost offensichtlich noch nicht so voll erkannt.

***

Deutschland hat keinen Huxley oder Orwell hervorgebracht, welche alle beide, trotz freundschaftlicher und verwandtschaftlicher Beziehungen zu ihren sprachlichen Nachbarn in den USA, die Menschen dort drüben, ihr Leben, ihre Gedanken und ihre Gesellschaft zum Teil dort heftig kritisiert haben. Viele Deutsche haben in dieser Zeit dagegen „die Amerikaner" eben gerne schlichtweg ignoriert, verspottet oder gleich gehasst und verteufelt wie die Nazis im Extremfall. Davon ausnehmen muss man allerdings die zahlreichen, literarischen, wissenschaftlichen und künstlerischen Emigranten zwischen 1933 und 1945 aus Deutschland.

Und sogar unser literarischer Liebling Georg Büchner aus dem frühen 19. Jahrhundert hat die Franzosen trotz ihrer „Schreckenszeit" noch für viel wichtiger gehalten als die Amerikaner damals in den noch jungen „Vereinigten Staaten". Allerdings war Büchner noch zu jung, um mit 24 Jahren den Wert der amerikanischen Demokratie und ihre große Zukunft schon zu erkennen, geschweige denn, sie literarisch zu bearbeiten. Aber vielleicht hätte „unser" Georg Büchner noch zu einer Größe und Wirkung aufsteigen können, wie es ja Alexis de Tocqueville für die positive Verbindung von Frankreich mit den USA geworden ist. Karl May mit seinen zahllosen „Winnetou und Old Shatterhand"-Boulevard-Romanen kommt dafür ja wohl nun wirklich nicht in Frage.

***

Die Deutschen machten eben seit über 200 Jahren immer wieder gerne dieselben **Fehler:**
- Stolz und Eigenliebe im 19. Jhd. : Kurzsichtigkeit und Blindheit gegenüber den Werten der Franz. Revolution und besonders der amerikanischen Liberty.
- Stolz und kulturelle Überheblichkeit im 20. Jhd., 1. Hälfte: Unterschiedlich stark befallen von Infektionen durch Imperialismus, Hass, Hybris, Rassismus, Faschismus, Antisemitismus, Grausamkeit, Unmenschlichkeit und Chauvinismus.
- Stolz und Undankbarkeit im 20. Jhd., 2. Hälfte: Vergesslichkeit, Undankbarkeit, Egoismus und Beharrung auf der eigenen „Meinungsfreiheit" bis hin zum Querdenkertum; zeitweise Blindheit oder zumindest Ignoranz gegenüber den humanen Werten des Westens und in unserem eigenen, vorbildlichen Grundgesetz sowie gegenüber den internationalen Menschenrechten in der EU, NATO (Grundgedanke der Verteidigung) und der UNO;

Alle diese hier oben aufgeführten Merkmale von deutscher Geschichte im Verlaufe von etwa 200 Jahren haben leider eine sehr große Rolle in der Beziehung von „uns Deutschen" östlich des Atlantiks zu „den Amerikanern" westlich davon gespielt. In diesem Buch lagen die Akzente durchaus beabsichtigt und mit selbstkritischem Bewusstsein „bei uns".

Stolz und Eigenliebe gibt es ja in allen Ländern und Völkern dieser Welt, so wie es sie ja auch in jeder erfolgreichen, durchsetzungsstarken Familie gibt. Und auch dort gibt es ja immer mal wieder „Ausreißer", die lieber bei Baghvan in Indien halbnackt am Strand meditieren wollen – mit Dauererkältung – als eine anstrengende Karriere im Außen- oder Innenministerium in Berlin anzustreben. Der deutsche Sonderweg – beziehungsweise nach H. A. Winkler die vielen Irrwege – waren allerdings ungewöhnlich zahlreich in der deutschen Historie. Und sie waren beim Nationalsozialismus und dessen Judenhass verhängnisvoller als bei anderen Nationen. Gehen wir das noch einmal durch:

- **Im 19. Jahrhundert: Nach der Überwindung der napoleonischen Bedrohung schwappte eine schwärmerische Welle für eine neue, nationale Einheit durch einen großen Teil des deutschen Volkes. Diese Welle hielt sogar bis Ende des Jahrhunderts an, auch nach dem Scheitern der Paulskirche, in deren Verfassungsentwurf ja sogar Elemente der (für die Deutschen) neuartigen, demokratischen Freiheit und Gleichberechtigung in der Gesellschaft enthalten waren. Durch die Euphorie in der 2. Hälfte des Jahrhunderts über das „kleindeutsche Bismarckreich" ließ sogar im einfachen Volk der sinnvolle Blick auf die immer stärker und gerechter werdenden USA eher nach. Und man verachtete sogar aus nationalen Gründen die Tausenden von Auswanderern aus „der Heimat", die weiterhin dorthin „weit weg nach Amerika" strömten. Im Ersten Weltkrieg steigerte sich diese deutsche Eigenliebe bis zum (selbstmörderischen) Imperialismus und Chauvinismus, vor allem der sog. „Alldeutschen".**

- **Im Nationalsozialismus: Die nur zwölf Jahre der Nazizeit im 20. Jhd., erste Hälfte, zogen leider die Masse** des deutschen Volkes in die Fangnetze Hitlers, durch dessen Rassismus, Judenhass, arisch-germanischer Pseudoreligion und deutschen Größenwahn und Kriegshetze zunächst gegen Russland und Westeuropa, dann auch gegen die USA und schließlich gegen die ganze Welt (vgl. Chaplin-Film „Der große Diktator"). Die wachsende industrielle und weltpolitische Macht der USA jenseits des Atlantiks wurde – wiederum aus totaler Selbstüberschätzung und Eigenliebe der Nazideutschen – in dieser dumpfen Zeit kaum wahrgenommen.

- Im 20. Jahrhundert, 2. Hälfte, bis ins 21. Jhd. : Der Kalte Krieg zwischen Westen und Osten, zwischen USA und Sowjetunion (später Rot-China) veranlasste die Masse der Wirtschaftswunderdeutschen („Adenauerdeutsche") zu einer Hinwendung „zu den Amerikanern" (in Verbindung zu den Engländern und etwas später auch gegenüber den Franzosen). Damit begab sich zumindest die Bundesrepublik schon weit vor 1990 in den Schutz und die Sicherheit der westlichen Siegermächte und dann auch bald der neuen Freunde und Verbündeten in der NATO und EU. Durch die zahlreichen, deutschen Emigranten, Wissenschaftler, Literaten und Künstler, welche die Hitlerbarbarei in den USA überlebten – Albert Einstein, Thomas Mann, Bertolt Brecht und viele andere Frauen und Männer – hat sich nach dem Krieg erstaunlicherweise kein größerer Einfluss auf die Einschätzung der Vereinigten Staaten durch das deutsche Volk gezeigt. Die Masse der Deutschen war nach der, von ihnen so empfundenen, „Stunde Null 1945" viel zu intensiv mit dem eigenen Überleben beschäftigt. Und in den Fünfzigerjahren wurde schon recht früh das deutsche „Wirtschaftswunder" das wichtigste Narrativ der Bundesrepublik. Und dabei wurde bis heute gerne übersehen, welch großen Anteil daran „die Amis von drüben" hatten. Dass es bis heute immer noch eine Diskussion um den Unterschied von „Wessis" zu „Ossis" gibt – trotz der großen Erfolge der Wiedervereinigung – liegt doch ganz gewiss auch daran, dass die früheren Zwangsbewohner in der DDR nicht vergessen können oder wollen, wie sie über 40 Jahre lang gegenüber den Wessis in Rückstand geraten waren. Dieser Stachel im Fleisch unserer gesamtdeutschen Bevölkerung schmerzt heute noch die Menschen in den „neuen Bundesländern" – auch wenn die USA ja wohl historisch eindeutig weniger „Schuld" daran haben als der Hitlerismus und der Stalinismus.

Nach der missglückten Teilnahme an sog. „Stellvertreterkriegen" zwischen dem „demokratischen Westen" und dem „kommunistischen Osten" (N-Korea, N-Vietnam, Kambodscha, Laos, Irak, Afghanistan) verloren die USA, vor allem bei den Studenten in der Bundesrepublik bald viele Sympathien. Die Jahrhunderte alte „Liberty" der USA (symbolisch bis heute in der Freiheitsstatue in New York dargestellt) wurde plötzlich wieder in Zweifel gezogen. „Die Amerikaner" wurden von großen Teilen der studentischen Linken in Paris und in Westberlin jetzt nicht mehr als Vorbild angesehen, sondern als Beweis für den Willen zu einer westlichen, angeblichen und unberechtigten Dominanz ihrer Werte. Und das von einer atomaren Weltmacht wie den USA, die so lange als Hort der „Freiheit" gegolten hatte. So verwandelte sich die Eigenliebe der (eher linken) Deutschen von Dankbarkeit über die Rettung aus dem Nationalsozialismus für „die da drüben aus Amerika" nun plötzlich in einen egozentrischen Hochmut (vgl. Todsünde „Stolz", 2. Kap.), zum Teil auch Hass auf die USA (vergleiche: „RAF-Terror"). Leider wurde das zum Teil später auch auf den neuen Staat Israel übertragen, für den ja die Bundesrepublik schon seit Adenauer eine Art „Patenschaft" – in Verbindung mit den USA – übernommen hat.

Das änderte sich an deutschen Universitäten erst nach Vorstufen schon bei den Aufständen gegen die Kommunisten in Ostberlin am 17. Juni 1953 und in Ungarn 1956. Nach dem „Prager Frühling" in der Tschechoslowakei 1968 und dem Kampf der „Solidarnosc" in Polen 1981–89 erfolgte dann die mutige und eigenständige Befreiung der osteuropäischen, ehemaligen Satellitenstaaten vom sowjetisch-stalinistischen Kommunismus – allerdings erst durch das humane und kompromissbereite Denken und Handeln von Michail Sergejewitsch Gorbatschow.

Dieser echte Volksfreiheitskampf in Mittel-Osteuropa hält bis heute mit Rückschlägen an: Tschetschenien, Ukrainekrieg, Belarus, Georgien, Moldau; zu dieser langwierigen Befreiung von Mittel- und Osteuropa haben die deutschen, linken Studenten/-innen selbst nicht viel beigetragen. Das gilt auch für den Fall der „deutschen" Mauer und die sich anschließende „deutsche Einheit" 1989/90. Die Wendung und der Freiheitskampf von der DDR (1953–89) über Ungarn, Polen, das Baltikum, Tschechei, Slowakei, Ukraine (2022) zum Westen hin und zu seinen demokratischen Werten ist fast ausschließlich ein riesengroßer Verdienst der dort lebenden Menschen und ihrer Völker selbst. USA, EU und NATO haben erst relativ spät diesen „Go-West-Zug" bemerkt und waren dann sehr erstaunt und eher besorgt, dort selbst aufzuspringen aus Angst vor der atomaren Gefahr, aber auch aus einer gewissen Selbstzufriedenheit, ja, Bequemlichkeit heraus.

***

Einen guten Rück- und Überblick auf die vergangenen hundert Jahre seit ca. 1920 bis heute bietet wiederum die US-Professorin **Mary Nolan** in ihrem erst 2023 veröffentlichten Buch **„America's Century in Europe"** (a. a. O. Wallstein Verlag 2023, S. 92). Sie schreibt dort über die Unterschiede zwischen dem wechselseitigen „**Anti-Americanism**" der Deutschen und dem „**Anti-Europeanism**" der Amerikaner das Folgende (... und zwar konkret bezogen auf ihre eigenen, umfangreichen soziologischen Untersuchungen über „gender, sexuality and family", also Geschlechterfragen, Sexualität und Familienmodelle):

„From the 1920s through the 1950s, Conservative, Nazi and Christian Democratic forces in Germany were the principal proponents of an anti-Americanism that both took gender issues seriously policies and used them to promote conservative social and economic policies.

Today, it is Social Democrats and Greens who are most critical of America, and they have delinked the personal from the political. In the United States, a broad coalition of neo-conservatives, Democratic neo-liberals, Republican culture warriors and the religious right define their struggle at home and abroad as simultaneously economic, political and cultural – and they see gender, sexuality and family as central to each aspect of it."

Also sinngemäß: Zwischen 1920 und 1950, nach jeweils den beiden Weltkriegen, waren es die Konservativen, die Nazis und auch die christlichen Demokraten und ihre Anhänger, welche ihre grundsätzliche Kritik an den Geschlechterbeziehungen (gender) zum Hauptpunkt eines Anti-Amerikanismus (in Deutschland) machten, durch den eine konservative, soziale und wirtschaftliche Politik (einseitig und in Deutschland) befördert werden sollte.

Heute (2005–23) wären es (nach Nolans Ansicht) vor allem die Sozialdemokraten und die Grünen in Deutschland, die häufig noch als Kritiker der Amerikaner auftreten.

Auch das sei ein „Anti-Americanism" von Deutschland her, der sich zum Teil auch kritisch abarbeitete an dem breiten Bündnis im Wählervolk in den USA zwischen Konservativen bei den Neoliberalen unter den Demokraten bis hin zu deren Gegnern, den Trumpisten bei den Republikanern. Diese reichen ja von den religiösen „Evangelikalen" bis zu bewaffneten Chaoten. Alle zusammen bezeichnen ihren Kampf sowohl zuhause (in den USA, innenpolitisch) als auch gegenüber Europa (die EU und Deutschland, außenpolitisch) zugleich als Streit in der Wirtschaft und Gesellschaft. Das sei aber – aus dem Blickwinkel dieser Trumpanhänger in den USA – ein fundamentaler „Anti-Europeanism" gegen die EU, ihre Politik, Wirtschaft und Kultur.

Und dabei sehen sie dann alle Bereiche von „gender, sexuality and family" (heute, im 21. Jhd.) als zentral und gleich wichtig an. Das wäre dann der aktuelle „Anti-Europeanism" aus Teilen der USA-Bevölkerung heute gegen Europa. Und das wäre auch einer der Gründe für Trumps populistische Erfolge bei den aktuellen US-Umfragen (besonders im Mittelwesten) und eine große Gefahr für das alte, gute transantlantische Verhältnis zwischen der „Alten und der Neuen Welt"

Am Ende ihres sehr aktuellen und aufschlussreichen Buches beantwortet Nolan in ihrer „Conclusion" (a. a. O., S. 166–169) ihre Kernfrage nicht ganz eindeutig; nämlich die Frage, ob das „America's Century" – welches in Europa nach dem Sieg über Nazideutschland und weitgehend auch schon im Kalten Krieg in Westeuropa begann und fast bis Ende des 20. Jh. durchgehalten wurde – nun doch schon zu Ende wäre? Und zwar seit den beiden epochalen Ereignissen am Anfang des 21. Jahrhunderts: nämlich dem Terroranschlag in New York an **„Nine Eleven" 2001** und dem folgenden **Irakkrieg 2003** (3. Golfkrieg) gegen Saddam Hussein.

Sie ist dann aber am Schluss doch vorsichtig optimistisch: Einerseits erinnert sie daran, dass die Spannungen in der „Trans-Atlantic-Partnership" seitdem nicht nur das Ergebnis von „Anti-Americanism" in Europa sind, angeblich wegen einer neuen, vermuteten, militärischen Aggressivität der USA in der Welt. Sie äußert dann auch große Hoffnung auf ein Weiterbestehen der europäisch-amerikanischen politischen, ökonomischen, militärischen und kulturellen Verbindungen, trotz mancher Spannungen. Sie schreibt wörtlich:

„If more transatlantic forces remain in power on both sides of the Atlantic, the partnership will persist but likely with increased tensions." (Nolan, a. a. O., S. 169)

Die amerikanische Historikerin Mary Nolan verweist dann auch auf einen Artikel des britischen Historikers **Timothy Garton Ash** zurück (Literaturverzeichnis a. a. O.). Ash habe schon im Febr. 2003 (also schon vor 20 Jahren!), in der „New York Review of Books" geschrieben, dass der „Anti-Europeanism" in den USA und die Gegenbewegung des „Anti-Americanism" speziell in Deutschland nach Kanzler Schröders Ablehnung einer deutschen Teilnahme am Irakkrieg erhebliche, neue Auftriebe und Anhänger bekommen habe.

Und auch unser ehemaliger **Bundespräsident Joachim Gauck**, früherer evangelischer Pastor in der DDR, wundert sich in seinem neuen, Putin-kritischen Buch „Erschütterungen" von 2023 (siehe a. a. O. S. 92–93) über die heutigen Deutschen mit „Ostwendung oder Westwendung": *„Was aber nach wie vor existiert, ist ein antiwestlicher Reflex gegen die Moderne, der auch heute – wie bei Intellektuellen und Künstlern vor hundert Jahren – dazu führt, dass Menschen sich von Russland angezogen und von Amerika abgestoßen fühlen. Ostwendung gegen Westwendung. Ein Phänomen aufseiten der Rechten wie der Linken. Auf dieser Basis ist eine spezifische geistige Querfront entstanden."*

***

Zwei Autoren der ZEIT tauschten am 20. April 2023 – zur Zeit des gegenwärtigen Ukrainekrieges also – auf ähnlichen Ebenen (wie Nolan und Ash und auch Gauck) ihre gegensätzlichen Meinungen über die Frage aus, **ob die EU** sich in der aktuellen

Weltlage **stärker von den USA „emanzipieren" solle oder nicht**. Beide Top-Journalisten betrachten hier Deutschland und die USA aus der globalen und eher außenpolitischen Perspektive. Unter der provokanten (und wenig passenden) Überschrift „Fahnenflucht" schreiben dort **Matthias Krupa (Pro) und Jan Ross (Contra)** sinngemäß:

PRO, mehr Distanzierung (Matthias Krupa): Europa könne und dürfe sich nicht mehr auf US-Präsidenten verlassen: George W. Bush jr. habe versucht, mit Drohungen die Gefolgschaft für den Irakkrieg zu erzwingen, Obama sei angeblich „cool", aber eigentlich desinteressiert an Europa gewesen, Trump sei nach wie vor europafeindlich und historisch uninformiert und ungebildet, Biden habe den Abzug aus Afghanistan leider ohne Rücksprache mit der EU begonnen.

Die Handelsmacht EU dürfe sich heute nicht aus der Welt zurückziehen und das Feld China und den USA überlassen. Die EU müsse eine „handlungsfähige und strategisch souveräne EU" sein, d. h. auch unabhängig von den USA. Distanz zu Washington sei genauso wichtig wie diese zu Peking. Es müsse aber nicht bedeuten, die NATO aufzugeben, sondern nur mehr Spielraum für die Europäer zu gewinnen.

CONTRA, keine Distanzierung (Jan Ross): Der Ukrainekrieg zeige in brutaler Klarheit, dass die Europäer in ihrer Gesamtheit von dem dauerhaften Schutz der Vereinigten Staaten abhängig seien. Trotz aller „Zeitenwenderhetorik" könne die EU vor allem nicht auf die US-Hilfe für Aufrüstung, Geheimdienstunterstützung und finanzielle Hilfe verzichten. Das wäre den ostmitteleuropäischen Ländern – besonders Polen, der Ukraine, den baltischen Staaten, aber neuerdings auch sogar Finnland und Schweden – viel stärker bewusst und würde dort mehr gewünscht als in vielen der „alten" EU-Mitgliedsländer. Wenn diese jetzt versuchten (an der Spitze Ungarn und Slowenien), in globaler Hinsicht sich von den USA mehr oder weniger zu lösen, dann würde das automatisch zu einer Spaltung im größeren

Europa und damit in der erweiterten EU führen: *„(...) Sie (die Ost-Mittel-Europäer) trauen weder dem Verteidigungswillen noch, nach Jahren der irregeleiteten Russlandversteherei, der außenpolitischen Urteilskraft der EU-Mächte und Instanzen. Halb Europa hat gar kein Interesse an ‚europäischer Souveränität' und lehnt sie sogar prinzipiell ab."*

Aber nur ein demokratisch geeinter Westen habe heute noch gute Chancen auf die Abwehr von Gefahren, für die man aus der Richtung der autoritären Großstaaten China und Russland gewappnet sein müsse. *„(...) Es spricht also eine Menge gegen eine Abkehr von den USA. Warum ist die Idee trotzdem so populär? Wahrscheinlich geht es bei der europäischen Souveränität gar nicht so sehr um Europa, nicht um das vermeintliche Ziel des Emanzipationsprozesses. Sondern die Motivation ist negativ, das Leiden unter der Übermacht der Vereinigten Staaten ein Demütigungsgefühl, von dem man sich endlich befreien möchte. Der Kern des Verlangens nach größerer europäischer Selbstständigkeit ist nicht Strategie, sondern Ressentiment. Das ist in der Politik ein starkes Argument. Aber kein gutes." (die ZEIT, Nr. 17, S. 2, 20.4.2023)*

Beide ZEIT-Journalisten, Krupa und Ross, (wobei ich klarerweise zu **Jan Ross** und zu der knappen „Conclusion" von **Mary Nolan** neige ...) vermeiden es jedoch hier, den Namen der größten, aktuellen, gemeinsamen Gefahr für die USA und die EU überhaupt in den Mund zu nehmen: den Namen und die irrlichternde Person „Trump". Wenn dieser schlechteste und gleichzeitig gefährlichste Präsident der 250-jährigen US-Demokratie noch einmal durch die Blindheit seiner evangelikalen und amerikanisch-chauvinistischen Anhänger und Klimaleugner in den USA an die Macht kommen sollte – und Anzeichen dafür gibt es ja leider wieder (im Hitzesommer 2023 und (jetzt) im Vorwahlkampf der Präsidentenwahl 2024) –, dann kommt es endgültig zur Scheidung in der schwierigen Beziehung zwischen „uns" und den „Amerikanern da drüben" – zumindest von den dortigen Trumpanhängern. Es ist nur zu hoffen, dass dies durch die erwiesene Stärke und Unabhängigkeit der US-Justiz, der Armee sowie durch eine dortige, freie, liberale Presse verhindert werden kann. Alle laufenden Gerichtsanklagen gegen Trump dürfen nur nicht noch länger verwässert und hingezogen werden. Das ist leider eine Dauerkrankheit des US-Rechtssystems. Die Gewaltenteilung müsste rigoros, auch in der öffentlichen Meinung in den USA, eingehalten und durchgezogen werden.

***

Heute, am 3. August 2023 höre ich am Morgen im „Deutschlandfunk" beim Frühstück in meiner kleinen Seniorenküche die erfreuliche Nachricht, dass Trump vor einem Geschworenengericht in New York erscheinen muss. Der mutige Generalbundesanwalt Smith hat eine Anklage erhoben wegen begründeten Verdachtes auf Trumps direkte Teilnahme und Vorbereitung zum Sturz der amerikanischen Verfassung im Januar 2021 beim Sturm des Pöbels auf das Kapitol!

Ein guter Kommentar unseres „Deutschlandfunks" aus Berlin, dem ich mich vorbehaltlos anschließe: „Das sind ja erfreuliche Zeichen für eine wehrhafte, amerikanische Demokratie!"

***

Heute, am 13. Dezember 2023 höre ich wieder in meinem Küchenradio die jetzt sehr bedrohliche Nachricht, dass Trump – falls er wieder in einem Jahr von einem verstörten, amerikanischen Wahlvolk zum Präsidenten gewählt werden sollte – schon am ersten Tag seiner erneuten „Regierung" (bzw. Diktatur) im Weißen Haus alle seine heutigen Gegner verhaften lassen will, per Dekret, und damit das Grundprinzip der **US-Liberty**, nämlich **die „Checks and Balances"** der Verfassung völlig außer Kraft setzen will.

Da falle ich fast von meinem harten, ungepolsterten Frühstücksstuhl und denke erschrocken an die Warnung des klugen Franzosen Alexis de Tocqueville bereits aus dem Jahre 1835:

"Anarchie aus allgemeinem Eigeninteresse wäre die schlimmste Entartung der Demokratie in den USA!"

Ende

DER „KATEGORISCHER IMPERATIV" VON IMMANUEL KANT:

„Handle nur nach derjenigen Maxime, durch die du zugleich wollen kannst, dass sie ein allgemeines Gesetz werde."

Literaturverzeichnis

- **Angell,** Norman, **Die große Illusion,** (America And a New World State), England 1910
- **Ash**, Timothy Garton, **Freie Welt, Europa, Amerika und die Chance der Krise.** Hanser, München 2004, (Originaltitel: *Free World*, übersetzt von Susanne Hornfeck und Hans Günter Holl)
- **Ash**, Timothy Garton, **Europa. Eine persönliche Geschichte.** München, 2023 Aus dem Englischen von Andreas Wirthensohn. Hanser, (Originaltitel: *Homelands. A personal history of Europe*)
- **Berg,** Manfred, **Woodrow Wilson und die Neuordnung der Welt. Eine Biographie,** München 2017
- **Bernhardi,** Friedrich von, **Deutschland und der nächste Krieg,** Stuttgart, 1912
- **Bismarck,** Otto von, **Gedanken und Erinnerungen, Autobiographie,** Cotta'sche Verlagsbuchhandlung, 1893
- **Brüchert,** Erhard, **Der erwachende Riese am Beginn des 1. Weltkrieges,** in: DAMALS, Das Geschichtsmagazin, Heft 8/1984, S. 664-682
- **Brüchert,** Erhard, **2017: Am Scheideweg des 1. Weltkrieges,** in: DAMALS, Das Geschichtsmagazin, Heft 8/1987, S. 669-682
- **Brüchert,** Erhard, **CD Tafelbilder,** Park Körner Verlag, (für digitale Unterrichtsvorbereitung), München, 1995 ff.
- **Camman, A., 300 Jahre Kant,** in ZEIT-Geschichte, 2024
- **Clark,** Christopher, **Die Schlafwandler,** (Wie Europa in den 1. Weltkrieg zog) Deutsche Verlags-Anstalt, München 2013 (engl.: „The Sleepwalkers")
- **Clark,** Christopher, **Gefangene der Zeit.** Geschichte und Zeitlichkeit von Nebukadnezar bis Trump. DVA, München 2020,

- **Cuperus,** René, **7 Mythen über Europa,** (Plädoyer für ein vorsichtiges Europa), Dietz Verlag, 2021
- **Craig,** Gordon A., **Über die Deutschen,** C.H. Beck, München, 1982
- **Doerries,** Reinhard R., **Washington-Berlin 1908–1917,** Düsseldorf, 1975
- **Figes,** Orlando, **Eine Geschichte Russlands,** Klett Cotta, Stuttgart, 2022
- **Fukuyama,** Francis, **Das Ende der Geschichte,** 1992
- **Gebhardt,** Bruno (Hrsg.) **Handbuch der deutschen Geschichte, Bd. 4. (Die Zeit der Weltkriege, von Karl Dietrich Erdmann),** Union Verlag Stuttgart, 1967
- **Gauck, Joachim (und Helga Hirsch), Erschütterungen** (Was unsere Demokratie von außen und von innen bedroht), Siedler, München, 2023
- **Geiss,** Imanuel, **(Hrsg) Juli 1914, Die europäische Krise,** München 1965
- **General von Bernhardi, Deutschland und der nächste Krieg,** Berlin, 1911 **Görtemaker,** Heike B., **Hitlers Hofstaat,** dtv. München, 2020/22
- **Fest,** Joachim, **Hitler – eine Biographie,** Propyläen-Verlag, 1973
- **Haffner,** Sebastian, **Anmerkungen zu Hitler,** Kindler Verlag, München 1978
- **Haffner,** Sebastian, Winston **Churchill,** (mit Selbstzeugnissen und Bilddokumenten), Rowohlt, Reinbek bei Hamburg, 1967 (22. Auflage 2015)
- **Haffner,** Sebastian, **Von Bismarck zu Hitler,** (Ein Rückblick), Kindler Verlag, München, 1987
- **Haffner,** Sebastian, **Geschichte eines Deutschen,** (Die Erinnerungen 1914–1933), DVA, München 2002
- **Humboldt,** Alexander von, **KOSMOS, (Entwurf einer physischen Weltbeschreibung,** Eichborn-Verlag, Frankfurt a. M., 2004 (ursprünglich bei Perthes in Gotha 1845 bis 1862)
- **Huntington,** Samuel P., **The Clash of Civilizations,** (Zusammenprall der Zivilisationen), New York, 1996

- **Jäckel,** Eberhard, **Hitlers Herrschaft. Vollzug einer Weltanschauung.** 4. Auflage, DVA, Stuttgart 1999, (Erstausgabe Stuttgart 1986).
- **Lea Rosh:** Der Tod ist ein Meister aus Deutschland. Hoffmann und Campe, Hamburg 1990,
- **Jähner,** Harald, **Höhenrausch** (Das kurze Leben zwischen den Kriegen), Spiegelbuch, Rowohlt Berlin, 2022
- **Kershaw,** Ian, **Achterbahn,** (Europa 1950 bis heute), DVA, München, 2018
- **Link,** Arthur S., **Woodrow Wilson and the Progressive Era** (1910–17), New York, 1963
- **May,** Ernest R., **The World War and American Isolation,** Cambridge 1959
- **Merkel,** Angela: „Freiheit" (Erinnerungen 1954-2021) (Memoiren), Kiepenheuer & Witsch, Köln 2024
- **Nate,** Richard, **Strange visions of outlandish things,** (Kulturelle Selbst- und Fremdwahrnehmungen in der englischsprachigen Literatur), Königshausen & Neumann, Würzburg, 2023
- **Nolan,** Mary, **America's Century in Europe,** (Reflections on Americanization, Anti-Americanism and the Transatlantic Partnership), Wallstein Verlag, Göttingen, 2023
- **Picker,** Henry, **Hitlers Tischgespräche im Führerhauptquartier,** Seewald-Verlag, 1963/76
- **Ritter,** Gerhard, **Staatskunst und Kriegshandwerk**, 3 Bde., Die Tragödie der Staatskunst, München, 1964
- **Schramm,** Percy Ernst, **Anatomie eines Diktators, Spiegel-Serie, ab Januar 1964, Hamburg 1964**
- **Tocqueville,** Alexis, **De la démocratie en Amérique.** Paris, 1835, P.Dosselin
- **Tuchman,** Barbara, **The Guns of August,** New York, 1969
- **Tuchman,** Barbara, **Der stolze Turm,** München 1969
- **Tuchman,** Barbara, **Die Zimmermann-Depesche,** Bergisch-Gladbach 1982
- **Twain,** Mark, **Die Abenteuer von Tom Sawyer und Huckleberry Finn,** 1876/84

- **Twain,** Mark, **„The Awful German Language"** 1880 – Deutsch: Die schreckliche
- deutsche Sprache, Nikol, Hamburg 2009
- **Twain,** Mark, Thomas Ayck (Hrsg.), **Mark Twain. Mit Selbstzeugnissen und**
- **Bild-dokumenten**, Rowohlt, Reinbek 1993
- **Weber,** Max, **„Der Nationalstaat und die Volkswirtschaftspolitik":**
- Freiburger Antrittsvorlesung, Freiburg 1895
- **Winkler,** Heinrich August, **Der lange Weg nach Westen** (Deutsche Geschichte
- vom Ende des Alten Reichs bis zur Wiedervereinigung) **2 Bände,** C.H. Beck,
- München, 2005
- **Winkler,** Heinrich August, **Die Geschichte des Westens, 4 Bände** (Von den Anfängen in der Antike bis zum 20. Jahrhundert), C.H. Beck, 2009 ff. München,
- **Winkler,** Heinrich August, **Nationalstaat wider Willen,** Interventionen zur deutschen und europäischen Politik, C.H. Beck, München, 2022
- **Winkler,** Heinrich August, **Wir Deutschen und die Revolution. Eine Geschichte von 1848 bis 1889,** C.H. Beck, München 2023
- **Wulf,** Andrea, **Alexander von Humboldt,** (und die Erfindung der Natur), Penguin Verlag, C. Bertelsmann München, 7. Aufl.,2015
- **Wulf**, Andrea, **Fabelhafte Rebellen,** (Die frühen Romantiker und die Erfindung des Ich), C. Bertelsmann, 2022
- **Zeitungen: „New York Times"/„New York World"/„New York Tribune"/„Kansas City Star"/„Chicago Tribune"/=** alle im Presse-Archiv der Universität von Kalifornien, Berkeley, (1966/67), Kopien des Verfassers
- **Rundfunk: Sendungen in „Der Deutschlandfunk",** Berlin, 2000–2024

Der Autor

Erhard Brüchert, 1941 in Pommern geboren und in Ostfriesland zweisprachig mit Hoch- und Niederdeutsch aufgewachsen, studierte Geschichte und Germanistik in Marburg, Berkeley/USA und Göttingen. Er lehrte als Oberstudienrat für Deutsch und Geschichte von 1970 bis 2004 am Gymnasium Eversten und dem Cäcilien-Gymnasium in Oldenburg. Vor und nach seiner Pensionierung veröffentlichte er zahlreiche Bücher, Hörspiele, Essays, Theaterstücke und didaktische Werke für Geschichte und Deutsch im Gymnasium.

Besondere Rollenbücher für historische Freilichtaufführungen für die „Arbeitsgemeinschaft Ostfriesisches Volkstheater", die er verfasste, sind etwa „Dusend Dalers" (in Oldersum) und „Störtebekers Dood" (Marienhafe).

Andere Beispiele für sein literarisches Schaffen sind der Roman „Der Eisläufer", sein Essay „Ort, Sprache und Heimat" oder auch seine preisgekrönte, niederdeutsche Novelle „De halwe Fiskerman".

Der Verlag

> *Wer aufhört*
> *besser zu werden,*
> *hat aufgehört*
> *gut zu sein!*

Basierend auf diesem Motto ist es dem novum Verlag ein Anliegen, neue Manuskripte aufzuspüren, zu veröffentlichen und deren Autoren langfristig zu fördern. Mittlerweile gilt der 1997 gegründete und mehrfach prämierte Verlag als Spezialist für Neuautoren in Deutschland, Österreich und der Schweiz.

Für jedes neue Manuskript wird innerhalb weniger Wochen eine kostenfreie, unverbindliche Lektorats-Prüfung erstellt.

Weitere Informationen zum Verlag und
seinen Büchern finden Sie im Internet unter:

www.novumverlag.com